新时代浙商管理经验丛书

U0593154

本书由浙江财经大学工商管理学院
浙商研究专项项目资助。

新时代浙商企业社会责任管理经验

胡孝德 编著

经济管理出版社
ECONOMY & MANAGEMENT PUBLISHING HOUSE

图书在版编目（CIP）数据

新时代浙商企业社会责任管理经验 / 胡孝德编著 . —北京：经济管理出版社，2020. 8
ISBN 978-7-5096-7474-1

Ⅰ . ①新… Ⅱ . ①胡… Ⅲ . ①企业责任—社会责任—研究—浙江
Ⅳ . ①F279. 275. 5

中国版本图书馆 CIP 数据核字（2020）第 158371 号

组稿编辑：张莉琼
责任编辑：丁慧敏　张莉琼
责任印制：黄章平
责任校对：王纪慧

出版发行：经济管理出版社
　　　　　（北京市海淀区北蜂窝 8 号中雅大厦 A 座 11 层　100038）
网　　址：www. E-mp. com. cn
电　　话：(010) 51915602
印　　刷：唐山昊达印刷有限公司
经　　销：新华书店
开　　本：720mm×1000mm/16
印　　张：14. 25
字　　数：234 千字
版　　次：2020 年 9 月第 1 版　2020 年 9 月第 1 次印刷
书　　号：ISBN 978-7-5096-7474-1
定　　价：78. 00 元

总　序

　　浙商是中国当代四大商帮之首。千余年来浙商风云际会，人才辈出，在浙江乃至世界各地书写了波澜壮阔的商业历史。从唐朝资本主义萌芽，到明清时期民族工商业的脊梁，浙商用敢闯敢拼的进取精神和踏实肯干的务实作风，用商业实践写就了中国民族资本主义发展的篇章。历史上，大量浙商曾在民族经济和民族企业发展过程中留下了浓墨重彩的一笔，如明初天下首富沈万三，清末红顶商人胡雪岩、五金大亨叶澄衷等。自改革开放以来，大批浙商纷纷登上时代的舞台，秉持"历经千辛万苦、说尽千言万语、走遍千山万水、想尽千方百计"的"四千"精神，在改革开放中取得了举世瞩目的伟大成就，一大批知名企业家如鲁冠球、马云、李书福、杨元庆、宗庆后、任正非等走在了中国改革开放的最前沿，成为改革开放的商业领袖，引领浙商企业在商业实践中砥砺前行，取得了空前伟业。

　　随着中国民营经济的蓬勃发展，浙商企业已成为中国民营企业发展的一面响亮旗号，威名响彻大江南北。"浙商"企业早已不是当初民营经济的"试水者"，而是助推中国经济腾飞的"弄潮儿"。"冰冻三尺非一日之寒"，浙商企业的成功既有其历史偶然性，更有其历史必然性。浙商企业的蓬勃发展是中国改革开放的一个缩影，通过"千方百计提升品牌，千方百计保持市场，千方百计自主创新，千方百计改善管理"的"新四千"精神，浙商企业在激烈的市场竞争中占据重要地位，浙商企业的管理实践经验对中国本土企业的发展有着深刻的启迪和引领作用。这其中蕴含的丰富管理理论和实践经验需要深入挖掘。

　　当前中国特色社会主义进入了新时代，这是我国发展新的历史方位。新时代下互联网经济和数字经济引领发展，以阿里巴巴为代表的移动支付等数字交易平台发展全国领先，新经济催生了新的管理理念和管理模式，新时代催生浙商新使命、新征程、新作为和新高度。对新时代浙商企业管理经验的全方位解读，并产出科研和教学成果，是产学、产教融合的有效途径，也是对浙商群体乃至其他商业群体发展的指路明灯。

2019 年恰逢中华人民共和国成立 70 周年，浙江财经大学成立 45 周年，浙江财经大学工商管理学院成立 20 周年。浙江财经大学工商管理学院在全院师生的不懈努力下，在人才培养、科学研究和社会服务方面做出了理想的成绩。新时代工商管理学院也对商科教育不断开拓创新，坚持"理论源于实践，理论结合实践，理论指导实践"思想重新认知和梳理新商科理念。值此举国欢庆之际，浙江财经大学工商管理学院聚全院之智，对新时代浙商管理经验进行总结编纂，围绕新时代浙商管理经验展开剖析，对新时代浙商企业的实践管理经验进行精耕细作的探讨。深入挖掘浙商企业成功的内在原因，进一步探讨新时代浙商企业面临的机遇和挑战。我们期望，这一工作将对传承浙商改革创新和拼搏进取的精神，引领企业发展和助推中国和浙江的经济高质量发展起到重要作用。

本系列丛书研究主题涵盖新时代浙商企业管理的各个方面，具体包括："新时代浙商企业技术创新和管理创新经验""新时代浙商文化科技融合经验""新时代浙商互联网+营销管理经验""新时代浙商跨国并购管理经验""新时代浙商绿色管理经验""新时代浙商企业社会责任管理经验""新时代浙商国际化经营管理经验""新时代浙商互联网+制造管理经验""新时代浙商知识管理经验""新时代浙商商业模式创新经验""新时代浙商战略管理经验""新时代浙商营销管理经验"等。本丛书通过一个个典型浙商管理案例和经验的深度剖析，力求从多个维度或不同视角全方位地阐述浙商企业在改革开放中所取得的伟大成就，探讨全面深化改革和浙商管理创新等的内涵及其关系，进一步传承浙商的人文和商业精神，同时形成浙商管理经验的系统理论体系。

本系列丛书是我院学者多年来对浙商企业管理实践的学术研究成果的结晶。希望本系列丛书的出版为中国特色管理理论发展增添更多现实基础，给广大浙商以激荡于心的豪情、磅礴于怀的信心、砥砺前行的勇气在新时代去创造更多的商业奇迹，续写浙商传奇的辉煌。相信本系列丛书的出版也在一定程度上会对新时代其他企业发展提供必要的智力支持，从多个角度助推中国民营经济的发展。

浙江财经大学党委委员　组织部、统战部部长

董进才教授

PREFACE
前 言

　　企业作为现代经济社会的重要组成部分，其生产、运营等行为均会对企业内外部环境造成不同程度的影响。虽然企业通过生产经营活动能为社会提供所需的产品及服务，但部分企业不道德的行为所造成的不良影响也不容忽视，环境污染、生态破坏、工业安全事件频发、雇佣关系冲突、经济违约等在很大程度上反映出企业社会责任的缺失。随着人们消费观念的转变、绿色生产经营理念的普及，在政府的推动下，企业社会责任问题引起越来越多的社会关注。

　　自 Sheldon（1924）最先提出企业社会责任（CSR）概念后，企业社会责任的发展脉络是：20 世纪 50 年代主要表现为企业慈善（Corporate Philanthropy）；20 世纪 60 年代为企业社会响应阶段（Corporate Social Responsiveness），企业社会责任的概念得到了扩展，并在 70 年代被广泛传播；20 世纪 80 年代为企业或商业伦理阶段（Corporate/Business Ethics）；20 世纪 90 年代以后为企业公民阶段（Global Citizenship）；21 世纪为百家争鸣并持续发展阶段。

　　欧美国家最早开展企业社会责任运动，如女权运动、雇员运动、环保运动、资源节约运动、顾客运动等。随着改革开放的深入，我国企业在国际贸易中逐渐受到了国际企业社会责任运动的影响，SA8000、ISO9000、ISO14000 等国际标准的引入提高了我国企业履行社会责任的要求。

　　《中华人民共和国公司法》第五条明确规定：公司从事经营活动，必须遵守法律、行政法规，遵守社会公德、商业道德，诚实守信，接受政府和社会公众的监督，承担社会责任。

　　2008 年国务院国有资产监督管理委员会（以下简称国资委）印发了《关于中央企业履行社会责任的指导意见》，其中明确指出中央企业需要坚持合法经营，保护职工权益，提高生产安全运作水平，提高产品质量和服务水平，节约资源与保护自然环境，积极参与到社会公益事业的建设中。地方政府也出台推动企业切实履行相应社会责任的规定，例如，浙江省制定了《关于推动企业积极履行社会责任的若干意见》，在合法经营、职工权益、资源节约与环境保护、慈善与公益事业等方面提出与国资委类似的要求。

2013 年，党的十八届三中全会通过的《中共中央关于全面深化改革若干重大问题的决定》提出，要把"承担社会责任"作为推进国有企业深化改革的一项重要内容。

2016 年 3 月 4 日，习近平总书记在看望全国政协民建、工商联界委员的讲话中指出："广大民营企业要积极投身光彩事业和公益慈善事业，致富思源，义利兼顾，自觉履行社会责任。"

2017 年，习近平总书记在全国网络安全和信息化工作座谈会上强调："只有富有爱心的财富才是真正有意义的财富，只有积极承担社会责任的企业才是最有竞争力和生命力的企业。"

根据中国社会科学院发布的《企业社会责任蓝皮书（2013）》，国有企业社会责任履行平均得分为 43.9 分，民营企业平均得分为 16.6 分，外资企业平均得分为 18.6 分，国有企业的社会责任表现远优于民营企业与外资企业。企业社会责任得分高于 80 分的 9 家单位全为中央企业，国家电网居于首位。尽管国家各级政府机构的行政规定对国有企业社会责任的履行具有强大的促进作用，但是中国企业履行社会责任的总体平均水平仅为 26.4 分，整体尚处在初步发展阶段，企业履行社会责任的观念不强，普遍缺乏履行动力。

《企业社会责任蓝皮书（2018）》表明，2018 年我国企业 300 强社会责任发展指数为 34.4 分，整体仍处于起步阶段。其中国有企业在企业社会责任方面居"领头羊"地位，社会责任指数达到 51.1 分，处于追赶阶段，国有企业领域中电力行业社会责任指数最高，达到 71.2 分。由此看来，我国企业社会责任水平整体不高且各行业差异较大。

理论研究者对于企业是否应当履行社会责任的辩论一直延续至今，逐渐形成两类观点。不支持企业履行社会责任的学者认为，企业的功能是为社会提供所需的产品与服务，这就履行了企业对社会的责任，而额外承担社会责任将增加企业财务成本，不利于企业追求利润并对股东负责（Friedman，2007）。而认为企业需要履行多方责任的学者指出，企业在生产经营中占据大量资源，对环境、资源、社会、人造成不同程度的负面影响，需要通过履行社会责任来补偿社会公众（Goodpaster，1991）。

浙江省市场监督管理局 2018 年统计数据显示：全省在册市场主体首次突破 600 万大关，在册企业数（公司制企业）首次突破 200 万户，每万人市场主体拥有量为 1074 户，位居全国榜首，远高于全国平均水平。浙江私营企业和个体工商户"密度"之高均为全国之最。目前，浙江民营经济创造了全省 56% 的税收、65% 的生产总值、77% 的外贸出口、80% 的就业岗位。全国工商联 1998 年开始每年发布全国民营企业 500 强榜单，浙江民营企业上榜数量连续 20 年位居全国第一，形成了举世瞩目的一个企业家群体——浙商。需要说明的是，以上数据不含浙商做出的省外经济贡献。目前，在海外、省外投资创业的浙商约 800 万人，他们创造的经济总量，最高时相当于在海外、省外再造一个"浙江省"。这是浙江以及浙商对中国和世界的特殊贡献。

浙江省各类企业在发展过程中，比较重视承担企业社会责任，并进行了有意义的探索。2018 年 11 月 2 日，浙江省委、省政府召开了浙江省非公有制经济人士新时代优秀中国特色社会主义事业建设者表彰大会，54 家非公有制公司负责人受到表彰。本书所选案例有很多公司赫然在列，如阿里巴巴（中国）有限公司、海亮集团有限公司、浙江吉利控股集团有限公司、雅戈尔集团股份有限公司、杭州娃哈哈集团有限公司、正泰集团股份有限公司、横店东磁股份有限公司、浙江大华技术股份有限公司、万向钱潮股份有限公司等。

本书所选案例均为浙江省上市公司，当然，需要说明，很多没有上市的公司在企业社会责任方面的做法也很好，但限于篇幅，仅选取了不同行业的具有代表性的上市公司，挂一漏万，实属难免。

本书通过挖掘、分析所选案例在承担企业社会责任方面的做法和实践探索，总结浙江企业在承担企业社会责任方面的经验以及带来的启示，希冀为浙江省乃至全国其他企业提供可资借鉴以及学习的材料。

DIRECTORY
目 录

第一篇

阿里巴巴：人人公益3小时

 案例导读

　　本案例介绍了阿里巴巴在履行企业社会责任方面的做法。其成功经验有：与利益相关方一道，追求自身可持续发展，并致力于为社会发展和进步贡献力量。加强社会责任理念与自身使命、文化和战略的融合，实现社会责任的使命驱动、文化驱动和战略驱动。完善和建立相应的社会责任管理制度，以建立更为完善的制度体系，促进社会责任实践的规范性和有效性。构建健康的商业生态圈，在为利益相关方创造价值的同时，与利益相关方共同进步；利用自身优势，倡导环境保护和社会公益。

（一）公司简介

　　阿里巴巴（中国）有限公司（以下简称"阿里巴巴""阿里"）是全球领先的小企业电子商务公司，其业务是阿里巴巴集团的旗舰业务。1999年阿里巴巴在中国杭州成立，通过旗下三个交易市场协助世界各地数以百万计的买家和供应商从事网上交易。三个网上交易市场包括：集中服务全球进出口商的国际交易市场、集中国内贸易的中国交易市场以及通过一家联营公司经营促进日本外销及内销的日本交易市场。

　　此外，阿里巴巴也在国际交易市场上设有一个全球批发交易平台，为规模较小、需要小批量货物快速付运的买家提供服务。所有交易市场形成了一个拥有来自240多个国家和地区超过6100万名注册用户的网上社区。

　　阿里巴巴是由马云于1999年一手创立的企业对企业的网上贸易市场平台。2003年5月，阿里巴巴投资1亿元建立淘宝网。2004年10月，阿里巴巴投资成立支付宝公司，面向中国电子商务市场提供基于中介的安全交易服务。2012 年 2 月，阿里巴巴宣布，向旗下子公司中的上市公司提出私有化要约，回购价格为每股 13.5 港元。2012 年 5 月 21 日，阿里巴巴与雅虎就股权回购一事签署最终协议，阿里巴巴以 71 亿美元回购 20% 股权。2012 年 7 月 23 日，阿里巴巴宣布调整淘宝、一淘、天猫、聚划算、阿里国际业务、阿里小企业业务和阿里云为七大事业群，组成集团 CBBS 大市场。

阿里巴巴 2010 年获国家优质工程银质奖；2013 年获第四届中国消除贫困奖创新奖；2014 年获中国任仕达奖内资企业组最佳雇主金奖；2018 年在"改变世界"的企业榜单中位列第五；在 2019 年福布斯全球数字经济 100 强中位列第十；等等。

（二）企业社会责任实践

1. 助力社会发展

"让天下没有难做的生意"不是商业使命，而是阿里巴巴的社会使命。阿里巴巴依托电子商务平台，已经将影响渗透到社会的多个层面。电子商务的不断发展，持续推动着我国经济的转型升级、县域经济发展生态体系的建立，促进广大农村新型城镇化的实现、促进产业链的不断延伸，为不同群体搭建起就业的平台。阿里巴巴积极履行社会责任，通过自身平台帮助更多公益组织生存和发展，为社会公益提供力所能及的支持。

（1）促进经济发展。

"互联网+县域经济"。小县城通过阿里巴巴对接到大市场，越来越多县域特色产品通过阿里巴巴销往全国甚至海外。同时，县域的消费者通过阿里巴巴接触到海量实惠的商品，网络购物正成为越来越多消费者，尤其是县城和农村消费者的新选择。县域电子商务的不断发展，正促进广大农村实现新型城镇化。

缩小城乡差距。2014 年，农村电子商务的最典型代表"淘宝村"迎来了跨越式发展，为农村带来新的变化。淘宝村以市场化的方式引导部分农民加入电子商务网络，通过互联网连接的大市场发展特色产业，形成繁荣的商品交易，从而扩大了本地就业，带动多元化服务业的发展。这种就业模式，实现了"离土不离乡"，并能帮助农民增收致富，是一种幸福指数较高的"就业本地化"。

截至 2014 年底，阿里巴巴零售平台农产品卖家数量达 75 万家，同比增长 98%，结合淘宝网店的就业带动效应，仅阿里巴巴零售平台上的农村人口从业数量就突破了 100 万。

助力经济增长模式转型。中国"十二五"规划致力于转变经济增长模式，期望从"外需出口+投资型经济"转变为"内需消费+服务型经济"。电子商务服务业作为信息经济的基础，它的兴起和发展为转变经济增长方式奠定了基础。

电子商务平台服务业是整个电子商务服务业中起步最早的环节，以阿里巴巴 B2B、淘宝网等为代表的电子商务平台引领了中国电子商务市场的发展。经过多年的发展，电子商务平台服务业也从萌芽走向成熟，而阿里巴巴通过电子商务平台带动发展起来的整个电子商务服务业，为信息经济铸造了基础设施，推动了中国信息经济的发展，促进了信息社会的进程，助力中国经济增长模式的转型和发展。

（2）促进社会就业。

阿里巴巴电商平台、物流和农村战略在促进社会就业方面发挥了独特优势。截至 2014 年底，阿里巴巴零售平台直接带动就业人数 1000 万，与阿里巴巴零售平台相关的间接就业人数约为 347 万，其中：快递员人数约为 150 万，淘女郎、代运营、导购、装修、美工、客服、软件开发、培训等各类第三方服务商人数约为 197 万。

平台支持，提供创业舞台。阿里巴巴依托电子商务平台，向社会各界有志于创业的人们提供技术、服务等支持，为缺乏资金、基础设施等投入的草根创业者提供更开阔的舞台，帮助他们实现梦想。

电子商务的出现是社会经济领域的一场重大变革，它不仅改变了生产、生活和消费的方式，而且为就业的方式带来了一场革命。电子商务的出现在很大程度上缓解了就业的压力，让人们多了一项选择，多了一个可以实现自己梦想的机会，特别是对那些没有强大竞争力的群体，电子商务为他们提供了一个平台，一个能够让他们合理运营的平台。阿里巴巴未来十年的目标之一，就是为全球 1 亿人提供就业机会。

淘宝网以其灵活的在线购物方式创造了一个海量的卖家群体，提供了庞大的社会就业机会。根据全球咨询机构 IDC 的研究，每一人在淘宝上开店，就将带动 2.85 个相关产业的就业机会。

校企合作，缓解大学生就业难问题。中国目前正面临着人才结构性失调的问题，近几年，由于大学毕业生增多，企业应届生招聘需求有限，应届生就业困难。然而，电商领域的岗位和人才却缺口巨大。目前仅淘宝平台上的电商企业人才缺口就高达百万，而整个电商行业未来3年的人才缺口将更大。据此，淘宝大学推行校企合作，一方面提供更多的应届毕业生岗位，另一方面引导和帮助大学生了解电商领域，拓宽就业选择机会。

2010年底，淘宝为大学生在校实践量身打造了"云客服实践平台"，为大学生就业铺路，大学生们利用自己的业余时间，不用走出校门，登录此平台即可获得社会实践机会，并取得一定的生活补助。2011年，近10000名大学生自愿加入"云客服实践平台"成为"云客服"，遍及26个省，114个城市，400多所高校。"云客服实践平台"每月为3000多名大学生提供实践锻炼的机会，平均每人可在"云客服实践平台"获得40小时的实践，获得人均500元生活补助。淘宝网的"云客服实践平台"通过线上招募、培训、上岗、服务的模式，为大学生提供线上兼职岗位。

（3）培养电子商务人才。

为成就"促进开放、透明、分享、责任的新商业文明"事业，推动社会进步，阿里巴巴集团积极开展电子商务培训，致力于电子商务人才的培养。阿里学院、淘宝大学和阿里巴巴商学院是阿里巴巴电子商务人才培养的基地和摇篮。阿里巴巴为阿里学院、淘宝大学和阿里巴巴商学院提供第一手的教学资源，通过帮助年轻学生走进电子商务领域做好充分的思想和技能准备，为电子商务产业链的长期发展提供人才储备。

阿里学院。阿里学院自2004年成立以来，肩负"为新商业文明培育人才"的使命，致力于电子商务人才的培养，努力打造成为小企业最认可的教育培训服务平台。2011年，阿里学院推出了具有阿里巴巴特色的"AM-BA"课程、"阿里e学堂"和"育苗项目"，培育了大批优秀的电子商务人才。

淘宝大学。作为业内知名的网商学府，淘宝大学以帮助网商成长为己任，遵循以人为本的原则，对不同的需求定制独特的培训方案，全方位帮助网商提升竞争力。2011年，淘宝大学通过在15个城市进行80场培训的网店经理人项目，帮助4000名企业网商中层及中小网商掌柜提升业绩。据调查，参加网店经理人培训后的一个月内，网店日均网站独立访客增加23.4%，转化率提升9.3%，交易额提升22.7%，65%的商家交易额提升超过一倍，更有甚者交易额增长超过600%。

与此同时，淘宝大学针对网商核心高层开设了网商 MBA 课程，曾对900名企业网商高层进行16场7天6夜的培训，6场专题校友会。有95%的网商在接受培训之后进行了战略或组织调整，平均业务增长超过了150%。

阿里巴巴商学院。校企合作学院——阿里巴巴商学院以网络商务的教育、研究和社会服务为特色，以培养具有社会责任、国际视野、实战能力、创业精神的商务精英和高端创业干部为己任，努力兴办一所"创业者大学"。商学院成立至今，拥有电子商务服务、网络营销、网络贸易、网络金融、现代物流、网络信用、商务智能与数据挖掘、网商学、网络创业等优势学科和专业，已经培养了许多优秀的电子商务人才。

残障人士培训。除电子商务人才培训之外，阿里巴巴集团还积极投入对残障人士等受助人群的培训，帮助他们解决就业的困难。2011年5月，淘宝网先后与杭州残联、深圳残友集团合作，面向残障人士推出淘宝云客服培训就业项目，通过培训考核后上岗，按时计酬，帮助残障人士解决就业困难问题。

2. 投身社会公益

阿里巴巴成立以来，始终坚持"互联网+公益"的精神，在践行社会责任的同时，鼓励更多的社会公众参与公益事业。2010年起，阿里巴巴将集团年收入的0.3%拨作公益基金；2014年，阿里巴巴公益基金共捐赠8942万元用于救灾、环境保护、受助群体能力提升、行业发展等领域。

（1）推动公益项目成长。

公益管理。阿里巴巴公益基金会于2011年12月22日成立，原始基金为5000万元。基金会的宗旨是营造公益氛围，发展公益事业，促进人与社会、人与自然的可持续发展，资助重点包括水环境保护、环境保护宣传以及支持环保类公益组织的发展。2014年，阿里巴巴公益基金会在水环境保护和唤醒公众环境保护意识及行动两个领域，共批准资助公益项目20个，资金37570414元。

为了使公益行动更加专业，公益基金使用更加高效，阿里巴巴设立员工公益委员会——"公益合伙人"，决定公益基金的使用。2012~2014年，阿里巴巴公益委员会评审决策通过的基金会项目累计61个，资助金额总计65763900.70元。

平台公益。阿里巴巴基于自身的商业模式和业务专长，为平台使用者提供公益交流和互动的工具及机会，搭建可信赖的、人人参与的公益平台。2014 年，2.13 亿网友通过阿里巴巴平台公益产品进行了超过 11.1 亿次善举，捐款超过 2.8 亿元，而单次捐赠额仅为 0.25 元。

公益网店——公益组织开设的网店。截至 2014 年底，公益网店数量达 421 家，年度筹款总额超 5000 万元，订单笔数超 110 万笔，其中，交易/筹资额超过 10 万元的机构达到 69 家。阿里巴巴通过"NGO 开店公益培训班"项目、公益网店交流群等方式帮助更多的公益组织通过商业方法，提高网店管理及与公众交流的能力。

公益宝贝——具有公益捐赠目的的商品。2014 年，"公益宝贝"发生 11 亿笔捐赠量，是 2013 年的 4 倍；全年超过 7200 万元的捐赠额，是 2013 年的近 3 倍。2014 年 11 月受"双 11"的利好带动，捐赠笔数单月超 1.8 亿笔。2015 年 1 月 4 日的即时数据显示，卖家参与"公益宝贝"计划的意愿及数量均持续提升，当前设置"公益宝贝"的卖家达到了 110 余万，设置"公益宝贝"的商品近 8000 万件。

公益众筹——为公益项目筹集资金。2014 年，淘宝平台发起公益众筹案例 46 起，筹资逾 600 万元，参与人次超 30 万。

公益广告联盟——卖家在店铺投放公益广告。从 2013 年 3 月底上线至 2014 年，累计展示页面浏览量 7.08 亿次，其中在淘宝、天猫商家店铺的投放渠道，同时有 30 多万卖家在线设置。

云公益平台——云计算服务公益组织。2014 年 9 月，阿里云推出云公益平台，扶持公益机构上云，依托云计算、大数据技术展开对中国公益行业的革新技术支持。为公益组织提供网站上云、公益移动化、大数据处理、信息共享等支持，以此推动公益组织对互联网技术的应用，提升公益效能，包含壹基金、中国扶贫基金会、蔚蓝地图在内的诸多行业领先机构都成为了云公益的用户。

天天正能量——正能量的传播平台。天天正能量由公众去发现、推选、评价、传播身边充满正能量的人和事，实现人人参与，更重要的是把决定权交给了公众。截至 2015 年 4 月，天天正能量常规评奖 89 期，特别奖励 200 多次，发出奖金 1200 万元，直接奖励逾千人，微博粉丝人数达到 42 万，位居新浪公益类微博影响力首位。

灾难救助——平台聚力援助灾区。2014 年 7 月 21 日晚，为援助超强台风威马逊受灾地区，淘宝 PC 端和移动端连夜上线爱心众筹平台；淘宝网首页、手机淘宝首页均上线全幅众筹页面，联手菜鸟网络、淘宝海南馆、天涯社区、新华社、深商 e 天下等机构，发起中国第一次社会化的互联网爱心众筹——"迎南而上"淘宝海南救助行动，不到 12 小时，就有超过 2 万名网友参与，30000 瓶矿泉水、13000 碗方便面、5000 包饼干被售出。

员工公益。阿里巴巴倡导员工参与公益。在阿里巴巴集团"百年系列"入职培训里，有一堂课叫作"百年责任"，旨在传递感恩敬畏的公益理念及介绍阿里巴巴集团的社会责任实践。课堂上，讲师会向每位新入职员工介绍阿里巴巴的社会责任观、公益实践以及如何成为有责任的个体。富含阿里味道的"百年责任"课程倡导社会责任理念与公益实践并行，从细微之处引导公益实践，让公益变成习惯。

全球公益。阿里巴巴全球梦想家计划旨在寻找隐藏在全球有梦想、正能量的年轻人，通过这个项目聚集在一起，用获得的知识和技能去实现梦想。该计划始于 2013 年，这些梦想家来自中国、中国香港、美国、英国、加拿大、澳大利亚和新加坡等国家和地区。

公益创新。阿里巴巴积极推动商业、社会资源和公益的融合，让更多的企业意识到解决社会问题带来的价值。阿里巴巴不断探索更多公益创新的可能性，推出无声课堂、残疾人鉴黄师、天天特价公益专场、公益拍卖频道、弱势群体贷款优惠政策、聚划算公益营销等，让公益展现出更多的可能性。

（2）援助灾区建设。

援助盈江灾后重建。2011 年 3 月 10 日，云南盈江发生了 5.8 级地震，造成 25 人死亡，350 人受伤。3 月 11 日，日本发生 9 级特大地震，死伤上万人。两处受灾地区的人民财产都受损严重。阿里巴巴集团心系灾区，通过中国红十字会紧急向地震灾区捐赠 400 万元，帮助灾区人民渡过难关，其中 100 万元用于云南盈江地震灾区、300 万元用于日本地震灾区。同时阿里集团在内部发起员工捐赠，员工捐赠多少，公司再捐赠同等数额。

除了公司和员工捐赠，阿里巴巴集团还在第一时间开通支付宝捐赠平台，号召网友向灾区捐款。支付宝联合中国扶贫基金会将会员基金中的 20 万元用于解决盈江灾区 1000 户家庭一个月的口粮。阿里巴巴 B2B 开通在线捐赠物资平台，号召网商向云南盈江捐赠紧缺的简易床和生活物资。

完成紧急救援工作后，淘宝网联合中国红十字会正式启动"中国红十字会淘宝合作社"项目，从培训、资金援助、电脑捐赠、开店辅导、推广支持等方面入手，帮助16位盈江地震灾区的青年在淘宝上开店创业，销售当地土特产，实现个体生计恢复和发展，并带动盈江土特产销售，促进了盈江电子商务的发展，为盈江的灾后重建积极贡献力量。

雅安地震紧急救援。2013年4月20日，雅安芦山发生8.0级地震。大灾面前，阿里巴巴集团各个部门对地震灾区的救援进行了快速的响应。支付宝开通特别捐赠通道，11家机构在该平台上筹资4415.94万元。阿里巴巴公益基金会第一时间向壹基金捐赠500万元，用于灾区救援。阿里巴巴官方微博发文《我们，在一起》，号召网商、消费者和社会大众关注灾情，尽己所能帮助灾区人民。

当日，集团发布各项针对受灾网商的支持政策，集团承诺淘宝发货延迟免责，为客户提供12个月免息期，1688诚信通会员免费延长12个月服务。此外，天猫联合成都全友家私，提供免费仓储物流，接收来自天猫爱心商家的物资捐赠，并通过政府及民间机构发往雅安。

青川灾后援助。汶川地震过去后，为了兑现"持续7年支持灾后重建"的承诺，为了完成"以造血代输血"的目标，"阿里之家"仍然驻守青川，帮助受灾群众再就业。

2012~2013年，阿里巴巴通过聚划算的团购行动，扩大了青川县电子商务的交易量；发起"圆梦行动"，走访青川县的贫困孩子并资助他们实现自己的梦想；合作成立青川县青年网商协会，维护青川网商利益。

2013年，青川网商淘宝（含天猫）销售额超过572万元，环比2012年增长24.2%，其中残疾人网店圆梦山珍销售额超过17万元，环比2012年增长超过4倍。

3. 助力环境发展

阿里巴巴始终以保护环境为己任，不仅自觉控制对环境的污染，降低能耗，而且通过自身电子商务平台，阿里巴巴公益基金会推动整个社会增强环保意识，积极履行对自然环境的社会责任。

（1）绿色建筑。

绿色能源数据中心。阿里巴巴张北云计算基地的数据中心百分百基于绿色能源运转，建筑外表覆盖太阳能电板，同时采用自然风冷和自然水冷系统。绿色能源可就地转化成计算资源，供全球使用。

打造绿色商务区。阿里巴巴位于上海虹桥的商务区，从技术选择上兼顾资源节约与品质舒适两方面，注重选择成熟、有效的绿色技术，从节地、节能、节水、节材、室内环境质量、运营管理六方面达到绿色建筑三星级。

（2）绿色办公。阿里巴巴为员工创造绿色的办公环境，培养员工的节能环保意识，在日常办公中以实际行动践行环保理念。主要做法如下：

- 大力推广无纸化办公，并通过增强ID识别，规避无效打印，减少纸张浪费。
- 卫生间推广再生纸张；照明控制通过自控、遥控灯方式相结合，降低能耗。
- 办公区域随处张贴节能标识，给员工身边的温馨提示。
- 让员工通过顺风车软件搭乘同事的顺风车上班，减少废气排放，实现低碳出行。
- 提供远程会议支持，减少出差频次。

（3）环保公益。

公益的本质是"唤醒"人的善意，而公众参与是最有效"唤醒"公众对环境保护意识和责任的一种方法。2014年，阿里巴巴环境保护项目资助总金额12185856元。在水环境保护和唤醒公众环境保护意识及行动两个领域内的投入占环境资助总额的61%。

水环境保护。2014年，阿里巴巴公益基金会在水环境保护资助方面集中在水污染防治和水生态保护两大方向。基金会资助的项目直接干预污染企业非法超标排污接近100个，并在山东、浙江、江苏、重庆推动政府监管部门、民间机构和公众的互动及合作。通过资助开发水污染地图，使公众、民间机构及政府执法人员能够方便地获取国家重点污染源排放企业实时排放数据；与近10家活跃在长江流域及浙江省的民间机构合作，与环保监管部门互动，推动长江流域内水污染企业的减排。

唤醒公众环境保护意识及行动。2014年，阿里巴巴公益基金会和中华思源基金会芭莎慈善基金启动净水计划，并和壹基金开展净水公益的合作，在中国的校园开展清洁饮用水的环境教育和技术援助。同年，阿里巴巴公益基金会发起"源创马拉松"项目，鼓励专业志愿者研发适合公众参与的环保活动和产品。近200名专业志愿者参与到项目的研发中，共15个创新项目获得资助，这批项目未来将可以以开源的方式被公众复制，让公众更容易地参与环境公益活动和项目。

 资料来源

[1] 阿里巴巴 2011－2015 年度企业社会责任报告 ［EB/OL］. http：//view. 1688. com/cms/shichang/csr2/shzrbg. html.

[2] 寿怡. 互联网企业社会责任战略模式研究——以阿里巴巴为例［J］. 中外企业家，2018（9）.

[3] 邵剑兵，刘力钢，杨宏戟. 基于企业基因遗传理论的互联网企业非市场战略选择及演变——阿里巴巴社会责任行为的案例分析［J］. 管理世界，2016（12）.

案例思考题

1. 阿里巴巴作为全球领先的企业电子商务公司，发布了第一份社会责任报告，这体现了其怎样的社会责任态度？

2. 中国公益行业相较于发达国家来说比较落后，阿里巴巴是如何通过互联网发展公益事业，履行社会责任的？

3. 阿里巴巴建立全民公益合伙人项目，这对中国公益行业的发展有何积极影响？

4. 阿里巴巴在促进经济发展和社会就业方面分别做了哪些努力？它是怎样履行企业的双重责任的？

5. 阿里巴巴始终坚持"互联网+公益"的精神，这种精神是怎样具体体现在企业发展过程中的？

6. 阿里巴巴在履行环境保护社会责任方面做了哪些努力？获得了怎样的成效？

7. 阿里巴巴积极参与社会公益事业，大力推动慈善事业的发展，是什么驱动企业去履行这样的社会责任的？

8. 阿里巴巴在履行社会责任的过程中遇到过什么问题？公司是如何应对的？

9. 阿里巴巴开启了一个全民公益的时代，在互联网的加持之下，实现海量参与，去中心化，这对其他企业履行社会责任有怎样的启示和借鉴意义？

第二篇
海康威视：安防产品争第一

 案例导读

  本案例介绍了海康威视在履行企业社会责任方面的做法。海康威视始终以"为顾客服务"为核心、以"提高人民安全生活品质"为企业愿景、以"提高国家安全以及国际地位"为企业使命，致力于打造出卓越产品，造福人类。海康威视遵循"可持续"发展的绿色理念，从企业生产入手，不断推进节能减排和环境改善，从生态入手，利用科技力量为生态保护工作提供支持。取之社会，用之社会，海康威视高速发展的同时还关注社会工作，开展了一系列的公益项目服务社会，并针对一系列的社会问题提出创新性解决方案。

（一）公司简介

  杭州海康威视数字技术股份有限公司（以下简称"海康威视"）是以视频为核心的智能物联网解决方案和大数据服务提供商。

  截至 2018 年 12 月 31 日，海康威视全球员工超 34000 人，其中研发人员和技术服务人员超过 16000 人，研发投入占企业销售额的 8.99%，绝对数额名列业内前茅。海康威视是博士后科研工作站单位，以杭州为中心，建立辐射北京、上海、武汉以及加拿大蒙特利尔、英国伦敦的研发中心体系。

  海康威视拥有视音频编解码、视频图像处理、视音频数据存储等核心技术，及云计算、大数据、深度学习等前瞻技术，针对公安、交通、司法、文教卫、金融、能源和智能楼宇等众多行业提供专业的细分产品、IVM 智能可视化管理解决方案和大数据服务。在视频监控行业之外,海康威视基于视频技术,将业务延伸到智能家居、工业自动化和汽车电子等行业,为公司持续发展打开新的空间。

截至 2018 年 12 月 31 日,海康威视在中国内地拥有 32 家省级业务中心/一级分公司,在港澳台地区及海外国家/地区有 44 个分支机构。海康威视产品和解决方案应用在 150 多个国家和地区,在 G20 杭州峰会、北京奥运会、上海世博会、APEC 会议、德国纽伦堡高铁站、韩国首尔平安城市等重大项目中发挥了极其重要的作用。

海康威视是全球视频监控数字化、网络化、高清智能化的见证者、践行者和重要推动者。2011~2017 年蝉联 iHS 全球视频监控市场第一位;连年入选"国家重点软件企业""中国软件收入前百家企业""中国安防十大民族品牌",位列 CPS《中国公共安全》"中国安防百强"榜首;2016~2018 年,在《A&S:安全 & 自动化》公布的"全球安防 50 强"榜单中,蝉联全球第一位。

2010 年 5 月,海康威视在深圳证券交易所中小企业板上市,股票代码:002415。基于创新的管理模式,良好的经营业绩,公司先后获得"2016&2017 CCTV 中国十佳上市公司""中国中小板上市公司价值十强""2016 年 A 股上市公司未来价值排行以及 A 股最佳上市公司""第六届中国上市公司口碑榜最佳公司治理实践奖""中国中小板上市公司投资者关系最佳董事会""上市公司金牛投资价值奖"和"最佳投资者关系管理奖"等重要荣誉。

海康威视秉承"专业、厚实、诚信"的经营理念,坚持将"成就客户、价值为本、诚信务实、追求卓越"核心价值观内化为行动准则,不断发展视频技术,服务人类。海康威视拥有业内领先的自主核心技术和可持续研发能力。营销及服务网络覆盖全球,在中国内地 33 个城市已设立分公司,在洛杉矶、中国香港、阿姆斯特丹、孟买、圣彼得堡和迪拜也设立了全资或控股子公司。

"专业、厚实、诚信、持续创新"的海康威视,以人人轻松享有安全的品质生活为愿景,矢志成为受人尊敬的、全球卓著的专业公司和安防行业的领跑者。

（二）企业社会责任实践

1. 绿色发展

海康威视紧跟国内外环境政策和趋势，在遵守环境保护相关法律法规的基础上，将保护环境视为自身可持续发展的重要工作之一，将其融入公司日常运营核心价值观中。自成立以来，海康威视不断推进节能减排和环境改善，把握清洁技术机遇，探索更多的能源利用方式和渠道，致力于打造环境友好型的经营管理发展模式。

海康威视依据公司情况编制了内部管理制度，明确管理、执行和监督人员在环境管理活动中的作用、职责和权限，以此持续改进和提高本公司的环境保护工作。

海康威视通过了 ISO14001 环境管理体系、SA8000 社会责任标准、QCO80000 有害物质过程管理体系及 ISO50001 能源管理体系等体系认证，并获得绿色供应链五星评价。

2. 环境友好工作业绩

海康威视持续推出具有更高商业价值和环保效能的新产品、新服务，并将绿色战略贯穿到产品开发、生产制造、物流、项目实施等多个领域，构筑一条绿色、环保的企业发展之路。公司搭建并完善了 ISO14001：2004 环境管理体系，自取得体系认证以来，不仅持续优化体系、流程等管理机制，更从产品设计、材料采购及产品生产、服务的全过程中改进工艺技术，完成了 "绿色产品" 发展的转型，开拓了绿色安全产品的开发、生产和服务。

公司在欧洲市场的产品执行 RoHS（对使用某种有害物质的限制）、WEEE（来自电气和电子设备的废品）以及由欧盟颁发的旨在对电气和电子设备中某些有害物质进行回收和限制的指令要求，均取得 RoHS 和 WEEE 环保认证。公司采用智能楼宇 BA 系统将锅炉及空调系统纳入自动控制之中，所采购的设备均符合国家节能标准。2017 年公司对地下车库统一完成节能改造，运用低光雷达感应 LED 日光灯，低能耗运作，每月节省电量近 7000 度。与此同时，公司积极推进绿色低碳文化，践行可持续发展理念，鼓励全员参与节能减排工作，从随手关灯、关水拒绝跑冒漏滴，推行物质化办公、节约纸张等细微之处着手，克服规模大、人员多的压力，顺利完成了2017年的节能指标。

环境保护与节能减排是一项长期性的全面工作，公司配备了具有相应技能和资格的专业人才承担能源管理减排和技术工作，督促和帮助重点能耗分子公司建立节能减排工作机构，明确能源统计、计量体系，强化能源利用状况和污染减排工作分析，倡导健康、文明、节俭、适度的生产理念，用节约型的生产理念引导生产方式的变革，逐步形成循环经济、清洁生产模式，实现企业经济效益和环境效益的"双赢"。

2018年，海康威视坚持企业可持续发展的原则，不断加强对环境的保护，为建立低碳社会而努力。通过制定《节能降耗控制程序》，对主要生产过程、辅助生产过程和附属生产过程中能源利用的全过程节能控制进行了定义，实现了从管理到落实全面细致地提高能源利用效率，并建立了能源管理体系，实施精细化能源管理，提高能源管理水平，降低生产运营能耗。2018年，海康威视超额完成年度能源目标，公司级万元产值能耗较2017年降低了3.8%。

为保证环保项目的有效落实和可持续发展理念的持续推广，公司在废弃物、化学品及环保设备方面根据生产工艺情况、当地相关法律法规及标准建立了《废弃物管理程序》及《供应链危险废物管理规范》。将废弃物分为可回收废弃物、不可回收废弃物和危险废弃物，规范了对危险废弃物的分类、收集、交接、暂存、处理等要求。

3. 公共关系与社会公益事业

多年来，海康威视本着服务社会、创建美好未来的初心，用实际行动促进社会的可持续发展。公司不仅鼓励并组织员工参与社会活动，不断为社会公益事业贡献力量，更发挥海康威视的专长，以创新科技和专业经验为依托，助力智能生态与和谐社会体系的构建。

（1）社会公益。作为负责任的企业公民，海康威视十分关注社会公益，持续地通过科技创新让世界更加美好。立足"视频+AI"的能力，公司通过开展一系列有价值的公益项目，不断为社会和环境的可持续发展做出新的贡献。

无偿献血活动。2016年8月，为了保障杭州市临床血液供应的充足、有序，海康威视积极响应杭州市滨江区政府的号召，以"护航G20，海康威视在行动"为主题无偿献血活动在海康威视总部开展。2017年，海康威视持续开展无偿献血社会公益活动，并创建与浙江省血液中心、滨江区红十字会合作的献血绿色通道及用血绿色平台，不断为社会搭建无偿献血新桥梁。公司开展多场急救员取证及普及性培训讲座，输出118位取证救护员，普及培训人数达600多。2018年7月1日，在由杭州市精神文明建设委员会办公室、杭州市卫生和计划生育委员会、杭州市文化广播电视集团等7个部门共同举办的"我为七一献热血"活动中，海康威视获得优秀组织奖。

萤石云APP。2018年10月，海康威视联合杭州市桐庐县瑶琳镇大山村委，在所有80周岁以上的老人家中安装了两个监控摄像头，在外的老人子女通过手机萤石云APP能随时观察家中老人，还能视频通话。通过技术拉近了人与人之间的距离，海康威视为天下儿女心服务，让关爱不会再缺席。

结对帮扶。近年来，海康威视向江西、贵州、内蒙古等革命老区累计捐赠了价值数百万元的视频监控系统，为当地社会平安建设贡献了一分力量。海康威视在汶川地震时向灾区捐款130多万元及捐赠灾区急需的视频监控产品，向外来务工人员子女和乡镇学校学生捐赠献爱心，2011年被杭州市委市政府评为红十字抗灾救灾先进集体。2012年10月，海康威视重庆子公司与重庆九龙坡区土地乡土地小学结对帮扶，为所帮扶的24名贫困学生解决每年在校的生活、医疗保险和适当的零花钱等费用，直到学生中学毕业，该项工程实行循环帮扶。而在公司基层员工家庭遭遇突发变故，超出个人可承受范围时，公司工会发动全体员工解囊相助，帮助同事家庭走出困境。

抗震救灾。2017年8月9日九寨沟发生7.0级地震，海康威视第一时间与震区有关部门取得联系，开通了设备捐赠特殊流程通道，紧急为震区支援布控球、单兵等无线图像传输设备，为地震相关救援指挥工作提供设备支持。同时，公司员工也行动起来，技术人员赶赴地震现场为进震区的相关专业设备正常运行提供技术保障，客服热线为震区开通紧急专线，7×24小时接受震区设备维护申请及问题处理。

（2）和谐生态。海康威视依托多年来积累的产品和技术优势，运用创新产品和技术助力生态研究和保护工作，希望利用科技力量为生态保护工作提供支持。

保护斑头雁。2018年，海康威视作为技术支持方参与四川省绿色江河环境保护促进会的斑头雁保护项目，利用视频技术进行7×24小时大范围、全天候的值守，为鸟类保护提供有力的影像和数据支持，同时还协助进行高清视频直播，让更多人参与到斑头雁保护活动中。

目前，海康威视已与绿色江河签署了生态合作备忘录，双方升级合作，定制研发仿真摄像机应用于高寒高海拔无人区，以技术创新推动野生动物保护在视频监测设备、影像处理、数据存储和传输等方面的实践，促进动物保护数据的有效利用和数据积累，通过科技手段助力保护生物多样性，促进长江源生态环境可持续发展。

AI 护虎。海康威视携手英特尔共同助力世界自然基金会（WWF），运用边缘计算与云端计算相结合的设计理念，提供东北虎智能识别解决方案，用数字技术和人工智能助力野生动物保护。该方案基于前端目标检测算法，由专为野生动物适配及训练的深度卷积神经网络对视频帧进行逐层特征提取，最终计算出目标位置与置信度，实现对东北虎的精准识别抓拍。通过前端智能抓拍，系统自动筛选出符合要求的东北虎照片，护林员可以通过手持终端或野外智能抓拍相机上传海量图片，实现前后端数据自动化高效处理和智能识别分析，并通过数据挖掘，在海量数据中发现动物踪迹和行为规律，助力珍稀野生动物的保护。

牵手国际 NGO 助力 WWF 大熊猫保护项目。WWF 大熊猫保护项目是由海康威视与希捷助力 WWF 共同打造的针对四川省冶勒自然保护区保护大熊猫的公益项目。依据冶勒自然保护区的环境特征，海康威视提供合作项目硬件设备的开发和实施方案的设计与落地，克服复杂地形与恶劣气候的限制，与合作伙伴希捷共同助力自然保护区完善技术防范体系，提供高稳定性、全天候的安全防护，通过减少人为活动对保护区生态环境的干扰，提升保护区监控能力与管理效率，为大熊猫珍稀种群逐步恢复提供保障。

禁烧治霾，智能环保。作为大气污染防治、消除秸秆露天焚烧行为的重要技术手段，海康威视的秸秆禁烧监控系统已在河北省范围内广泛建立使用。石家庄、廊坊、沧州、邢台、衡水 5 个区域的监管机构已在高铁、高速沿线以及禁烧重点区域安装了海康威视热成像双光谱监控摄像机，初步实现了涉农区域秸秆露天焚烧监控的全覆盖，从而更加有效地预防雾霾，改善空气质量。

（3）智慧城市。海康威视作为"智慧城市"建设的重要技术和产品提供商，始终聚焦于治安、交通、生产等与社会经济和人民生活紧密相关的领域，并积极为之提供具有创新性的解决方案。

平安校园。在国内某高校，海康威视根据学校安保部门的定制化需求，提出并搭建了校园可视化综合管理的解决方案，全方位加强了校园安保水平。该方案包含了嫌疑人员管控、智能周界防范、车辆管理、智能运维等系统，并在此基础之上设有 2.5D 地图，实现了业务处理全过程的可视化，为校园安全管理保驾护航。

智能交通。为了提升交通管理的效率，公司协助浙江省某市建设智能化交通运行监测调度中心（即 TOCC）。该平台按照"一个中心，五大系统"进行设计，包括交通概况系统、城市路网系统、公共交通系统、城际交通系统、水上客运系统。利用大数据技术，整合当地交通行业各个监管体系数据和视频，把抽象数据可视化展示，对重点数据进行分析，大大提升了交通系统的运行效率，达到缓解交通拥堵的目的，使人们的出行变得更加便捷与安全。

食品安全。通过深入的市场调研分析，利用萤石云"互联网-"的视频技术沉淀优势，海康威视为餐饮行业客户推出了"明厨亮灶"视频联网监管系统解决方案。该方案可解决餐饮门店的日常巡查、后厨卫生、突发事件、数据运营等问题，并满足对于事后追溯、查证环节的需求。保障了消费者的监督权和知情权，为政府监管部门、企业和公众之间架设起一座公开、透明、监督的桥梁。

医疗卫生。为了帮助医院提升对突发事件的事前预警预防、事中快速正确处置、事后快速追查的能力，海康威视建了一套基于 AI Cloud 安防系统的医院全三维数字化智慧安防管理平台。基于该系统，海康威视协助浙江省某知名医院实现了多种安全防控功能，为就医环境的有序稳定提供了保障。

平安城市。安全、平安是品质生活的基础，具有最现实和朴素的价值。呼应这股浪潮，顺应民众诉求，海康威视深度参与和推动了国内平安城市的建设，创造性地提出了 iVM（智能可视化管理）新安防理念，充分运用物联网、云计算等现代信息技术，将技术、产品、需求有机融合，打造智慧型平安城市。

（4）教育。2016 年 4 月，海康威视携手名校杭州第二中学，共同向全社会发出读名著的倡议，呼吁全社会加入"名校+名著+名企"读书行动，手捧名著，让阅读成为一种习惯，乃至一种信仰。

校企合作，共促科学发展。继与十几家高校建立科学实验室之后，2016年，海康威视与中国刑事警察学院共建"视频侦查技术实验室"，与中国人民公安大学共建"视频图像侦查技术实验室"。实验室的建立加强了企业与学校紧密结合，促进安防科技领域的专业研究和科学建设，提高人才培养质量，推动了安防科技的理论研究和产品研发。

2017年，海康威视与铁路警察学院合作成立联合实验室并进行课题研究和实地试验，一方面探索新技术在行业中的应用，将技术快速转换成生产力，打造安全高效的地铁出行系统服务大众；另一方面提供更好的教学设施助力警校教学，培养更多行业优秀人才。目前，在校内搭建的试验场地，最新的人脸技术、客流统计技术等均已部署实施，成为学生日常演练的重要应用环节。

 资料来源

［1］海康威视官网，https：//www.hikvision.com/cn/index.html.

［2］海康威视：2016年度企业社会责任报告［R］.海康威视，2016.

［3］海康威视：2018年度企业社会责任报告［R］.海康威视，2018.

［4］梁琳璐.上市公司市值成长策略选择——基于海康威视案例分析［D］.对外经济贸易大学，2016.

 案例思考题

1. 海康威视作为以视频为核心的智能物联网解决方案和大数据服务提供商，履行了哪些不同于一般企业的企业社会责任？

2. 萤石作为海康威视旗下安全生活业务品牌，对企业履行企业社会责任起到了哪些作用？

3. 海康威视的价值观是什么？这种价值观是否体现在企业履行社会责任的过程中？

4. 海康威视在履行环境保护的社会责任上做了哪些努力？有哪些成效？

5. 近年来，海康威视大力发展科技，促进了公共关系和社会公益事业的发展，在这个过程中，企业遇到过什么问题？

6. 驱动海康威视积极参与城市建设与文化发展的因素有哪些？

7. 海康威视是基于视频技术的企业，为什么在食品安全、医疗卫生和动物保护等不太相关的行业上履行了一定的社会责任？

8. 从海康威视履行企业社会责任中我们能获得什么启示？对社会中其他企业的发展有什么借鉴意义？

第三篇
万向钱潮：汽车零部件领先者

 案例导读

　　本案例介绍了万向钱潮在履行企业社会责任方面的做法。万向钱潮是国内最大的独立汽车零部件供应商之一，多次获得质量管理类奖项。其践行企业社会责任的成功经验在于：紧跟产业发展趋势，加快产业结构转型升级，集中优势资源致力于掌握清洁能源技术，走科技含量高、经济效益好、资源消耗低、环境污染少、人力资源优势得到充分发挥的新型工业化道路。

（一）公司简介

　　万向钱潮股份有限公司（以下简称"万向钱潮"）初创于1969年，于1994年1月在深圳证券交易所主板挂牌上市。上市以来，公司已由上市之初的单一万向节产品逐步发展成为传动系统、制动系统、底盘悬架系统、轴承系统等系列化产品，实现专业产品从零件到部件再到系成模块化供货的发展升级，产品广泛供给国内外的汽车主机厂，已成为国内最大的独立汽车零部件供应商之一。公司连续多年入选"深证100"及"沪深300"指数样本股，2017年中国A股被纳入全球新兴市场指数体系，公司被纳入MSCI新兴市场指数A股，在证券市场上树立了业绩优良、经营稳健、运作规范、成长性良好的形象。

　　万向钱潮始终围绕"建设成为一流汽车系统零部件供应商"的长远发展愿景目标和"管理信息化、发展品牌化、服务网络化、资本市场化、合作全球化"的经营方针，采取了联合一切可以联合的力量，利用一切可以利用的资源，调动一切可以调动的积极因素的策略，集中力量向国内外主流市场开拓发展。在追求经济效益、保护股东利益的同时，积极履行"为顾客创造价值，为股东创造利益，为员工创造前途，为社会创造繁荣"的企业宗旨与使命。2018 年，公司围绕目标突破智能零部件和智能底盘集成技术，围绕智慧园区开展选址和规划，围绕实力融通内外资本市场，开展配股提升国际化发展，提升资源效率与效益，不断转型升级，并以良好的业绩回报股东，回馈社会。

万向钱潮曾先后荣获首届浙江省政府质量奖、首届中国质量奖提名奖，获得国家知识产权优势企业、浙江省技术创新示范企业、浙江省高新技术企业百强、国家高新技术企业、全国质量标杆企业、中国名牌产品、世界名牌产品、浙江五星级企业、国家质量管理卓越企业、全国质量奖等荣誉。

万向钱潮生产的万向节、传动轴、制动器、燃油箱、排气系统等产品被认定为中国名牌产品，万向节产品荣获中国世界名牌、中国工业大奖表彰奖。万向钱潮积极履行社会责任，获得浙江省机械工业群众性质量管理活动杰出企业、杭州市工人先锋号等荣誉。

（二）企业社会责任实践

1. 股东和债权人权益保护

（1）内控制度建设情况。

万向钱潮严格按照《中华人民共和国公司法》《中华人民共和国证券法》《上市公司治理准则》等法律法规以及《公司章程》的有关规定，进一步完善法人治理结构，规范公司运作，按照内部控制制度建设，不断完善以股东大会、董事会、监事会、经营管理层为主体结构的决策、监督与经营管理体系。

近年来，万向钱潮持续推进内控评价和风险管理工作，董事会每年均对公司内部控制进行自我评价并披露《内部控制评价报告》，同时聘请会计师事务所对公司内部控制评价报告进行鉴证。

经营过程中，万向钱潮在所有重大方面保持了有效的内部控制。按照《企业内部控制基本规范》及其配套的 18 项指引，万向钱潮进一步完善内部控制体系建设，健全岗位职责和内部检查制度，加强审计监督，使公司内部管理流程更加优化，健全公司内部控制体系建设。

（2）股东大会召开情况。

万向钱潮建立了较为完善的公司治理结构，形成了具有公司自身特色的完备的内控制度，建立了与投资者的互动平台，保证了对所有股东的公平、公开、公正，使所有投资者充分享有法律、法规及公司章程规定的各项合法权益。

经营过程中，万向钱潮按照信息披露的有关规定通知股东大会召开的时间、地点和方式，并充分披露各提案具体内容，确保广大中小股东的知情权，以利于其投资决策，会议均采取现场投票与网络投票相结合的方式，确保股东能够充分行使各项权利。经营过程中，万向钱潮召开年度股东大会1次，临时股东大会1次，股东大会的召集和召开程序符合《中华人民共和国公司法》《中华人民共和国证券法》及《公司章程》的规定，在涉及关联交易表决时，关联股东均回避了表决。此外，万向钱潮提请股东大会审议的提案均获得股东表决通过。

（3）认真履行信息披露义务。

万向钱潮根据《中华人民共和国公司法》《中华人民共和国证券法》《上市公司信息披露管理办法》《深圳证券交易所股票上市规则》及公司相关制度等，严格履行了信息披露义务，及时、真实、准确、完整地披露公司各类信息，包括关联交易公告、担保公告、配股公开发行预案等重大事项。

在信息披露过程中，万向钱潮既重视结果披露，也重视过程披露，保证了股东对公司重大事项和经营业绩的知情权。经营过程中，万向钱潮没有出现过选择性信息披露等不公平信息披露的情况。

（4）利润分配方案执行情况。

2018年3月28日召开的公司第八届董事会第九次会议审议通过了公司2017年利润分配预案，以现有总股本2753159454股为基数，向全体股东每10股派发2.00元现金（含税）。

2018年4月23日召开的公司2017年股东大会审议通过了公司2017年利润分配方案；2018年5月3日，万向钱潮在《证券时报》及巨潮资讯网上刊登了《2017年度利润分配实施公告》，2018年5月9日，公司实施完成本次利润分配方案。

（5）债权人利益保护情况。

经营过程中，万向钱潮在注重对股东权益保护的同时，高度重视对所有债权人合法权益的保护，包括银行、供应商以及其他各方债权主体。

万向钱潮在各项重大经营决策过程中，充分考虑了债权人的合法权益，及时向债权人反馈与其债权权益相关的重大信息，严格履行与债权人签订的债务合同。

万向钱潮与多家银行建立了稳定的长期合作关系，在获得较高的信用评价和较为优惠的贷款利率的基础上，严格按照贷款协议使用资金，及时偿还贷款本金及利息，从未出现本金利息偿还逾期与不良信用记录。

（6）投资者关系管理。

2018 年，万向钱潮严格按照《深圳证券交易所主板上市公司规范运作指引》《投资者关系管理制度》《信息披露管理办法》等，通过及时披露定期报告和临时报告、接待投资者现场参观、回答投资者关系互动平台的提问、通过电话沟通等方式，回答投资者的咨询，及时向管理层反馈相关信息。认真接待投资者问询，介绍公司基本情况、发展战略、经营现状、行业地位和未来发展，听取投资者的建议和意见，与投资者进行了较好的良性沟通互动。

经营过程中，万向钱潮组织举办了一次投资者接待日现场活动，使广大投资者更加感性地了解公司的基本面。

2. 职工权益保护

（1）劳动合同法执行情况。

万向钱潮切实履行雇主义务，认真执行《中华人民共和国劳动合同法》，明确了公司与职工共同发展的要求，充分发挥公司劳动争议调解委员会的作用，及时调解劳动纠纷，切实保障公司和员工的合法权益。经营过程中无重大劳动纠纷。

（2）员工福利保障及参与公司经营管理活动的情况。

万向钱潮修订了《万向钱潮股份有限公司人事管理制度》等相关制度，进一步明确了员工权利。为全体员工足额缴纳了养老、工伤、失业、基本医疗、大病医疗、生育保险等各项社会保险金，并缴纳住房公积金。

万向钱潮通过召开定期的公司人力资源会议、员工例会以及员工信箱等与广大员工交流沟通，开展了"创业""创新""创造"三创奖评比以及以"我的提案"的形式发动员工开展合理化建议，累计为员工办理实事1000余件。对于职工反映的住宿、交通、薪资待遇等合理诉求予以解决。同时针对公司外地员工多的特点，提供公寓式的职工生活区，使员工住得舒适、住得安心。

（3）员工招聘与职业培训情况。

2018年中，万向钱潮招收专业技术人员180人，培养技师/高级工45人，技术工人占公司人员比例达到60%以上，高级工以上技术工人占技术工人队伍比例一半以上，进一步优化了人力资源结构。

万向钱潮积极加强内部培训师资队伍建设，做好技术质量工程师、营销管理、高技能技工队伍培训、二级培训管理和规范工作，全年共完成一级培训80期，二级培训461期，员工培训覆盖率达到100%，人均培训课时达20课时。

经营过程中，组织开展员工职业技能培训，为符合要求的高级技能人才申请补贴，申报了高层人才生活津贴，11人获得高层人才生活津贴。

3. 安全生产情况

（1）安全管理情况。

万向钱潮根据国家《企业安全生产标准化》的要求，进一步完善了公司安全、环境、职业健康（EHS）管理体系，制定并下发了《万向钱潮股份有限公司安全管理制度》及各级EHS检查细则，明确检查标准，推行环境、安全责任领导否决考核制度和问责机制，将安全工作做细做扎实，使"安全第一，预防为主"的安全理念逐步深入人心。

万向钱潮以各级安全管理员为依托，推进各级安全管理，强化基础工作在安全生产中发挥的作用。同时持续高频次对基层单位进行巡查，重点放在劳动防护用品管理及习惯性违章控制方面，从而增强员工的自我安全防护意识及遵章守则的习惯。对各类检查中查找出的安全隐患下达整改通知，限期整改并进行验收，大大提升了公司的安全管理水平。

经营过程中，万向钱潮未发生重大设备事故、有害气体泄漏事故和火灾事故，各项指标均在控制范围之内。

（2）安全培训情况。

万向钱潮落实从上到下各级人员的安全生产责任制，实行安全生产目标管理，组织各类安全生产检查60余次，组织开展了全员安全生产知识培训，全年共组织开展安全生产一、二级培训 100 余期，培训 6000 余人次。其中包括特种作业人员的取证培训，主要为高压电工、安装维修电工、电梯工、叉车工、安全管理人员等，特殊工种持证上岗率 100%。

（3）开展事故应急救援演练。

万向钱潮开展应急救援演练，针对公司实际情况，进行了全员消防知识讲课、避灾路线行走、火灾报警和灭火器材使用的演练。进一步提高了员工应对突发性火灾和救援事件的能力。

（4）安全投入情况。

万向钱潮投入安全资金 300 余万元，完善安全基础设施、建立微型消防站、强化安全教育培训、改善职工安全作业条件、保障职工身体健康。

4. 供应商、客户和消费者权益保护

根据国家相关法律法规，为确保公司良性运作，预防商务往来的违法违纪事件发生，万向钱潮与客户签订廉洁反腐协议，与供应商签订廉政承诺书，建立公开透明的价格竞争机制。经营过程中，万向钱潮无商业贿赂行为发生，逐步取消商业贸易的中间供应商，产品直接面对客户，价格更加透明，服务更加直接，保护了供应商、客户和消费者权利。销售管理团队继续发挥对内代表顾客的职能，加强内部质量监督，通过月度市场会议，深入了解现有客户及潜在客户的需求，针对不同客户的差异性需求，制定措施和建立责任团队，以此来促进产品质量的提升并提高顾客满意度，提高市场占有率。

万向钱潮全面推行质量风险识别、升级、控制、改进的系统方法，成效显著，2018 年内外部未发生重大质量安全事故。QCQS 万向钱潮质量体系全面推行并持续改善，质量体系运行水平明显提高，得到了宝马、福特、奇瑞捷豹路虎、东风日产、福建戴姆勒奔驰等高端客户的认可。同时质量改进形成长效机制，重点围绕内部损失、市场索赔等方面 TOP 问题持续改进，综合质量损失成本呈逐年下降趋势。

经营过程中，万向钱潮未发生重大质量安全事故，无重大质量投诉。

5. 环境保护与可持续发展

2010 年，万向钱潮荣获浙江省原环境保护厅与浙江省经济和信息化委员会联合颁发的"浙江省绿色企业"称号，完成了年度节能减排目标。公

司投资 1200 万元对废水废气处理设施进行改造，节能环保型设备的投入，使生产环境显著改善。

万向钱潮为减少生产过程废气（二氧化硫、氮氧化物）排放，根据当前浙江电力供需基本满足电加热改造需要的情况，同时结合公司内部供配电实际，全部停用煤反射炉并拆除两根具有近 30 年历史、高 46 米的原杭州万向节总厂烟囱，通过对供配电设施进行改造，采用节能、环保型中频感应电炉加热，该项目完成后将减少二氧化硫排放 17172 千克/年、氮氧化物排放 4180 千克/年。

2011 年，万向钱潮投资 750 万元对废水废气处理设施的改造。公司按 ISO14001 环境管理体系运行的要求，在不同场地设置分类垃圾桶，实行废弃物分类处理，处理率达到 100%。污水处理站采用清污分流方法将不同水质采取不同工艺处理，定期监测、修理、疏通管网，确保废水纳入污水管网，同时做好污水管网的线路标识工作，并对污水处理站的部分老化的管网进行了更换及改造。污水处理站混合废水年处理量约 25000 吨，乳化液年处理量约 300 吨，淤泥年处理量约 20 吨。

万向钱潮通过每季度对环境知识两级培训、环境法律法规的宣传和学习以及每季度的环境体系运行检查，对影响环境的行为提出改进意见，实行奖罚制度，增强了员工的环境意识，改善了公司的环境面貌。万向钱潮获萧山区政府颁发的"十一五"期间循环经济示范企业荣誉称号。

2012 年，万向钱潮通过优化生产区域布局，投入 1.3 亿元提升工艺装备、污染防治和清洁生产水平，加强污染防治，尤其是对下属电镀车间生产工艺、布局进行了重点改造，严格对照浙江省原环保厅 56 条验收标准进行了逐条落实，经监测，公司污染物均能达标排放，固体废弃物收集处理规范，建立了环保长效管理制度。

2013 年起，万向钱潮通过持续开展技术创新、智能化设备改造和"一个流"智能制造，以"机器换人"有效实现"四减两提高"，提升工艺装备水平，以先进的技术、装备以及管理标准引领企业发展，进一步实现节能减排、降本增效和优化环境，保障公司可持续发展。

万向钱潮通过优化生产区域布局，学习借鉴国外一流企业的精益生产模式，广泛深入地开展生产管理流程优化，持续改进，追求卓越。通过持续不断地实施"一个流"的智能化生产制造模式组织生产，提高原材料利用率，降低能耗，将生产对环境的影响控制在行业领先水平，大力推进清洁生产。

万向钱潮新建项目均按国家环保法律法规要求，履行了环境影响评价，相应的环保设施与主体工程同时设计、同时施工、同时投入生产和使用。公司按有关法律、法规、标准的要求以及 ISO14001 环境管理体系运行的要求，妥善处置各类危险废弃物及一般废弃物，严格执行转移联单制度。全面掌握公司各类污染源的数量、排放量、排放去向，对污染治理设施运行状况、治理水平定期监测、维护和改造，不断细化各项环保工作。

经营过程中，万向钱潮投入 200 万元对污水处理站进行扩容改造，从原先的流量 7 吨/小时提升到目前的 15 吨/小时，处理能力达到 256 吨/天，以保证需求。

2018 年 5 月 5 日，万向钱潮邀请煤科集团杭州环保研究院、浙江大学专家参加会议，对《万向钱潮股份有限公司万向节总成装备智能化、自动化技术改造项目（采用自主品牌工业机器人自动化生产线示范应用项目）》《万向钱潮智慧工厂建设项目》《汽车万向节智能制造系统技术改造项目》《汽车智能化、轻量化、模块化技术研发项目》进行废水、废气竣工情况研讨，并最终通过自主验收。

2018 年 11 月 15 日，万向钱潮取得了由杭州市萧山区生态环境局出具的《关于万向钱潮股份有限公司建设项目噪声和固废环境保护设施竣工验收意见的函》。

6. 公共关系、社会公益事业和扶贫工作

万向钱潮奉行"创造财富，回报社会"的理念，热心支持各项社会公益事业。2018 年，公司组织义务献血 228 人次，累计献血总量达 76320 毫升；公司还组织员工积极开展"春风行动"活动，向困难地区捐款捐物，送温暖献爱心捐款。同时，积极落实"四个一万工程"（每年分别资助 1 万名孤儿成长成人、1 万名残疾儿童自食其力、1 万名特困生学有所成、1 万名孤寡老人安享天年）、组织青年志愿者等开展各项活动，并按要求履行了相关程序，得到了社会各界的好评。

资料来源

[1] 万向集团官网，http：//www.wanxiang.com.cn/.

［2］万向钱潮：2018 年度社会责任报告［EB/OL］. http：//t. 10jqka. com. cn/pid_103987765. shtml.

［3］李兰. 让员工在企业里非常快乐，是企业最重要的社会责任——访万向集团董事局主席鲁冠球［J］. 经济界，2008（1）.

 案例思考题

1. 万向钱潮履行企业社会责任的做法给我们带来怎样的启示？
2. 万向钱潮履行企业社会责任的具体做法有哪些？
3. 作为制造企业，万向钱潮在履行企业社会责任方面有何特点？
4. 为何万向钱潮能多次获得质量管理类荣誉表彰？
5. 万向钱潮在促进环境保护与可持续发展方面分几个阶段？
6. 根据案例信息，万向钱潮在企业社会责任方面还有什么不足？
7. 万向钱潮在履行企业社会责任方面应如何进一步改进？
8. 万向钱潮在企业社会责任方面的经验适用于所有企业吗？

第四篇
浙大网新：互联网界竞风流

 案例导读

　　本案例介绍了浙大网新在履行社会责任方面的做法。浙大网新虽然成立时间较晚，但已经成为全球知名的信息技术咨询与服务集团、中国领先的信息技术全案服务商，其积极履行企业社会责任，资助公益教育事业，倡导"扶贫先扶智"，助力农民工子女实现梦想；积极投身扶贫事业，发挥行业优势，整合多方资源，助力欠发达地区推动精准扶贫、精准脱贫和全面小康社会建设进程；采用"互联网+公益"新模式，为公益打开了一扇新的大门，在互联网时代，充分利用时代特征，让公益事业更具活力。

（一）公司简介

　　浙大网新科技股份有限公司（以下简称"浙大网新"）是绿色智慧城市领域的产业培育者，通过科技+金融+运营全方位管理服务，为产业发展提供空间、资金、技术、人才等要素支持。浙大网新是以促进"绿色智慧城市"发展为目标，以产学研协同创新系统为依托，致力于为中国新型城镇化建设提供整体解决方案的国际化高科技企业控股集团，拥有浙大网新、众合机电等多家上市公司，业务涵盖智慧园区、轨道交通、能源环保、智慧政务、智慧商务及智慧生活等多个领域。

　　浙大网新（股票代码：600797）成立于2001年，创始人是原浙江大学校长潘云鹤。浙大网新是一家以浙江大学综合应用学科为依托的信息技术咨询和服务集团，在北京、上海、杭州、东京、纽约、波士顿等地均拥有一流的软件开发与交付基地，分支机构遍布全球39个城市。

在全球市场，浙大网新通过聚焦云计算与大数据等新一代信息技术，帮助企业、传统行业进行业务流程变革，为企业提供全价值链的增值服务。浙大网新长期为其提供信息技术服务，并与之形成合资合作关系的企业客户有美国道富银行、微软、思科、日立系统、华数集团等。浙大网新承担亿元级以上的国际软件集成总包项目有美国 Security Health Plan、老挝国家教育信息化等。

在中国市场，浙大网新将创新科技与前瞻性管理思维进行有机融合，服务于中国智慧城市的建设与运营，为政府客户提供包括城市咨询规划、城市基础设施建设、城市公共服务平台建设与创新运营模式在内的一整套智慧城市管理解决方案，是全球知名的信息技术咨询与服务集团、中国领先的信息技术全案服务商。

浙大网新集团积极构筑开放的人才工作平台，广招国际化人才及专家，并定期为浙江大学等高等院校的国际交流生提供实习岗位，并重视沟通与融合，鼓励提出意见和建议，乐于为他们创造更适宜的工作环境。

作为浙江大学产学研协同创新的重要平台，浙大网新在业务稳步快速发展的同时，积极与浙江大学联合承建国家级企业技术中心、国家工程技术研究中心、产学研联合研发平台、创新产业孵化中心、博士后工作站等项目，参与国家战略性新兴产业领域的新技术转化和专业人才培养工作，将校企产学研合作推到了一个新高度。

（二）企业社会责任实践

浙大网新集团秉持"源自教育、投身科技、回报社会"的理念，紧跟国家发展的步伐，不断为国家的经济发展和科技进步做出贡献。浙大网新集团的企业社会责任不仅体现在企业自身的良好运营，而且体现在经营过程中对政府、服务企业、员工、受助对象等相关群体的责任方面。浙大网新集团的企业社会主要表现在贡献新型城镇化建设、专注企业人才培养、关注和谐社区环境共建等方面，并崇尚并推动着企业与社会、自然之间的和谐共赢。唐氏公司是浙大网新集团大股东，其承诺在浙大网新集团获取的股本收入将全数投入唐仲英基金会（中国），主要用于在中国开展教育、医疗和社会公益方面的资助活动。"点滴爱心，成就梦想"，在唐仲英先生及唐氏公司的感召下，浙大网新集团多年来在不断优化拓展业务的同时高度重视回馈社会，致力于良好和谐的社区环境共建，积极配合省市区政府开展各项工作，曾代表滨江区参加 2013 浙江省科技成果展，并为滨江区对外接待提供参观/会晤场地。

1. 助力公益，浙大网新与爱同行

2016 年，G20 杭州峰会圆满落幕，浙大网新作为杭州国际博览中心信息化系统项目的承建者，在会议中确保了所有场馆的智能化、信息化等子系统正常运转。该项目不仅是浙大网新在业务领域的一项重要成果，也是浙大网新履行企业社会责任的一次特殊实践。

作为高科技服务集团，浙大网新不仅重视自身业务发展，同时秉持"源自教育，投身科技，回报社会"的理念，助力公益，致力于成就更睿智健康的人类。

2016 年开春之际，浙大网新集团首次采用创新"互联网+公益"新模式，面向全体员工、各界朋友和热心人士发起"助力农民工子女实现梦想"的公益众筹，为杭州滨虹学校的 2000 多名农民工子弟建设一间提供完善素质教育服务的梦想中心。项目一上线，通过个人直接捐款和发动"一起捐"两种方式，仅仅十天，20%的项目资金就已被筹集，所有参与成员都兴致高涨，参加了各种有意义的活动。例如，借新春的契机，许下愿望，召集有共同愿望的朋友一起捐款。再如，以自己结婚纪念日的数字为公益标的，收获朋友祝福收集捐款。此外，还有星座捐款、团队捐款等多姿多彩的捐款形式。公司内部从员工到高管，都热情地投入到捐款的活动当中。在微信朋友圈里，也形成了以浙大网新员工为中心的公益氛围。活动期间，共有 1300 人积极参与，累计发起 1177 次募资行动，项目如期完成并于 2016 年 6 月 1 日成功揭幕，成为了浙大网新集团捐建的第 13 所梦想中心。

在"暑期梦想教练计划"中，有两名网新志愿者如愿参加了杭州"滨虹学校梦想中心"首次支教活动。在 2016 年秋季开学之前，浙大网新集团的真爱梦想公益项目累计已有 43 名企业志愿者奔赴全国 14 个省市的 30 个站点，为当地 58 所中小学校累计近 2000 名教师提供梦想课程培训服务，将惠及 50000 多名中小学生。

对于浙大网新集团而言，做公益已成为自身实践企业社会责任不可或缺的一部分。在未来，企业将持续助力公益，联结更多资源，与爱同行，借由创新技术打开公益新篇章。

2018 年 4 月 22 日，真爱梦想公益基金会 2017 年发布会在上海举行，浙大网新集团及腾讯公益、兴全基金、苏宁控股等单位获得教育公益"卓越贡献奖"殊荣。浙大网新集团高级副总裁吴晓农代表公司和企业志愿者出席领奖。

真爱梦想公益基金会设立的"卓越贡献奖"旨在表彰战略合作伙伴对教育公益事业多年的支持和陪伴。浙大网新集团从最初的资金捐赠，到利用企业特色集聚社会资源，提供公益性公共产品与服务，开启了企业与社会公益组织的创新合作模式，伴随和见证了真爱梦想公益基金会的发展历程。2010 年和 2016 年，浙大网新集团曾先后荣获教育公益"爱心企业奖"和"真爱陪伴奖"。

对企业来说，资助公益教育事业，是商业文明进步的表现、是推动社会进步的好方法。未来人才的培养和中国新时代美好生活的实现，需要更多企业和社会力量参与。面对迅猛发展的技术革新和呼啸而来的未知挑战，浙大网新集团秉持"源自教育、投身科技、回报社会"的宗旨，积极投身教育公益，与真爱梦想公益基金会一起为优质教育的均衡发展不断努力。

2. 网新集团积极投身扶贫工作

为了均衡优质素质教育资源，2015 年浙江大学联合网新集团，共同为对口支援的云南省普洱市思茅区和景东县捐建两所"梦想中心"，这是高校与企业携手共同贯彻科教兴国战略的公益实践，亦是教育扶贫的一次践行。

3. 节能减排绿色办公

作为 IT 解决方案和服务供应商，浙大网新从事的主营业务本身就是低能耗产业。公司在开发、生产、销售过程中不产生灰尘、废气、废水、废渣或噪声等污染物，不对环境造成污染。公司以保护环境为己任，积极倡导绿色、低碳的办公和生活方式，通过各类活动和宣传，鼓励员工践行环保事业。

通过积极研发办公云平台，使用 ERP 系统、OA 系统等现代信息技术手段，推荐云笔记本等新型办公工具，让企业资料脱离纸质载体，实现无纸化"绿色办公"；办公区域张贴节能标识，随处给予员工温馨提示；增设通勤班车，线路扩大至城市各主要区域，鼓励员工搭乘，倡导低碳出行。

浙大网新为园区搭设公共技术服务平台和公共商务平台，提供包括数据中心机房、云基础设施、会议中心、后勤支持等公共服务，帮助园内企业减少基础投资；公司注重园区绿化的养护工作，鼓励员工认领或种植各类花卉盆栽，营造健康舒适的办公环境。

4. 帮助残疾人解决就业问题

2018 年，浙大网新运用"云计算、大数据、互联网+"等新一代信息技术持续跟踪、支撑残疾人小康发展计划的实施，积极倡导和践行面向广大残疾人的"智慧助残、精准服务"工程。围绕残疾人就业创业问题，公司继续维护并更新中国残疾人服务网，为用户提供更好的使用体验。

5. 情寄母校

"浙大电脑节"是由浙江大学本科生院教研处发起，计算机学院和软件学院共同组织的一项大型学生科技文化活动。电脑节以培育电脑文化，培养有潜力、敢创新的计算机人才为目标，挖掘电脑改变社会的潜力，提高学生综合素质，推动计算机学科教学和科研的发展。

浙大网新秉持"源自教育、投身科技、回报社会"的理念，持续支持"第 28 届浙江大学电脑节活动"，鼓励并支持同学们做创意阶层，灵活思考人工智能技术的功能和应用场景，让创意为工作和生活添彩。浙大网新希望通过这样的产学研合作，促进创新成果实用化，推动创新技术产业化，促进创新人才与企业的对接，在实践中提升大学生创新创业能力。

6. 聚善江干

浙大网新积极参与"聚善江干——争做红细胞，为爱加益度"活动，为了让患有自闭症的孩子感受到社会的温暖，员工以志愿者身份参与现场义卖、陪跑等活动。通过调动积极性，鼓励全员参与公益活动，不仅真正地为公益活动做出了贡献，也提升了员工的公益意识、公益参与度。

（三）履行企业社会责任的经验

1. 社会责任观

践行社会责任是全社会对浙大网新的殷切期望，也是浙大网新进军中国现代信息技术咨询服务领军企业不可或缺的重要内容。浙大网新秉承"创新、健康、睿智"的企业理念，以国家、社会的需求为企业发展的战略纵深，以健康的商业生态、强壮的产业价值链为企业生存的宜居环境致力于实现企业、社会、环境间的和谐共生与可持续发展，践行"绿色智慧城市"的建设责任。

绿色智慧城市从技术角度看，绿色代表：一是优化城市规划，实现资源集约、空间联动、功能复合；二是保护生态环境，从能源、水、大气、废弃物、交通等方面构建生态文明环境。

智慧代表：一是实现城市的全面数字化，二是在数字化基础之上实现城市管理和运营的可视、可量测、可感知、可分析、可控制的智能化城市体系。智慧构建了未来城市的信息基础，绿色智慧有力地支持了城市的发展，是新型城镇化道路的技术基础。

此外，浙大网新继续保持以"创新、健康、睿智"为基础的企业文化，通过专注执行，不断完善的企业治理结构，塑造持正经营的诚信企业。

2. 社会责任体系

近年来浙大网新通过公司上下共同努力，逐渐将社会责任融入日常运营，以与战略发展、企业文化打造相融合的方式，积极履行社会责任，关注利益相关者的利益，形成由管理层、各部门及员工全员参与的社会责任体系。公司董事会及其下属专业委员会进行决策和管理时兼顾社会公民责任，并且融入公司治理、信息披露、投资者关系等方面的一系列内部规章制度。公司坚持每年及时总结和评价自身履行社会责任的情况，定期发布社会责任报告，客观披露社会责任信息，不断提高企业社会责任公信力和竞争力，主动接受利益相关方和社会公众的监督。另外，浙大网新集团于2014年初推出"公益假"制度，即网新集团志愿者参加经由协会审核的公益项目可享受最多2天/年公益假期，同时享有一定的补贴，以此吸引和鼓励员工关注公益、投身公益事业。

资料来源

[1] 浙大网新集团官网，http：//www.insigmagroup.com.cn.

[2] 网新集团积极投身扶贫工作，扶贫先扶智，携手看见更好的未来

[EB/OL]．http：//www. kggs. zju. edu. cn/index. php？a＝detail&id＝1871.

[3] 施迪．浙大网新互联网+战略转型的投资战略和价值创造 [J]．商场现代化，2016（7）．

 案例思考题

1. 根据本案例，形成社会责任观和社会责任体系对企业履行社会责任有哪些好处？

2. 浙大网新履行社会责任有哪些特点和独具特色的行动？

3. 怎样理解浙大网新集团"扶贫先扶智"的做法？

4. 浙大网新在捐款活动中加入多种多样的形式，调动员工积极性，这一方法有哪些可取之处？

5. "互联网+公益"的新模式给企业履行社会责任带来哪些启示？

6. 浙大网新的社会责任观与其他企业有哪些不同？

7. 浙大网新履行企业社会责任的经验带给我们怎样的启示？

第五篇

横店东磁：五个"非常"评价

 案例导读

本案例介绍了横店东磁履行企业社会责任的概况。横店东磁作为横店集团的分支企业，成立于 1999 年 3 月 30 日，是目前国内规模最大的磁性材料生产企业，获得了众多荣誉。横店东磁在履行企业社会责任方面的成功经验：在保持公司持续发展的同时，注重考虑社会利益和构建和谐、友善的公共关系之间的平衡，兼顾股东、员工等各方利益等。

（一）公司简介

横店集团东磁股份有限公司（以下简称"横店东磁"）成立于 1999 年 3 月 30 日，并于 2006 年 8 月 2 日在深圳证券交易所挂牌上市（股票代码：002056）。横店东磁是一家拥有磁性材料、新能源和器件等多个产业群的高新技术民营企业，目前，公司是国内规模最大的磁性材料生产企业、国内获得领跑者证书的太阳能制造企业、国内领先的振动马达生产制造企业。公司先后获得全国电子元件百强企业、中国电子信息百强企业、全国民营企业文化建设三十佳企业等殊荣，在磁性材料行业首家获得工信部颁布的两化融合管理体系评定证书。公司业务涵盖磁性材料、新能源、器件三大系列，产品广泛应用于节能、环保、家电、汽车、计算机、手机、通信、开关电源、变压器、光伏发电、新能源汽车、电动工具、电动二轮车等领域。公司产品在欧洲、美洲、韩国、日本、东南亚等 60 多个国家和地区享有极高的信誉，核心客户大多是全球 500 强企业或行业领先企业，如苹果、特斯拉、华为、博世、三星、法雷奥、松下、电产、飞利浦等。同时，公司连续多年被德国博世、日本电产、韩国三星、美国库柏等国际知名企业评为"最佳供应商"。近几年，外部环境极不平静，前行路上异常艰辛，中美贸易摩擦加剧，致使系统性风险陡然增大，世界经济缺乏上涨动力；国内而言，受国际市场和国内新旧动能转换等因素影响，经济下行压力大增，面对复杂多变的经济环境和竞争不断加剧的市场形势，横店东磁逆水行舟，迎难而上，以磁性材料产业持续转型升级、新能源产业精准布局、器件行业外延收购为目标，紧紧围绕"131K"计划，以技术领先"一点点"为抓手，以"搭好平台、攻坚克难、助力产业"为工作主题，逐项突破工作难点，不断提升公司产品的品牌效应和整体竞争力，保持了公司健康良好的发展态势。

2006年6月，横店集团"东磁"商标，被国家工商行政管理总局认定为"中国驰名商标"。

（二）企业社会责任实践

只有具有高度社会责任心的企业，才会让员工满意、社会赞赏、党委政府强力支持；只有具有高度社会责任心的企业，才更有可能实现企业价值、社会价值的最高回报。社会责任，不仅是企业发展的压舱石、稳定锚，更是企业发展的动力源。

横店东磁围绕"做强磁性、发展能源、适当投资"的发展战略，在追求经济效益的同时，主动承担社会责任，合法经营、依法纳税、重视环保、新增就业、热心公益、强化党建，有效地维护了股东、债权人、员工、供应商、客户和消费者的合法权益，以实现公司发展与社会进步的和谐统一。具体情况如下：

1. 维护员工合法权益

横店东磁自设立以来一直在践行共创共富创业初心，在不断扩大的产业版图中，全体员工是最重要的价值共创者和价值分享者。公司始终把员工权益放在首要位置，与全体员工共享企业改革和发展成果。

（1）平等雇用，提供就业机会。

横店东磁成立多年来，在用人招聘中始终坚持男女平等、民族平等、一视同仁的原则，通过社会招聘、接收应届毕业生等形式，积极向社会提供就业岗位，认真执行公司的招聘管理制度，按照招聘流程采用公开、公平、竞争的原则，择优录取，杜绝任何职业歧视现象；尊重每一位应聘者，招聘信息准确，无任何夸大、欺瞒现象。截至 2018 年 12 月 31 日，横店东磁拥有员工共计 15055 人，其中女性员工 7213 人，占总比 47.9%。

横店东磁根据情况变化及时建立和完善各项人事制度，有效保障了员工的合法权益，报告期内未出现任何劳动纠纷问题。

（2）规范用工制度，保障员工权益。

横店东磁严格遵守《中华人民共和国劳动法》《中华人民共和国劳动合同法》等相关法律法规，尊重并保障员工合法权益。不断完善人事管理制度，禁止招用童工，未成年工在未成年期间不得安排未成年工禁止从事的岗位。加强劳动合同管理工作，规范签订劳动合同，做到劳动合同签订全覆盖，确保广大职工的合法权益。在社会保险方面，公司依法按时、足额地为员工缴纳社会五大保险，其中工伤保险继续执行新聘员工每日申报，确保员工工伤待遇和企业利益。

横店东磁依据相关政策，建立了合理完善的休假制度，切实保障员工休假权利，促进工作与生活平衡。员工可以享受包括年休假、病假、婚假、产假、探亲假等多种假期。对于在正常工作时间以外加班的，公司按照相应标准给予加班待遇。

在员工福利方面，横店东磁在提供各种国家法定福利的基础上，根据企业实际为员工提供合理的福利内容，比如组织员工外出学习、为员工发放生日补贴、高温冷饮补贴、工作日用餐补贴等。

（3）加大员工培训投入，创新公平晋升机制和平台。

横店东磁不断强化员工培训，丰富员工学习生活，在创新培训管理方式、课程体系优化、内训师团队建设、开发课程研发等方面下了许多功夫，取得了有目共睹的成绩。针对高、中、基层员工能力的不同，新开设了"东磁智慧大学堂"、厂长进阶班、车间主任进阶班、DMEP 车间主任班、"雏鹰"培训班、安全生产管理培训班等培训课程，有针对性地开展了《销售项目运作与管理》《安全生产主体责任》等培训；开发了"盈利模式""利用 PPT 快速完成工作需求""差异化经营"等一系列课程，以此来提高广大干部员工的学习能力，打造人才队伍的源头活水。

与此同时，横店东磁还积极开展技能培训工作，通过员工技能大比武活动，为技能人才提供展示和提高的平台，营造一个"比、学、赶、超"的良好学习氛围，并与 10 余家外部培训供应商建立合作关系。

（4）推动绩效管理，完善薪酬福利体系。

绩效管理是实现公司战略和年度计划良好落地的有效手段，是调动员工工作积极性和创造性的有效管理方法。横店东磁开展年度岗位序列等级评价工作，工作表现优秀的管理人员获得了岗位序列等级晋升，做到公平、公正、公开；建立逐级绩效面谈机制，要求公司每个管理层级开展一级对一级的绩效面谈，总结工作成果、制定工作计划；强化引导和促进采购人员、质量人员素质和专业能力，着手制定《采购人员专业职务等级评价办法》《质量人员等级评定办法》，进一步完善员工职业发展通道。

薪酬福利是员工价值创造的分配形式，横店东磁始终坚持"员工薪酬在本地区中达到上或中上水平"的指导思想，在内部营造公平的氛围开展相关工作。对于普通员工，公司实施按件计酬，多劳多得；对于管理人员，公司根据不同的岗位级别设置不同的薪酬结构、绩效考核办法和调整体系，并将其岗位序列等级调整的理由进行公布，接受全体员工的监督，做到公平、公正、公开，从而达到吸引、留住及激励员工的目的。

（5）以人为本，体现人文关怀。

横店东磁始终把员工身心健康放在首位，建立全面的健康管理制度，定期免费安排员工到当地专业体检医院进行年度体检；为保障特殊岗位职工的身体健康，定期安排职业病岗位员工进行身体检查，让员工及时了解身体状况，对疾病做到早发现、早治疗。

同时，横店东磁还积极开展员工食堂满意、宿舍满意、活动场所满意的"三满意"行动，为保障公司生产运行，消除社会不稳定因素起到积极的推进作用。

（6）开展各类文体活动，丰富员工生活。

横店东磁秉承运动、健康、快乐的理念，积极组织开展丰富多彩的文体娱乐活动。公司体育馆、太极馆、瑜伽馆等热闹非凡，为丰富员工业余生活提供了良好的娱乐、健身场所。东磁篮球队、气排球队、跑团、欢乐行、健身群等运动健身团队蓬勃发展，并于2018年6月举行了东磁员工运动月活动，进行了篮球、足球、气排球三大球比赛，为公司全体干部职工增进交流、增强体质起到了积极的作用。

2. 维护供应商、客户和消费者权益

（1）重视供应商管理，构建世界级采购平台。

横店东磁规划了采购系统的愿景：构建世界级的采购系统，为公司提

供适时、适质、适价的物料和服务，以提高公司的竞争力和客户满意度；以廉洁诚信、协作共赢和主动高效的核心价值观引领采购策略落地。

2018年，横店东磁完善了采购核心数据库的建设，规范招标管理，持续推进物料项目招标，增加竞价机制；设备招投标实行评标委员会集体决策制，规范技术协议、技术标准和配件清单；严格把控定向议标。同时，高度重视供应商管理工作，完善"东磁公司供应商资信调查表"，重点关注主要原材料供应商的资质、行业地位及发展方向；继续推行供应商分类管理，细化采购策略；以"取消、整合、帮扶"为核心，对中间商进行整改。在采购团队建设方面，采购理念由采购管理向供应链管理、由需求管理向资源管理、由成本管理向价值管理转变，同时积极开展企业采购与供应商管理等专业技能的培训，以达到廉洁诚信、协作共赢、主动高效的供应链管理。

（2）以客户为中心，创造客户价值。

横店东磁在保障客户以及消费者权益方面一直秉承"客户至上"的价值观，多年来，东磁人始终把客户的困难当作自己的机会；把客户的需求，当作自己的使命，努力守护着客户的信任，坚持将每个产品都做出特色、做成精品，旨在为客户提供优质的产品、优惠的价格和优秀的服务以保护客户的合法利益，保障其在与公司的合作中获得合理的盈利，达到与公司共同发展、互惠互利的目标。在售后服务方面，公司高度重视客户投诉处理工作，不断优化投诉处理机制和流程，及时收集客户意见和建议，积极做好售后回访和服务留痕工作。同时，对于投诉问题实施责任落实制，有效防范同类投诉的发生，显著提升了客户投诉、建议的处理效率。在客户关系维护方面，横店东磁自2010年开始，每年举办一次客户价值评价交流会。让客户走进东磁、了解东磁，拉近了公司与客户之间的距离，从而让客户更加认同东磁的产品质量和服务。

3. 环境保护与可持续发展

横店东磁持续贯彻企业经营环境方针，遵守环保相关法律法规，持续提高环境绩效；致力预防环境污染，谋求企业良性发展。积极倡导清洁生产、资源再利用等科学发展理念，努力推进节能减排项目实施，促进提升企业环保管理水平，主动肩负起环境保护的社会责任，努力促进社会、经济和环境的可持续健康发展。

（1）升级办公系统，推动无纸化办公。

在深入贯彻落实科学发展观和构建和谐社会的背景下，横店东磁倡导企业和员工爱护环境，绿色办公，共同创造美好节能的工作生活环境，建设节约型社会。公司在管理上节约成本、降低能耗，利用资源共享建立 OA 办公系统，利用现代信息技术手段，推进公司无纸化办公；提升资源的循环利用，降低办公能耗；并将绿色办公作为坚持不懈履行社会责任的理念和义务，推进公司可持续和谐发展。

（2）加强环保建设投资，落实环保责任。

横店东磁 2016 年环保总投资约 5119 万元，环保设施运行维护管理费用 2584 万元，新增设施投资 1879 万元，其他费用 656 万元。

2016 年，横店东磁修订目标考核责任制度，并组织与各事业部、各工厂分别签订了《2016 年环保目标责任书》；持续废水排放计量考核制度实施，督促工厂做好废水流量运行维护管理工作；做好公司环保宣传及培训工作；注重环境卫生与绿化管理；加大环保的巡查力度，重抓废气整治，兼顾废水达标，规范危废管理。

（3）维护环保设施，保持正常运行。

横店东磁的环保设备：除（吸）尘设备 64 套，正常运行率达 99% 以上；废水处理设施 85 套，正常运行率达 99% 以上；工艺废气净化设备 25 套，正常运行率达 99% 以上。

（4）多方位环境监测，新增监测系统。

污染调查监测，组织开展厂区外围管网雨污合流排查取样监测；监督监测，组织对工厂环保设施运行达标情况取样监督监测；进口原材料项目季度环境监测；常规监测，根据环境管理体系审核、客户审核及职业健康安全管理需要，组织对厂区污染物排放进行监测；国控省控企业自行监测，全年坚持厂区废水日常监测、月度监测、季度厂界噪声监测，坚持废气周度监测工作，并在省生态环境厅信息公开平台及时公布；监测能力建设，厂区新增废水流量在线监控系统。

（5）加强污染排放管理，削减污染排放量。

横店东磁全面实行煤气站集中供气模式，供相关工厂生产需要。这一举措不仅彻底消除了黑烟污染，同时由于选用低硫煤及对煤气脱硫净化处理，还有效削减了二氧化硫的排放量。根据城镇天然气管网建设推广实施方案，横店东磁开展规划实施"煤气改天然气"生产技改项目，进一步削减污染物排放量。

横店东磁提升、推广自动化生产线建设，安装除（吸）尘设备对工艺粉尘进行有效吸收处理，安装水空调送风改善作业环境，大大降低车间粉尘浓度，保障员工劳动健康安全。进一步对生产车间的无组织排放源进行管理，集中收集然后进行除尘净化处理，不仅回收了原材料，同时也减少了车间粉尘污染。

对磁性工业废水进行多级沉淀、隔油处理，并尽可能进行循环利用；对电池片工厂等酸碱废水进行酸碱中和、化学沉淀处理。排放废水达到入网水质标准后，委托污水处理厂进一步处理，做到达标排放。

（6）提升当地风貌建设，开展文明活动。

横店东磁积极助力横店城市风貌的提升，对此投资上百万元，对公司周边道路、围墙、水沟等外部环境进行整治，令厂容厂貌焕然一新。同时，不定时组织东磁志愿者走上街头，开展文明活动，为"两美横店"贡献一分力量。

4. 公共关系和社会公益事业

公共关系是企业内求团结、外求发展的沟通桥梁，社会公益事业是企业回报社会应尽的责任。多年来，横店东磁牢记企业的社会责任和使命，一直以积极的态度力所能及地服务社会，热心公益回报社会，全力推动社区、企业和当地经济的进步，做到全面、和谐发展。

（1）依法履行纳税义务，树立纳税大户形象。

横店东磁自成立以来，自觉遵守社会主义市场经济体制下的竞争规则，坚持守法经营，严格遵守企业财务制度、会计准则，真实准确核算企业经营成果，依法履行纳税义务，及时足额缴纳税款，保证依法诚信纳税。横店东磁是东阳地区的重点纳税大户，已连续 24 年名列东阳第一纳税大户，为地方经济赶超发展做出了较大的贡献。

（2）开展扶贫帮困活动，设立爱心互助会。

在保持可持续发展的同时，横店东磁也注重考虑社会利益和构建和谐、友善的公共关系之间的平衡，在兼顾公司和股东利益的同时积极关注并支持公共关系和社会公益事业，在公司内积极营造"我是东磁人，东磁是我家"的温暖、和谐氛围。

为此，横店东磁在 2007 年设立爱心互助会，让遭遇天灾人祸的员工在最痛苦、最困难的时候感受到来自东磁大家庭的温暖。爱心互助会成立至今，共救助 348 名员工，慰问困难员工超 1200 人，其中 2018 年公司救助员工和慰问病员 135 人。设立爱心互助会后，公司规定各事业部、分公司、子公司每月定期向公司总工会上报需救助员工，每季度由总工会组织评审，并发放救助金，另外，如员工遭遇意外突发事件时，公司还将启动应急救援预案，第一时间为员工送上公司的关爱。

2018 年，横店东磁积极响应浙江省委、省政府号召，开展"千企对千村，消灭薄弱村"专项行动，与东阳市佐村镇俞家村进行对接，结合俞家村实际情况，为俞家村提供"造血"项目技术支持，打造以水果采摘、农家乐、农业观光等为主的农业观光旅游三角区，助力俞家村早日摘除"经济薄弱村"的帽子。

5. 党建工作

2018 年是中国改革开放 40 周年，横店东磁上下将党建工作作为公司治理过程中的重中之重，公司党委被中共金华市委组织部两新工委评为"五星基层党组织"。

为将党建工作做好、做实，横店东磁开展"厂务公开、民主管理"工作，将党建、环保安全体系、工作职责等进行公开，接受所有员工的监督。该工作得到金华、浙江及全国各级总工会的称赞。2018 年 11 月，全国总工会来横店东磁现场考察调研时对公司党建、工会工作表示高度肯定，予以"工作非常震撼、制度非常完善、活动非常丰富、效果非常明显、组织架构非常齐全"五个"非常"评价。

另外，横店东磁还把"党小组建在班组上"，围绕以"学习会、民主生活会、现金 PK 会、智慧创想会、娱乐会"为主题开展活动，通过微信群、党员联系卡，建立起覆盖全体班组员工的战斗团队，充分发挥党组织政治核心、战斗堡垒作用和党员先锋模范作用，带动员工队伍素质全面提升，把党员的先锋模范作用发挥在生产一线。

资料来源

［1］横店集团官网，http：//www. hengdian. com/about. html#history.

［2］横店东磁：2016 年社会责任报告［EB/OL］. http：//www. sohu.

com/a/128844930_545697.

［3］横店东磁：员工持股计划落地［J］.股市动态分析，2015（24）.

 案例思考题

1. 横店东磁在企业社会责任方面给我们怎样的启示？
2. 横店东磁履行社会责任的具体做法有哪些？
3. 横店东磁为何能取得如此多的成就？
4. 承担企业社会责任在横店东磁发展中发挥着怎样的作用？
5. 横店东磁的做法适用于所有公司吗？
6. 横店东磁为何能在众多企业中脱颖而出，获得众多荣誉称号？
7. 横店东磁是如何促进环境保护与可持续发展的，请具体说一说。
8. 结合案例，说说企业为什么要承担社会责任。

第六篇

古越龙山：酒香不怕巷子深

 案例导读

　　本案例介绍了古越龙山在履行企业社会责任方面的做法。其成功经验有：积极践行"和于仁义、成于精酿、行于至诚"的价值观，更好地履行对国家、股东、客户、员工、社会、环境的责任，广泛接受社会各界的监督，全面推进企业的可持续发展。充分关注和维护公司股东、员工、债权人、客户等利益相关者的共同权益，注重环境保护和资源利用，积极参加各类公益活动，加强与各利益相关方的沟通与交流，不断探索有效履行社会责任的着力点，促进公司更好地履行社会责任，以实现企业自身与社会的可持续发展。

（一）公司简介

　　浙江古越龙山绍兴酒股份有限公司（以下简称"古越龙山"），创始于1951年，主要经营黄酒的生产与销售，是中国最大规模的黄酒企业，拥有国家黄酒工程技术研究中心和26万千升陈酒储量，聚集2名中国酿酒大师、13名国家级评酒大师和众多酿酒高手，黄酒年产量达16余万吨。旗下拥有古越龙山、沈永和、女儿红、状元红、鉴湖等众多黄酒知名品牌。目前"品牌群"中拥有2个"中国名牌"、2个"中国驰名商标"、4个"中华老字号"。其中"古越龙山"是中国黄酒第一品牌，中国黄酒行业标志性品牌，国宴专用黄酒，是"亚洲品牌500强"中唯一入选黄酒品牌；始创于1664年的沈永和酒厂是绍兴黄酒行业中历史最悠久的著名酒厂；"女儿红"和"状元红"是文化酒的代表；"鉴湖"是绍兴酒中第一个注册商标。

公司产品畅销全国各大城市，远销日本、东南亚、欧美等40多个国家和地区，享有"东方名酒之冠"的美誉。

公司股票于1997年在上海证券交易所上市。公司以"打造一流黄酒企业、争创国际知名品牌"为企业愿景，秉持"以智慧和勤奋酿造国粹、以仁爱和真诚回报社会"的经营理念，多年来致力于黄酒文化的弘扬和推广，以振兴黄酒民族产业为己任，传承和保护黄酒传统酿制技艺，坚持做强、做优、做大黄酒主业，持续增强"古越龙山"中国黄酒品牌竞争力，始终将社会责任理念融入企业决策和生产经营的全过程，坚持回报社会，热心公益事业，努力实现企业与社会、环境的和谐发展。

经过多年努力，公司已经建立了遍及全国省会城市和直辖市的国内最大的黄酒销售网络。古越龙山绍兴酒作为三种顶级佳酿之一，2005年法国干邑世家卡慕（CA-MUS）携手古越龙山，在全球免税店里开设了"酒中之王，王者之酒"的中华国酒专区销售。2004年起，公司与中央电视台签订了战略合作伙伴协议，并聘请著名影视明星陈宝国先生作为公司产品的形象代言人。浙江古越龙山绍兴酒股份有限公司一直致力于弘扬和推广绍兴酒文化，通过持续的管理与技术革新为广大消费者开发并生产健康、时尚的绍兴酒系列饮品。

公司的"古越龙山"牌陈年加饭酒及"沈永和"牌花雕酒通过"绿色食品"认证并获准使用绿色食品的标志。公司通过了省有关专家和市质量技术监督局有关领导的"QS"资料审查和现场审核，这标志着公司成为黄酒行业唯一一家通过"QS认证"，并获得"A级"荣誉的企业。公司通过审核成为首家获得黄酒行业HACCP食品安全体系证书的企业。公司被评为"中国制造行业内最具成长力的自主品牌企业"，"古越龙山"被评为"全国酒类产品质量安全诚信推荐品牌"。

（二）企业社会责任实践

1. 消费者权益保护

古越龙山积极推进企业诚信管理体系建设，确定了"做诚实人，酿良心酒"的诚信方针，始终坚守产品品质，积极推进企业诚信管理体系建设，致力于传承创新、品牌提升，一切经营活动和产品服务的创新都围绕广大消费者的愿望、需求和价值观念来开展，以实现对消费者"用忠诚酿造品质，以品质换您钟爱"的承诺。

（1）自建糯米原料基地从源头把关。

古越龙山推行"公司+基地+标准化"的管理模式，对酿酒原料糯米的种植严格按照制定的粮食基地管理标准，对基地的选定、种子、农药、施肥等农事活动进行严格管理，建立栽培档案，原料验收严格按照规范和标准，并对采购的原料进行生产地编号管理，确保所产粮食原料的安全性和可追溯性。公司黄酒粮食原料基地领导小组多次去湖北、安徽等基地进行相关工作的指导，做好糯米原料基地的日常管理工作，对种植基地进行现场考核，切实把好生产优质安全的产品原材料源头第一关。

（2）强化过程控制提升质量管理水平。

古越龙山树立了"质量是企业的生命"的质量意识，将"精品出自细节，细节源于责任"的质量观落实在生产过程管理的每一个环节，形成了全员参与质量管理活动的良好氛围。鼓励员工参与技术创新和技术改造，对岗位人员持续培训，通过不间断培训、反复教育、开展质量月活动等手段，将卓越的质量意识自觉转化为具体实际行动，全面推行标准作业法，建立产品数据库，规范产品工艺操作、外观实物及包装要求。公司从 2009年起推行 6S 管理，明确各工位、区域的要求，将产品要求、工艺流程、关键特性、注意事项，以展示台、看板、图片等直观在生产现场，时刻提醒作业人员规范操作。根据 ISO9001、HACCP 两个管理体系的要求，对生产过程设立关键控制点及特殊岗位，并逐步完善和修订，确保整个体系的持续改进和有效运行，加强生产过程的质量控制，确保产品质量。

（3）加强检验检测确保食品安全。

古越龙山通过有效的出厂产品检验制度确保出厂产品质量稳定和食品安全。公司依托国家黄酒工程技术研究中心雄厚的科研技术力量，不断进行新的检测技术探索及新的检测项目的开发，检测技术得到不断提升。拥有液相—质谱联用仪、气相色谱仪、气相—质谱联用仪、液相色谱仪、ICP 等离子发射仪、近红外光谱分析仪等国际先进的检测分析仪器，检验检测能力达到国内先进水平。主要用于：原辅材料中农药残留检测，产品中甜蜜素、防腐剂等非法添加物的检测及成品中糖类、有机酸、氨基酸等风味成分、香气成分及微量元素的分析测定；原辅材料及产品中重金属及其他有害物质的分析测定等。2018 年，古越龙山产品外部监督抽检合格率

100%；出口产品商检合格率100%；质量监督抽查合格率99.7%；玻璃瓶抽查合格率95.6%；消费者质量投诉处理率100%；原辅料督验合格率96.3%。

（4）持续提升科研实力，推动产业发展。

2016年4月，国家科技部专家组对依托公司组建的国家黄酒工程技术研究中心进行了考核验收，通过实地考评和现场答辩，专家组对黄酒工程中心2011年以来的组建情况给予了高度的评价和肯定，顺利通过考核验收。黄酒工程中心是国内黄酒行业唯一的国家级工程中心，聚集了行业一流的工程技术人才，积极承担了行业内的国家、省、市级项目或课题，通过产学研合作，加快推进产学研一体化，在黄酒新技术的应用、黄酒基础研究、黄酒功能性成分的分析和研究等方面与高校的科研团队共同合作研究，通过成果转让、委托开发、技术服务、技术培训、开放实验室等多种形式提供对外开放服务，注重科研成果的生产转化。黄酒工程中心结合黄酒技术的研究开发现状和黄酒生产技术特点，将一批我国黄酒产业亟须解决的课题项目列入研究和应用计划，既涉及黄酒产业的基础性理论，又注重对产品质量安全的全面控制，以及新技术、新装备在黄酒生产中的开发应用。

2018年，绍兴国家黄酒工程技术研究中心有限公司申报国家高新技术企业获得通过，公司参与黄酒行业各类国家标准的制定和修订工作。继续积极开展黄酒技术研究，重点开展的研究项目有：省重点研发计划"浙江地方特色传统食品现代生产关键技术与设备研发——传统绍兴黄酒现代生产关键技术与装备研究及示范"、国家重点研发计划"传统酿造食品制造关键技术研究与装备开发"的子课题"黄酒生产工艺的机械化改造及产业化示范"。同时加强校企合作，与浙江农林大学共同研究"基于蛋白质代谢组学的绍兴黄酒发酵机理与品质提升技术研究及应用"。多个科研项目获得各类奖项，其中"优质高效安全绍兴黄酒酿造酵母选育及产业化应用"获中国酒业协会科学技术奖一等奖、浙江省科学技术进步奖二等奖。

2. 环境保护和可持续发展

古越龙山在发展壮大、追求经济效益、保护股东利益的同时，努力创建资源节约型和环境友好型企业，做一个负责任的企业公民，开展节能降耗、减污增效活动，促进企业与社会的全面、自然、协调发展，从而增强企业综合竞争实力。

（1）建立环保管理体系。

古越龙山建立了较为完备的节能减排工作组织机构和环境管理网络，设置环境监督员，建立安全环保科，配备专职环保管理干部，负责公司的环保管理日常监督、检查，各分厂均配备了专职环保管理员和"三废"处理操作人员，负责管理各厂的环保监测和环保设施的正常运行。公司根据 ISO14001 环境管理体系的运行要求，制定发布了废气、废物、废水等 14 个控制管理规定、22 个操作技术规程和 48 个环境控制岗位职责。公司职能部门每月对各分厂环境控制点、环境管理方案实施、废水处理设施运行、废水监测、废气排放、废物处置、噪声、能耗和化学危险品管理等内容进行检查考核，对查出的问题以书面形式落实整改；公司还制订了环境事故和化学危险品事故的应急准备和响应措施预案，并定期组织演练，以减少对周边环境的影响；每年召开一次各分厂、部门负责人参加的环境管理评审会议，研究解决公司的重大环境管理问题。

（2）制定环境保护方针和环保目标。

2001~2010 年，古越龙山执行的环境保护方针是："严格遵守环境法规，重点抓好废水治理，持续开展节能降耗，全面提升古越龙山。"

2011 年，古越龙山制订了环境保护新方针："严格遵守环境法规，深入实施清洁生产，持续推进节能减排，全面提升环境绩效。"

2018 年古越龙山制定的环境目标：各厂废水处理设施稳定运行，确保废水达标排放；开展清洁生产，古越龙山酒厂、沈永和酒厂的化学需氧量（COD）排放量均同比降低 5%以上；废水、废气排放监测合格率在 98%以上；持续开展节能降耗，2018 年古越龙山产品综合能耗达到节能减排责任书中的指标要求。

（3）实施环境管理方案和节能降耗措施。

古越龙山不断完善环保安全体系，硬件设施按标准配备、整改，软件设施按要求重新梳理、明确，杜绝重大环境安全事故的发生；不断完善环保管理网络，加强责任制建设，制定年度环境保护工作目标任务，进一步明确各级领导、各个部门以及员工的环境保护责任；建立、健全环境管理制度，完善各项环境卫生管理制度，强化从采购、储运、生产各个环节的事故防范和应急措施；完成环境事故应急预案，依据相关标准的要求，建立了《环境管理程序》《废弃物管理制度》等一系列环境保护的相关制度，并对公司范围内的环境影响因素进行识别，共识别出环境影响因素 431 项，重大环境因素 105 项，同时逐项制定了控制措施。

3. 公共关系和社会公益事业

多年来古越龙山积极开展结对联村、扶贫帮困、慈善救助、支持公益等系列活动，在努力追求自身发展的同时，勇于承担社会责任，以实际行动反哺社会，助推地方经济，支持教育事业、群众体育事业。

（1）开展文化交流活动。

2010 年，古越龙山酒道表演队赴北京、天津、石家庄、福州、广州、长沙、南昌等城市巡回演出，香醇的绍兴黄酒和独特的酒道文化受到了当地一致好评；协助承办每年一次的中国黄酒节并开展系列活动，融知识性、趣味性、娱乐性、互动性等多种特色于一体，积极吸引社会各界人士和广大市民踊跃参与，真正使黄酒节融入民间。古越龙山连续多年与央视开展战略合作，在不断提升"古越龙山"品牌的同时，也带动了整个产业发展。

2017 年 11 月，古越龙山参与承办第 23 届绍兴黄酒节开幕式以及醉在江南绍兴音乐节、"蟹逅黄酒"生活节、开酿典礼、鉴湖夜话和风雅绍兴、黄酒文化万里行五大系列活动，进一步传播绍兴黄酒文化，提升绍兴黄酒影响力。

2018 年，古越龙山与浙江省黄龙体育中心签约，古越龙山冠名世界女排俱乐部锦标赛，并参与相关工作，为推动中国排球事业、群众体育事业的发展出力，同时也用女排精神进行自我激励，超越当下，为新时代实现高质量发展而不断努力；另外，古越龙山总冠名第一届中国气排球公开赛，进一步推动气排球运动在绍兴的普及，推进全民健身，快乐体育，为构建健康绍兴、活力绍兴出力。

（2）校企合作。

2010 年，古越龙山与浙江工业职业技术学院合作成立黄酒分院，培养黄酒专业人才，将培养出来的人才充实到黄酒技工队伍中去。参与绍兴酒联盟标准《绍兴黄酒原料基础管理规范》《绍兴黄酒生产用食品添加剂、助剂的使用规范》等的制订及宣贯检查，参与黄酒国家标准的制定和修订工作，规范和促进行业发展。在第二届中国酒业营销金爵奖上，公司荣获"中国酒业新时代领袖企业奖"，董事长傅建伟荣获"中国酒业卓越功勋奖"。

2015 年 4 月，浙江工业职业学院黄酒学院学生分别到古越龙山酒厂和沈永和酒厂实习，厂领导召开实习生座谈会进行谈话交流，听取学生的实习情况汇报并提出严格的要求，就进一步深化育人合作、拓宽教育专业、培养学生典型等方面，与黄酒学院老师们进行了深入交流，黄酒学院对古越龙山为大学生培养工作创造良好环境表示感谢。

2017年11月，古越龙山协助绍兴文理学院举办"绍兴文理学院古越龙山第二届黄酒文化节"，通过品佳酿、览酒史、赏黄酒工艺品、玩趣味黄酒游戏、描绘浮雕酒、DIY黄酒调制等活动，让师生们寓教于乐，增长黄酒文化知识。

2018年5月，古越龙山携手绍兴文理学院共建"国家黄酒工程技术研究中心分中心和绍兴黄酒研究院"，双方开展全方位合作，联合攻关，组建高素质、高质量的专门研究机构和学术研究队伍。

2018年7月，绍兴市聋哑学校到访古越龙山工艺浮雕酒分公司，对就职聋哑学生开展回访交流活动，了解他们的工作、生活、薪资等情况。截至2018年古越龙山工艺浮雕酒分公司与绍兴市聋哑学校合作已有7年，共有17名聋哑生在工艺浮雕分公司就职。

（3）加强与政府的联系。

2011年为配合绍兴文化名城建设，古越龙山继续实施以黄酒资源的集聚和优化为目标的厂区大搬迁，加强与相关政府机构联系，建立良好的沟通关系，热情做好相关部门的参观、考察接待等任务，主动接受并积极配合政府部门和监管机关的监督和检查，同当地政府、居民、公共团体建立了良好的关系，为和谐社会的建设做出贡献。古越龙山企业规模实力和经济效益在全国黄酒企业中保持领先，是绍兴市纳税大户、浙江省纳税百强企业。

（4）扶贫帮困。

2011年1月18日，古越龙山工会领导一行赴结对的西小路社区，先后慰问了该社区6户特困户，给他们送去慰问金和新春的祝福；7月14日，公司领导及工会等一行赴嵊州市里南乡东坑口村慰问，走访该村8户生活困难户，给他们送去慰问金和党组织的关怀。

2015年7月，古越龙山工会领导一行赴结对帮扶村嵊州市甘霖镇郑庄村进行慰问，与村委干部进行了简短座谈，走访了该村8户困难户，给他们送去慰问金和公司党组织的关怀，鼓励他们坚定信心，战胜困难。

2015年7月，为纪念建党94周年，古越龙山持续开展"大手牵小手"

帮困助学活动，公司团委一行冒酷暑赶赴王坛新建村结对学生家中，开展走访慰问活动，并送上了慰问金和慰问品。

2018年6月，绍兴市组织开展乡村振兴"百企结百村、消灭薄弱村"专项行动，公司领导赴结对村——新昌县双彩乡双溪村调研走访，实地察看村容村貌，与村委班子进行座谈交流，围绕集体经济发展、村基础设施建设、村企结对帮扶项目等方面进行了深入探讨。

（5）和谐生态。

2015年3月，古越龙山团委的青年团员们参加了团市委组织的"绿色出行环保植树"青少年植树活动。公司青年团员响应绿色出行的号召，种植绍兴市市树香榧树，为绍兴的环境保护献出一分力。3月，鉴湖公司与鉴湖·柯岩管委会双方就厂区沿河立面改造工作进行协调，鉴湖公司全力配合管委会"秀美鉴湖"综合整治工作，为建设更美鉴湖出力。4月，为进一步深化"五水共治"工作，鉴湖酿酒公司与柯桥区湖塘街道签订了《2015年度环境保护长效管理目标责任书》，全面落实企业环境保护第一责任，建立健全"定责、履责、问责"的环保责任管理体系的重要举措。10月，公司部分党员赴马山镇小潭村开展"五水共治"义务劳动，对小区内外道路两旁、花坛的垃圾及河道漂浮物进行了清理，同时向村民发放宣传单，宣传"五水共治"知识，呼吁大家共同行动，保护河道，清洁家园。10月，女儿红公司团总支参加由上虞区团委组织的"保护母亲河""五水共治"志愿服务活动，在上虞区百官街道滨江河进行清理垃圾、打捞漂浮物、宣传"五水共治"活动，用实际行动感召更多的人加入到"五水共治"志愿服务中来。

2018年6月，女儿红公司开展以"实施国家节水行动，让节水成为习惯"为主题的节水宣传周活动，号召每位职工增强节水意识，从身边点滴做起；6月，公司科二党支部组织全体党员开展"保护环城河"活动，冒着烈日在环城河畔捡垃圾，为创建整洁、美丽的环城河做出自己的一分贡献。

2018年10月，玻璃瓶厂党总支、销售公司党总支、黄酒产业园区酿酒一厂党支部分赴"五水共治"挂联村张贴海报、开展进村入户"三个一"走访，进一步做好群众关注、支持、参与"五水共治"工作，巩固取得的工作成果。

（6）志愿服务社会。

2012年2月，古越龙山下属沈永和酒厂青年义务抢修队志愿服务项目被评为2011年绍兴市优秀志愿服务项目，古越龙山酒厂团员青年李琳慧被评为 2011 年绍兴市优秀志愿者；5 月，为积极响应市委、市政府关于扎实推进文明交通行动和"学雷锋树新风"活动号召，公司组织团员青年开展了为期半个月的文明交通劝导志愿服务活动；8 月 13 日，参加由绍兴市越城区质监局组织的越城区食品企业整治百日行动约谈暨警示教育会并表态发言，近 100 家食品企业负责人和代表参加了会议。

2015 年 5 月，鉴湖酿酒公司组织员工参加了柯桥区"大爱无疆 血脉相连"无偿献血活动，展现了公司员工乐于奉献、关爱他人的风貌，践行了社会主义核心价值观；5 月，为深入贯彻落实团省委《关于组建浙江省青年网络文明志愿者队伍、深入推进青年网络文明志愿行动的通知》精神和团绍兴市委相关工作要求，女儿红公司组建青年网络文明志愿者队伍，共有 55 名青年志愿者注册上网，通过在网上积极行动，努力为营造和谐有序的网络舆论环境做出贡献；7 月，古越龙山酒厂 33 名职工自愿报名参加公司一年一度的义务献血活动，献血共计 5900 毫升，并在 8 月进行了第二次无偿献血，奉献爱心；10 月，2015 年"秋日正红"绍兴市重阳节慈善助老爱老系列活动和"绍兴寿星全家福"系列活动正式启动，古越龙山工艺浮雕酒分公司生产的 5 千克十年陈木盒浮雕寿酒作为此次活动礼品，为绍兴市百岁老人送上重阳节祝福。

2017 年 5 月，古越龙山酒厂分工会和团总支联合开展"志愿青春我参与"暨"垃圾分类，构建绿色文明"环保公益系列活动，组织志愿者宣传垃圾分类知识，开展垃圾分类趣味赛。

2017 年 7 月，古越龙山组织员工进行无偿献血。员工报名献血 130 余人，总献血量约 30000 毫升，公司每年组织两次无偿献血，这份爱心长跑已经坚持了近 20 年。

（7）工厂参观。

2017 年 4 月，绍兴晚报小记者协会"百名小记者看水城"系列采风活动走进鉴湖公司，小记者们带着问题参观厂区，了解黄酒酿造工艺，寻访酿酒师傅，有 130 多名师生参加此次活动。6 月，绍兴文理学院学生到访女儿红公司，参观生产车间及产品展厅，了解女儿红公司发展历程及生产工艺，为《女儿红专项课题研究》收集相关资料。7 月，对外经济贸易大学暑期社会实践团的大学生走进古越龙山，学习了解中国黄酒文化，并与公司相关部门领导开展座谈交流。8 月，北京交通大学学生到古越龙山酒厂开展暑期社会实践活动，参观古越龙山接待中心、机黄车间、瓶酒车间，并参加座谈交流；绍兴市第一中学的学生到公司黄酒产业园区酿酒工厂开展暑期社会实践活动，参观学习酒药制作，探索黄酒的奥秘；湖南大学学生到女儿红公司开展暑期课题调研，了解女儿红文化和传统酿酒工艺，并参观生产车间和文化产品展厅。

 资料来源

[1] 古越龙山官网，http：//www. shaoxingwine. com. cn/home/product/index/pid/39. html.

[2] 古越龙山［DB/OL］. https：//baike. baidu. com/item/古越龙山/47119？fr＝aladdin.

[3] 古越龙山：2018 年度履行社会责任的报告［EB/OL］. 中财网，http：www. cfi. net. cn/p20190402002304. html.

[4] 朱玉英. 古越龙山的责任与担当［J］. 中国酒，2015.

 案例思考题

1. 古越龙山作为中国黄酒第一品牌，始终将社会责任理念融入企业决策和生产经营的全过程，这体现了其怎样的社会责任态度？

2. 古越龙山坚守产品品质，积极维护消费者权益，纵观公司的发展历程，它进行了怎样的实践去履行社会责任？

3. 古越龙山推行"公司+基地+标准化"管理模式，落实"精品出自细节，细节源于责任"的质量观，这对中国食品行业的发展有何积极影响？

4. 古越龙山作为食品公司，是怎样促进食品安全，并且履行企业的双重责任的？

5. 公司始终秉持"以智慧和勤奋酿造国粹、以仁爱和真诚回报社会"的经营理念，这种理念是怎样具体体现在企业的发展过程中的？

6. 古越龙山加大科技和资金投入，增强校企合作的意义是什么？

7. 古越龙山在履行环境保护的社会责任方面做了哪些努力？获得了怎样的成效？

8. 古越龙山以振兴黄酒民族产业为己任，传承和保护黄酒传统酿制技艺，推动文化建设，这对其他企业履行社会责任有怎样的启示和借鉴意义？

第七篇
小商品城：鸡毛换糖再出发

 案例导读

　　本案例介绍了浙江中国小商品城集团股份有限公司在履行企业社会责任方面的做法。浙江中国小商品城集团公司以独家经营开发、管理、服务义乌中国小商品城为主业，带动相关行业发展。其企业社会责任的成功经验在于：认真贯彻落实"鸡毛换糖再出发"精神，紧紧围绕"以市场为核心、以资本运作为纽带，打造现代贸易服务集成商"的发展战略，创新体制机制，提升精细化管理水平，实现新常态下义乌市场进一步转型，促进线上线下融合走出去，持续推动公司繁荣稳定发展。

（一）公司简介

　　浙江中国小商品城集团股份有限公司（以下简称"小商品城"）创建于1993年12月，系国有控股企业。2002年5月9日，公司股票在上海证券交易所挂牌交易，股票代码600415。公司现有总股本27.216亿股，拥有16家分公司，41家参控股公司，4790名员工。2014年，公司实现营业收入38.43亿元，净利润4.06亿元，资产总额达284.98亿元。

　　公司以独家经营开发、管理、服务义乌中国小商品城为主业，带动相关行业发展。在上级政府的正确领导下，公司踩准各个时期我国宏观经济发展节点，特别是2001年以来，大力发展市场基础建设，创新市场功能，先后建成国际商贸城一、二、三、四、五区市场，篁园服装市场和国际生产资料市场，致力于将中国小商品城打造成国际一流的现代化贸易平台。

　　依托中国小商品城优越的商业环境、得天独厚的市场资源，公司以义乌国际贸易综合改革试点为契机，打造新型电子商务模式，培育进口、转口市场，做强做大会展业，参与投资金融领域，发展壮大房地产、酒店，并经营国际贸易、现代物流、广告信息、购物旅游等业务，形成市场资源共享与联动发展的集团架构和盈利模式，取得了良好的经济效益和社会效益。

展望未来，在义乌市建设国际性商贸名城的战略策动下，公司以科学发展观为统领、以创新提升为主线，促进企业经营型向市场贸易服务型转变，努力把公司建成为国际知名的商贸服务企业。

（二）企业社会责任实践

1. 股东和债权人权益保护

（1）优化公司治理，提高内控水平。

2014 年，小商品城进一步完善公司治理，优化法人治理结构，对董事会、董事会战略委员会、董事会提名委员会、董事会薪酬与考核委员会、董事会审计委员会人员组成进行了调整完善，严格按照相关法律法规要求对任期已满董事会、监事会进行了换届选举工作，并对任期满 2 届（连续超过 6 年）的独立董事进行更换，促进了科学决策，增强了价值创造能力，实现了国有资产保值增值。

小商品城经营层负责落实公司董事会的决策，权责分明、各司其职，相互制衡、独立运作。公司建立了内部控制手册修订、内部控制风险调查评估、内部控制设计有效性测试、内部控制执行有效性测试、半年度内部控制审计、年度内部控制自我评价、年度内部控制审计、内部控制缺陷整改的闭环机制，有效确保了公司内部控制体系有效运行。

（2）维护投资关系，定期信息披露。

与投资者建立良好的投资关系对稳定公司市值、改善企业投融资环境、提高企业形象起着重要的作用。小商品城进一步加强投资者关系管理与维护，通过官方网站、电话、邮件、现场接待等多种渠道与投资者保持密切沟通交流，先后接听投资者来电咨询 1203 次，回复投资者咨询邮件 296 封，接待投资者来访约 128 人次，耐心解答投资者疑惑，并悉心听取了投资者对于公司发展的建议和意见，使广大投资者深入全面地了解公司情况，有效巩固了投资者基础，提升了公司资本市场良好形象。

　　小商品城通过长效信息披露机制促进信息全面公开，拓宽信息披露渠道，丰富信息披露内容与形式，严格按照相关部门及《上市公司信息披露管理办法》的规定，坚持真实、准确、完整、及时地披露信息，2014 年共刊登信息披露临时公告 62 条，编制定期报告 4 份，增加了企业信息的透明度。

　　（3）联动线上线下，坚持诚信经营。

　　诚信是企业持续经营发展的基石，是市场繁荣的保障，小商品城强化诚信自律，加强建设诚信市场。2014 年小商品城投入大量的人力物力，在实名认证的基础上，开发了集信用查询、投诉处理于一体的"市场信用平台"，初步建立了以"义乌购"诚信交易保障体系为主导，线上线下联动的市场诚信体系。

　　线上建立了"义乌购"诚信交易保障体系；开发了集信用查询、投诉处理于一体的"市场信用平台"；成立征信公司，完成征信系统部署、数据录入及诚信义乌网上线试运行。

　　线下制订了《市场诚信保障体系联动响应机制方案》，修订了《诚信文明经营积分管理规定》；完成经营户实名认证；取得了征信业务备案证；实现了市场经营户诚信经营培训全覆盖。

2. 经营市场情况

　　（1）深化市场改革，确保持续繁荣。

　　针对市场发展实际，小商品城在商位定价机制、商位租赁使用方式等方面进行了改革探索，制定并实施租金价格体系重构和商位管理体系重构的方案。探索行业布局调整，丰富市场产品，在三区、五区、生产资料市场引进相关相近及新行业。

　　推进市场管理组织架构的改进和提升，制定了实施方案。小商品城打破商位终身制，制定商位动态考核办法，严格执行"优胜劣汰"机制，在五区进口馆、网商服务区及生产资料市场试行；出台《商城集团全员绩效考核办法》，并完善公司 2014 年经营业绩合同考核指标体系和考核兑现办法；区分"橄榄形"市场经营主体"上、中、下"端构成，提出向"上端"转型的办法。

　　（2）保障多措并举，提升市场服务。

　　1）完善市场配套服务设施。

　　推出短驳配送和快递服务，降低经营户仓储物流成本，截至 2014 年，设立短驳配送服务点 12 个，共配送包裹 83616 个；设立快递服务中心 5 个，引入中国邮政、顺丰等 4 家快递企业，2014 年共派件 283 万多件；国际生产资料市场对部分辅房进行功能改造，引进机械、工业电气类产品维修点、纸类分切点等，增设市场功能配套，并开通国际商贸城到生产资料市场的免费巴士；在国际商贸城各区块增设商务休闲吧、客商休憩区，使市场更具商场化功能，满足客商的不同需求。

2）提升电商配套服务功能。

"网商服务区"已引进经营主体 221 家，汇集各类电子商务企业及代运营机构，亚马逊、百度推广、京东等知名网络平台均已进驻。邀请武汉大学、义乌工商学院等 5 所国内电商专业知名院校，对不同层次的经营户开展电子商务基础培训和提升班培训，截至目前，累计完成电子商务技能提升培训 12000 户，累计完成运营、营销及跨境电商方面的高端培训 9500 户。

3）来电、来信、来访处理工作。

2014 年，小商品城及时处理 96032 服务呼叫热线转入的问题共计 2455 个；共承办人大代表议案、政协委员提案 25 件（含主办 16 件、协办 9 件），完成提案回复、征询意见及恳谈会等工作；共收到各级信访局、市长信箱、义乌数字城市管理系统批转的信访件 387 封，内容涉及市场招选商工作、车辆管理、工程维修及卫生保洁等方面，全部高质量完成，切实维护了市场的稳定。

4）提升金融服务。

2014 年，小商品城共为市场经营户办理质押登记业务 11759 笔，共计发放贷款 47.99 亿元，有效缓解了市场经营户融资难、担保难问题，帮助经营户拓宽了融资渠道，提高了经营户抵御金融风险的能力。

（3）融合线上线下，建设智慧商城。

1）基本完成了市场触摸屏导示系统的开发工作，首批触摸屏设备投入试运营。该系统通过整合市场地图导览、商户商品查询、市场信用查询等功能为市场客商提供导购服务。

2）基本完成了市场经营户网上工作平台的开发工作，将质押贷款、信用贷款、泊位证办理、转租转让信息发布、商位费用缴纳等多项便民业务搬上了义乌购，为经营户办理业务提供方便。

（4）利用品牌优势，探索市场输出。

小商品城围绕"走出去"发展战略，携手"一路一带"建设伙伴，夯实业务基础，创新输出模式，打开实体市场外延空间，整合全国小商品资源。2014年，"义乌中国小商品城"商标被认定为驰名商标，成为全国商品交易市场中首个获得原国家工商总局驰名商标认定的市场，公司成立项目"走出去"对接工作办公室，积极探索"商品"输出、"品牌"输出、"管理"输出、"资本"输出，甄选了市场内一大批具有竞争力的经营户构建了规模达5000家的重点供应商队伍，为义乌市场"走出去"提供有力的支撑。

1）"商品"输出。

引导市场经营户积极主动"走出去"拓展分销网络，组织前往国内外重要流通城市，对接当地采购商，拓展分销渠道，2014年先后组织举行了5场"走出去"贸易对接会活动，期间共组织市场商户"走出去"2000余人次，实现交易额2000余万元，扩大了义乌市场商品在当地的市场份额。

2）"品牌"输出。

依托义乌中国小商品城的品牌和商品资源优势构建"商品+品牌输出"模式，发展国内各地市场成为义乌市场下一级分销网点，构建一个以义乌为中心遍及国内主要区域的市场分销网络。已拓展黑龙江尚志、广东深圳、重庆合川、青海西宁、安徽合肥等地加盟市场20个。

3）"管理"输出。

充分利用集团公司多年市场管理中积累的人才优势和科学管理体系，通过"商品+品牌+管理输出"积极参与国内外优质市场项目的经营。2014年，小商品城派出管理团队入驻佛山义乌小商品城负责运营管理，设立宣传窗口，引入"义乌购"电商平台，持续引导采购对接。

4）"资本"输出。

依托义乌中国小商品城品牌优势、资源优势、管理优势和融资能力，通过独资或合资的形式在国内重要商品流通节点城市投资开发商业项目。2014年，小商品城开展了多地市场项目的前期调研，并在辽宁海城进行该业务模式的探索，着手打造义乌市场连接东北亚地区的桥头堡。

3. 职工权益保护

（1）加大招聘力度，规范用工形式。

企业的竞争归根结底是人才的竞争，小商品城高度重视人才引进，努力创造留才环境。在员工招聘方面，2014年全年小商品城进一步加大了招聘频率，通过多种途径录用基层岗位近1361人，主要有市场管理、安全管理、车辆管理、工程维修和酒店服务等岗位。此外，针对特殊岗位人员，小商品城积极参与高校校园招聘，在财务管理、投资分析和工程管理等岗位与大学生达成了工作意向。

在劳动关系管理方面，小商品城进一步规范用工形式，对公司的人事操作风险进行评估，采取相关应对措施进一步完善了公司对于加班费、社保缴纳及员工离职等的管理流程；公司关注员工福利，对集团员工的社保、公积金、最低工资标准等基数进行了调整，社保和公积金上调幅度在5%~20%。

（2）完善薪酬福利，加强考核激励。

公平合理的薪酬福利和考核激励是企业吸纳员工、留住员工、减少劳资纠纷、激励员工工作积极性、实现企业战略发展所需要的核心竞争力，小商品城积极采取专业的方法和科学的态度，不断进行创新、完善、发展薪酬福利和考核激励机制，兼顾企业、员工和社会三方利益。

（3）修订薪酬制度，完善晋升通道。

小商品城根据岗位重要性评价，修订公司《薪酬制度》，进一步突出关键岗位并在薪酬制度中加以体现，对工程技术人员以及市场稀缺人员给予薪酬倾斜，为高技能人才晋升打开通道。

业绩考核方面：业绩考核小组经多次研讨，确定了各单位业绩合同关键业绩指标（KPI）；进一步优化了考核指标的考核内容，如市场线单位调整增加了电子商务建设指标，取消费用预算控制率指标等，体现公司对电子商务工作的重视程度；优化了考核兑现办法，消除以往兑现工资总额核算基数不平衡的影响因素，较大程度上改善了兑现办法的激励效果。

（4）加强绩效考核的导向作用，提升考核有效性。

全员绩效考核方面：修订出台《全员绩效考核办法》，进一步完善了中层管理人员的测评成绩计算方法、考核等次划分及考核结果应用等方面，将总部员工纳入考核体系，实现了总部—下属单位互相评价、业绩与素质并重的考核局面。

（5）培训模式多样，提升员工素质。

小商品城始终坚持为员工提供多种模式的培训，适应不同员工的需求。2014年，小商品城围绕培训质量提升的目标，进一步规范培训管理，积极开展集团管理人员培训需求问卷调查，根据问卷调查结果科学、有针对地制订了全年培训计划。在培训计划的指导下，小商品城全年共组织了新员工入职培训、PS 技能培训、电子商务培训、全员消防培训、义乌购技能培训、安全意识培训、经理人员影响力发挥与情景式领导培训等大大小小培训 787 次，累计培训人数达 141165 人次，培训质量明显提高。

实行多样化培训。基层员工培训方面：2014 年集团各单位员工人均培训课时都有所提高，集团年人均培训达 15 课时。中层干部及关键岗位人员培训方面：共组织中层干部及关键岗位人员培训 7 次，参训人数共计 528 人次。经理人员培训方面：集团与杭州时代光华开展培训合作，为员工提供个性化的培训课程方案，员工可自助通过 OA 申请杭州时代光华的培训课程进行学习。特殊岗位培训方面：公司出台了针对非工程人员的管理办法，鼓励非工程人员进行自我学习和提升。

（6）用心关怀员工，丰富业余生活。

"提升员工幸福感，全力打造幸福企业"是小商品城可持续发展的目标，2014 年，小商品城从多个层面关心、培育、爱护员工，倡导劳逸结合、张弛有度的工作方式，关爱困难员工，积极组织开展多种形式的文娱活动缓解工作压力，建设营造家园文化，全面提升员工幸福感。

1）关爱困难员工。

2014 年 1 月 3 日，小商品城对 15 名外来困难员工进行慰问，送去了新年问候及慰问金。2014 年 7 月 4 日，国际商贸城第五分公司组织前往医院看望因交通事故住院的员工。2014 年 9 月 2 日，国际商贸城第二分公司组织人员探望病休在家的工程部员工。2014 年 7 月 30 日，海洋酒店组织对高温岗位辛劳作业的员工进行慰问。2014 年 7 月 22 日，国际商贸城第四分公司组织开展高温慰问活动。2014 年 8 月 5 日，国际商贸城第一分公司组织开展高温慰问，设点向员工提供凉茶。2014 年临近春节期间，银都酒店对酒店困难员工及退休人员进行慰问走访。

2）丰富员工生活。

中国小商品城文化艺术节自 2006 年创办以来，已成功举办多届，两年一届的中国小商品城文化艺术节成为公司广大员工及市场经营户展示个人才艺、彰显企业风貌、交流互促共进的平台。

2014 年 5 月 30 日至 9 月 19 日，第五届中国小商品城文化艺术节以"弘扬正能量、创新谋发展"为主题，特色突出、内涵丰富，举办了"世界文化周"、"义乌购杯"醉美商城·拍客摄影大赛、"践行群众路线，放飞我的梦想"情景诗朗诵比赛、"出彩商城人，精彩义乌梦"才艺风采秀、"乌商追梦"中国小商品城发展历史陈列馆"开放日"、"公益劝未来，传播中国梦"慈善拍卖会等多项精彩活动。

4. 安全生产情况

（1）落实综合治理，贯彻安全市场。

小商品城始终贯彻"安全第一、预防为主、综合治理"的方针，不断强化组织领导、规范各项制度、完善管理体系，根据网格化管理体系落实安全生产责任，在做好日常安全管理的基础上，切实抓好综合治理、安全管理制度的贯彻落实，积极开展各项治理行动，组织安全生产宣传培训，为市场的繁荣和发展奠定牢固的基础。

（2）强化责任意识，打造安全展会。

打造安全展会是打造重要的国家级会展平台的重要组成部分，小商品城始终将展会安全工作作为中心任务来抓，积极提升安全管理工作的方式方法，加强领导，精心组织；加强各项安全制度和措施落实到位；开展安全生产宣传；强化安全防范措施，加强安全检查；开展安全培训活动，提升消防安全技能；进一步推进安保职责落实情况评价体系，安全管理进展有序。通过小商品城全体员工的共同努力，2014年全年公司承办展会未发生重大安全事故，重大安全隐患为零，无群访事件发生，展会期间的场馆安保服务工作得到主办方和客商的一致好评。

（3）规范施工管理，建设安全住宅。

作为建设项目的主体，安全生产是涉及房地产企业职工生命和财产安全的大事，关系企业的生存发展和稳定。小商品城下属房产公司高度重视建立安全生产保证体系，健全安全管理机构，加强安全教育和安全交底工作，开展安全讲评活动。在全体员工的共同努力下，2014年小商品城下属房产公司未发生重大安全事故。

小商品城采取每周一次定期检查和不定期的安全检查，特别对危险性较大的分部分项工程采取了重点检查验收；积极组织员工参加安全月、安全日活动，检查排摸，消除安全隐患，组织员工进行安全消防演习；以人为本、以安全施工为中心，形式多样开展宣传教育活动，全面覆盖组织安全检查，消除安全隐患。

组建商城集团专职消防队、浙江中国小商品城集团股份有限公司人民武装部、商城集团防暴处突应急队，规范队伍建设，加强队伍建设与管理，强化各项制度的贯彻与落实，不断补充优秀新生力量，确保了市场的安全与稳定。

5. 环境保护与可持续发展

（1）绿色环保设计，打造环保市场。

打造绿色环保节能市场是小商品城不断追求和奋斗的目标。2014 年，小商品城在市场中积极宣传环保节能理念，增强全员环保节能意识，在国际商贸城一区扩建工程中公司落实绿色环保设计理念，从建筑节能设计、设备节能设计、可再生能源系统设计三个方面入手，将打造环保市场落到实处。

（2）倡导知行合一，承办节能展会。

小商品城倡导知行合一，贯彻"绿色节能办展"理念，承办节能展会。2014 年在会场宣传、展位搭建、仓储保管方面取得了显著的成效，营造了清洁办展、绿色办展、低碳办展的氛围。

会场宣传：在展馆各出入口处设置了低碳出行、公共场所全面禁烟等绿色标语。仓储保管：进一步完善了仓库的管理制度和日常的出入库管理等操作规程，减少了物品损耗，提高了重复利用率。展位搭建：采用八棱柱、扁铝、展板、型材、方柱、楣板可再次、多次重复使用材料搭建标准展位和特装展位。

（3）绿色规划设计，建设宜居家园。

小商品城下属房产公司积极践行绿色环保理念，以绿色、生态、低碳理念指导住宅建设，不断创新思路，加大力度推进可再生能源建筑应用，从源头出发，推进绿色规划设计、绿色建造，建设宜居家园、建设"美丽义乌"。

（4）总结节能措施，经营绿色酒店。

在持续推进节能降耗工作的同时，小商品城下属酒店通过各项改造和创新，使绿色酒店逐渐成为一个优质的环保标志。一方面使用科技手段或引进先进设备降低能耗成本，另一方面严格执行节能降耗工作方案，增强员工的节能意识，减少浪费现象。

（5）开展环保活动，增强环保意识。

2014 年小商品城切实履行环境保护责任，宣传低碳环保理念，积极开展环保活动，增强全员环保意识。集团及下属子公司积极响应浙江省"五水共治"号召开展了一系列专题环保活动；3月12日，集团及下属子公司组织开展了一系列植树活动；3月29日，银都酒店开展"每一个人都是环保家"熄灯1小时活动；6月5日，生产资料市场组织开展了世界环保日宣传活动；7月4日，国际商贸城第三分公司开展节能降耗大讨论活动；9月22日，篁园市场分公司开展"绿色出行，从我做起"世界无车日宣传活动。

6. 公共关系、社会公益事业和扶贫工作

（1）校企合作对接，支持地方发展。

2014年5月22日，由中国小商品城、江西教育厅就业指导处举办的中国小商品城·江西省高校大学生电子商务网货采购及就业对接会在国际商贸城四区商学院培训中心举行，60余家市场经营户骨干与参会的江西省80家高职院校电商专业负责人，50多名甘肃陇南市各地区电商负责人，共200余人进行了对接，现场十分火爆。本次对接会给具有资金优势和产品优势的经营户与具有技术优势和人力优势的学生搭建了桥梁。经统计本次对接会有50多家高校登记了校企合作的意向，有10家高校表达要来义乌市场寻找外包服务，有80个电商团队做了寻找货源的登记，取得了显著成效。

（2）组织爱心捐赠，助力公益圆梦。

2014年9月11日晚，历时3个多小时的第五届中国小商品城文化艺术节"公益助未来，传播中国梦"慈善拍卖会在银都酒店银爵厅圆满落下帷幕。200多名爱心人士出席了此次慈善拍卖会，本次拍卖会最终所得的37万余元善款将直接用于采购中国梦系列学习文化用品，捐赠给兰考、延安等贫困地区中小学。

2014年9月26日上午，"中国梦"主题产品公益捐赠仪式在上溪镇溪华小学举行，小商品城向溪华小学捐赠了由"公益助未来，传播中国梦"慈善拍卖会募集善款采购的"中国梦"系列学习文化用品。2014年10月17日，首个国家扶贫日，小商品城向云南省罗平县板桥镇的小学生们无偿捐赠了公司最新推出的价值25万多元的8000余件书包、文具等"中国梦"系列学习用品。

资料来源

[1] 小商品城官网，http：//www.cccgroup.com.cn/html/www/index.shtml.

[2] 小商品城 2014 年度企业社会责任报告 [EB/OL]. 东方财富网，2015.

3. 吴树畅. 企业社会责任的缺失与拾遗——以"小商品城"为例 [J].会计之友（下旬刊），2008（5）.

 案例思考题

1. 小商品城履行企业社会责任的做法给我们带来怎样的启示？

2. 小商品城履行企业社会责任的具体做法是怎样的？

3. 小商品城在履行企业社会责任方面有何特点？

4. 小商品城是如何平衡经济环境严峻的现实和履行社会责任的义务的？

5. 小商品城在履行市场服务责任方面是怎样的？

6. 根据案例信息，小商品城在企业社会责任方面还有什么不足？

7. 小商品城应如何进一步改进企业社会责任方面？

8. 小商品城在履行企业社会责任方面的经验适用于所有企业吗？

第八篇
大华股份：智慧物联显身手

案例导读

本案例介绍了浙江大华技术股份有限公司在履行企业社会责任方面的做法。其成功经验有："聚合力、练内功、提效率"，不断完善公司治理结构，提升公司治理水平，保护股东权益，关爱员工，践行社会责任。公司秉承"以客户为中心，以奋斗者为本"的核心理念，以"诚信、敬业、责任、创新、合作、开放"的价值观，在追求经济效益、保护股东利益的同时，积极为员工创造价值，积极从事环境保护等公益事业，促进公司与社会、利益相关方和环境的和谐统一。

（一）公司简介

浙江大华技术股份有限公司（以下简称"大华股份"）由杭州大华信息技术有限公司依法整体变更设立的股份有限公司，发起人为傅利泉、陈爱玲、朱江明、刘云珍、陈建峰。2002 年 6 月 18 日，大华股份在浙江省工商行政管理局登记注册。公司是全球领先的以视频为核心的智慧物联解决方案提供商和运营服务商，以技术创新为基础，提供端到端的视频监控解决方案、系统及服务，为城市运营、企业管理、个人消费者生活创造价值。

公司现拥有 16000 多名员工，研发人员占比超 50%，自 2002 年推出业内首台自主研发 8 路嵌入式 DVR 以来，一直持续加大研发投入和不断致力于技术创新，每年以 10% 左右的销售收入投入研发。基于视频业务，公司持续探索新兴业务，延展了机器视觉、视频会议系统、专业无人机、智慧消防、电子车牌、RFID 及机器人等新兴视频物联业务。

大华股份的营销和服务网络覆盖全球，在国内 32 个省市设立 200 多个办事处，在亚太、北美、欧洲、非洲等地建立 54 个境外分支机构，为客户提供快速、优质服务。产品覆盖全球 180 个国家和地区，广泛应用于公安、交管、消防、金融、零售、能源等关键领域，并参与了中国国际进口博览会、G20 杭州峰会、里约奥运会、厦门金砖国家峰会、老挝东盟峰会、上海世博会、广州亚运会、港珠澳大桥等重大工程项目。

大华股份作为国家高新技术企业，2008 年 5 月成功在 A 股上市（股票代码：002236），公司拥有国家级博士后科研工作站，是国家认定企业技术中心、国家创新型试点企业，相继与 UL、SGS 等建立了联合实验室，现拥有 4 项国家火炬计划项目、5 项国家高技术产业化重大专项、2 项国家核高基项目。公司申请专利超 2100 项，其中申请国际专利 100 多项，2008～2018 年连续 11 年被列入国家软件企业百强；连续 13 年荣获中国安防十大品牌；连续 12 年入选《A&S：安全 & 自动化》"全球安防 50 强"。2018 年 IHS 发布的《中国 CCTV 与视频监控设备市场研究报告》中显示，大华股份在视频监控市场占有率排名第二位，是中国智慧城市建设推荐品牌和中国安防最具影响力的品牌之一。

多年来，大华股份践行社会责任，助力公益事业，获得了行业机构及大众媒体的认可。2018 年 1 月，大华股份荣获第七届中国公益节颁发的"2017 年度责任品牌奖"。2018 年 7 月，在第七届中国财经峰会上，大华股份荣膺"2018 杰出品牌形象奖"。

大华股份秉承"以客户为中心，以奋斗者为本"的核心价值观和"让社会更安全、让生活更智能"的使命，建立了大华股份独特的以卓越绩效为框架的精益六西格玛持续改进体系，并参照业界最佳实践，持续改进公司的研发、供应链、营销管理等业务；形成了"诚信、敬业、责任、创新、合作"的核心价值观。引入了环境及职业健康管理体系，保障员工健康，保护环境，生产绿色产品，履行大华股份的社会责任。

2017 年 8 月，公司获评"《福布斯》2017 年亚洲最佳 50 家上市公司"；2017 年 8 月，公司被浙江省工商行政管理局、浙江省民营企业发展联合会联合评定为"浙江省百强民营企业"；2018 年 1 月，公司被国家工业和信息化部、中国工业经济联合会联合评定为"制造业单项冠军示范企业"；2018 年 3 月，公司被国家质量监督检验检疫总局评定为"全国百佳质量诚信标杆示范企业"；2018 年 3 月，公司在第 20 届中国高速公路信息化研讨会暨技术产品展示会上，荣膺"领军企业奖"和"最佳产品奖"；2018 年 4 月，公司被评选为"2017 年度最受投资者尊重的上市公司"，公司董事会获评第九届天马奖"最佳董事会"称号；2018 年 9 月，公司被浙江省企业联合会、浙江省企业家协会、浙江省工业经济联合会联合评定为"浙江省制造业百强企业""浙江省成长性最快百强企业""浙江省百强企业"；2018 年 11 月，公司在 2018 年首届社会责任大会上斩获"2018 年度社会责任优秀品牌奖"；2019 年 9 月，浙江大华技术股份有限公司入选"2019 中国大数据企业 50 强"。

（二）企业社会责任实践

1. 环境保护

大华股份坚持可持续发展的原则，始终秉承对环境负责的态度，非常注重对环境的保护，履行企业环境保护的职责。公司在日常经营过程中严格遵守国家环境保护相关的法律、法规和地方环境保护有关规定，坚决贯彻环保政策，自发宣传节能意识，提高全体员工对环保的认识。公司已通过了 ISO14001 环境管理体系认证和 OHSAS18001 职业健康安全管理体系认证，对产品设计、器件选型、生产服务全过程进行环保管控。销往海外的产品同时满足国际环保相关法律法规要求，并取得了 CE、RoHS、Reach、WEEE 等认证。公司是杭州市企业安全生产标准化三级达标企业。

（1）环保设计。

大华股份要求所有投资项目符合环保要求，项目可研充分考虑环保设计和环保投入，项目完工必须通过环保验收。在办公大楼建设中，公司在考虑性价比的基础上，优先使用环保材料、节能材料，以实际行动将环保落到实处。

大华股份产品采用有利于资源综合利用并尽可能减少元器件的设计方案，从源头削减污染，在设计开发阶段就考虑了产品的环保性、安全性和稳定性，并对产品设计、器件选型、生产服务全过程进行环保管控。公司产品满足各国有关产品的环境保护和安全标准要求，通过了包括 CCC、ROHS、Reach、节能、环境标志、公安检测、CE、CB、WEEE、UL 等产品认证。

（2）清洁生产。

大华股份产品生产全面实行 RoHS 化，原料满足《SJ/T11363 电子信息产品中有毒有害物质的限量要求》，在来料时严格把控，除了送检第三方检测机构检测外，公司还自备 RoHS 仪器进行自测，用双重检测手段来确保材料符合环保要求。生产过程中全面使用无铅锡膏、无铅锡条等环保材料，做到清洁生产。

（3）智能节能。

建筑节能。屋面保温隔热，屋面采用 50 厚挤塑聚苯板外墙保温隔热；45 厚无机轻集料。

设备节能。选择高效节能自动化设备提高效率，采用 PLC 变频控制（如空调主机、空压系统电脑控制）作业。

电气节能。合理设计供配电系统；变电所尽量靠近负荷中心，以缩短配电半径，减少线路损失；提高功率因数减少电能损耗；所有区域电量通过智能电表计量监控。

照明节能。全部使用 LED 灯管；分区控制、公共区域声光控制；员工公寓内部使用灯光声控。

给排水节能。园区全部采用冷却水循环使用、雨水再利用系统。

（4）废水排放管理。

大华股份从意识着手，对所有新老员工进行节水意识与方法的培训教育，并不断在公司内宣传节能减排，号召大家减少污染物的排放，同时指定专人巡逻，发现问题及时整改。公司的废水主要为生活污水，冲厕废水经过化粪池处理，食堂含油废水经隔油池处理后达到《污水综合排放标准》后纳入市政水管网。排放的水体每年由高新（滨江）水质分析监测站检测分析，各项指标均符合国家相关标准。

（5）废气排放管理。

大华股份为高新研发型企业，使用国际先进设备与工艺生产，车间废气量较少，车间安装了排风系统统一收集废气，公司定期请有资质的检测机构进行现场检测，输出的《工业废气检测报告》中各项指标符合国家相关标准。针对食堂油烟，公司安装了经环保部门认证的油烟净化装置，油烟废气经处理后方才排放，每年公司请有资质的检测机构进行现场检测输出的《食堂油烟检测报告》中各项指标符合国家相关标准。

（6）废渣分类回收管理。

大华股份每年组织识别各部门的固体废弃物，根据国家相关法规及标准进行分类处理，对于可回收的进行回收再利用，不可回收且属于危险废弃物的统一交给有《危险废物经营许可证》的机构科学处理。

（7）噪声排放管理。

除部分核心工艺和小批量试制外，大华股份主要依靠外协生产。公司在生产过程中选用高效率、低噪声的设备，每年请有资质的检测机构进行现场检测输出的《厂界噪声检测报告》中的结果符合国家相关标准要求。

2. 公共关系和社会公益事业

大华股份以产业报国为己任，积极倡导责任文化，积极支持国家和地方的公益事业，鼓励员工开展爱心传递活动。公司制定了公益投入计划，持续通过社会公益活动，在扮演好"商业人"角色的同时，承担好"社会人"应该承担的责任。公司秉承"以客户为中心，以奋斗者为本"的核心理念，以"诚信、敬业、责任、创新、合作、开放"的价值观，在追求经济效益、保护股东利益的同时，积极为员工创造价值，积极从事环境保护等公益事业，促进公司与社会、利益相关方和环境的和谐统一。

（1）抗震救灾。

2008年5月12日，四川汶川发生特大地震，造成重大人员伤亡和财产损失。在严重的自然灾害面前，大华股份情系灾区，5月16日，公司及员工捐款51万元；2008年5月18日，公司召开总经理办公会议，取消大华股份5月19日的上市酒会活动，再追加捐款100万元捐助灾区同胞；6月12日，公司又紧急向赴四川抗震救灾的杭州特警支队提供10余套单兵执法取证系统，协助特警维护灾区的社会治安，为有效震慑违法犯罪分子、保障灾区人民的生命财产安全助一臂之力。由此公司获得"汶川'5·12'地震赈灾捐赠慈善贡献奖"，取得了良好的社会影响。

（2）关怀贫困同胞。

组织"爱1+衣"捐衣送温暖活动。大华股份员工积极参加工会组织的捐衣送温暖活动，已连续几年向贫困地区人员捐赠衣物。公司从2015年开始为西昌市梧桐树小学贫困学生捐赠生活费及文具用品。

浙江大华技术股份有限公司与绍兴日报社新媒体中心党支部共同发起"壹元希望在绍兴"公益活动，凡在浙江大华绍兴区域授权经销商处购买任一台大华产品，都将提留1元钱用于公益捐助活动。资金将专项用于上虞区东城学校的教学设备、图书、文具、体育用品、书包等物资的添置。

（3）村企结对。

为响应中共杭州市富阳区委办公室《关于开展第三轮"联乡结村"活动的实施意见》的号召，子公司浙江大华智联有限公司与富阳区常绿镇黄弹村结对。通过结对帮扶，增强乡镇（街道）、村经济实力，通过联结帮扶为企业提供了更直接的帮助地方经济发展的机会，积极承担社会责任，并以党建活动的方式，前往常绿镇黄弹村与村委进行面对面沟通交流，成功结对。

（4）无偿献血。

用爱心传递希望，用热血为生命加油。每年的8月，大华股份公司党委联合浙江省血液中心来到公司，举办爱心献血活动，2018年特别开设富阳基地专场，公司员工踊跃参与，2015～2018年公司全员总献血量近100000万毫升。

（5）为盲胞读书。

大华股份公司党支部呼吁全体支部党员关注"为盲胞读书"微信公众号，利用闲暇时间为盲胞读文章，随时随地开展公益活动。

（6）公司积极投身实践。

面向儿童少年开展安全普及教育，2012年大华股份向中国儿童少年基金会捐赠款项20万元，为儿童少年的安全教育贡献一分力量。为支持广西扶贫工作，大华股份以控股子公司广西大华信息技术有限公司的名义向环江县下南乡景阳村委会捐赠款项20万元；拨款12万元向浙江大学设立助学金；同时鼓励全体员工主动回馈社会，参与各种形式的捐资、义工、便民活动，以支持各项慈善事业。

（7）与相关部门加强联系。

大华股份积极、主动加强与政府主管部门、行业协会、监管机关的沟通与联系，对相关部门根据法律、法规要求提出的监督和检查，予以积极配合、协助，尽到自身的责任与义务。

3. 绿色发展

作为一家有社会责任意识的上市企业，大华股份积极承担着各项社会责任，对于生产、服务和运营过程中给社会带来的环境污染、能源消耗、资源综合利用、安全生产、产品安全等问题都进行严格评估，通过不断建立完善ISO14001环境管理体系和制定完善《环境和职业健康安全管理手册》《固体废弃物处理规范》《危化品管理制度》《环境保护标准管理办法》等一系列节能环保管理制度，规范企业生产全过程，固化环境管理流程。对生产、生活过程中产生的"三废"及噪声执行高标准、严要求的措施，2018 年重新招标导入委托专业有资质的第三方检测机构进行定期检测并出具报告，并对产生的废弃物料按照规范进行合法合规处理。

绿色发展是大华股份的核心竞争力之一。从绿色采购，到绿色研发、绿色制造、绿色应用，再到绿色服务，大华股份致力于打造全范围的绿色产业链。通过视频智能识别、智慧物联网等核心技术，大华股份持续推进绿色智慧工厂和智慧园区建设，通过智能化手段升级设备，极大提升工作效率，做到节能减排降耗，践行可持续发展。

（1）绿色产业园。

大华智慧物联网产业园作为高端制造产业基地与现代化物流中心，生产高品质、高技术含量的智能产品，并提供一流的服务，保持行业的领先地位，不断推进自动化、信息化、数字化、智能化建设，支撑公司业务有序发展。产业园"视频监控终端智能制造试点示范"项目入选工信部 2018 智能制造试点示范项目，且该项目是浙江省唯一同时被认定为"人工智能应用试点典范"项目。该成果的取得不仅标志着公司的智能制造技术和模式获得了国家的肯定，同时也对大华绿色智慧物联网产业园未来的创新与发展产生了积极而深远的影响。

（2）绿色生产。

大华股份始终秉承节能应从小处着手、从细节出发的理念，大华智慧物联产业园作为绿色生态产业园，以下细节体现了其节能降耗理念：

产业园中央空调系统通过自控系统实现实时数据采集，并根据车间生产产能需求进行智能调节；产业园区宿舍楼采用智能化供水系统，实时检测供水温度，集中管控水温；产业园照明系统全部采用 LED 灯，并且在公共区域采用人体感应控制开关。

产业园采用电动车智能充电系统，集中配置充电时间及用电授权，确保安全用电与节电。

产业园采用集中供气系统，替代了原分散式供气模式，在满足园区供气的同时，空压机系统占用空间比原方式节约 160 平方米，综合能耗降低约 15%。

产业园增加活性炭废气处理系统，将有机废气经收集系统进入活性炭吸附装置，通过分子间作用力和活性炭表面高度发达的空隙，将有机废气分子吸附，净化后的气体再经风机高空达标排放。

（3）绿色采购。

为贯彻节能减排的要求，大华股份在原材料的选择、产品制造、使用、回收再利用以及废料处理等环节中，秉承资源节约的原则，减少环境污染。产品选材方面严格遵循 3C 认证、RoHS 和 REACH 以及由欧盟对电气和电子设备中某些有害物质进行回收和限制的指令要求。在对供应商现场考核时，要求供应商获得 ISO9001 或 TS16949 的第三方认证，推动供应商体系建设。从材料质量控制、供应商企业规模和管理能力、廉政等多方面搭建采购管理体系确保采购业务有效开展，为产品交付提供优质服务。

资料来源

[1] 大华股份官网，https：//www. dahuatech. com/about/company. html.

[2] 庞国明. 傅利泉：王者归来，倾力打造大安防领军企业 [J]. 中国安防，2009.

案例思考题

1. 大华股份作为以视频为核心的智慧物联解决方案提供商和运营服务商，在交通行业获得多项荣誉，这体现了其怎样的履行社会责任的态度？

2. 大华股份在履行环境保护的社会责任方面做了哪些努力？获得了怎样的成效？

3. 大华股份积极参与社会公益事业，大力推动慈善事业的发展，是什么驱动企业去履行这样的社会责任？

4. 大华股份秉承"以客户为中心，以奋斗者为本"的核心价值观，这种价值观是否体现在企业履行社会责任的过程中？具体表现是什么？

5. 大华股份在履行社会责任时获得了怎样的社会效益？

6. 大华股份以产业报国为己任，积极倡导怎样的责任文化？如何体现在其实践中？

7. 大华股份在履行社会责任的过程中遇到过什么问题？公司是如何应对的？

8. 大华股份投入了大量的资金与人力发展绿色生产，履行了企业经济和社会的双重责任，这对其他企业的发展有什么启示？

第九篇
物产中大：世界 500 强

 案例导读

  本案例介绍了物产中大在履行企业社会责任方面的做法。物产中大在发展的同时，也一直致力于履行社会责任、努力回报社会。在经济方面，2011年以来连续跻身世界 500 强，积极履行纳税义务，拉动经济发展，积极参与国家级、省级重点工程，为城市发展和国家发展奉献力量。在社会责任方面，积极响应省委省政府关于加强东西部扶贫协作、对口支援和对口合作工作部署，成立"物产中大蓝天使"志愿服务队，通过开展特殊儿童关爱、困难老人关怀、山区精准扶贫、生态环境保护等志愿服务，传播践行"爱与责任"。

（一）公司简介

  物产中大集团股份有限公司（以下简称"物产中大"）成立于 1992 年，总部位于浙江省杭州市，是浙江首个完成混合所有制改革并实现整体上市的国有企业。公司是中诚信国际信用评级有限责任公司与大公国际资信评估有限公司评定的双 AAA 主体信用评级单位，为首家获此评级的地方流通企业。公司经营范围包括一般经营项目：实业投资、股权投资、资产管理等。

  物产中大集团股份有限公司是中国大型的大宗商品流通服务集成商之一，是浙江省政府直属的大型国有企业，自 2004 年起稳居浙江省百强企业前两位，是双 AAA 主体信用评级企业，2011 年以来，连续跻身《财富》世界 500 强（2019 年排名第 29 位），是浙江省第一家入围《财富》世界 500 强的企业。在全体员工的共同努力下，公司整体实力不断增强，正朝着全球采购、全球销售，具备自身特点和优势的国际化增值型服务贸易商而稳步前进。

2018 年，物产中大集团入选全国首批供应链创新与应用试点企业。2018 年 12 月，集团旗下"物产通"荣获浙江省名牌产品称号。2019 年中国服务业企业 500 强榜单在济南发布，物产中大集团股份有限公司排名第35 位。在 2019 年浙江省百强企业中位列第三名。

（二）企业社会责任实践

1. 社会责任

物产中大坚持"客户价值导向"，紧紧围绕客户个性化需求，完善服务体系，提升服务品质。与德勤华永会计师事务所共建德勤物产中大国际学院，致力于打造"国际化、专业化"的企业大学。

物产中大旗下物产中大管理学院以"明道、取势、优术"为校训，以服务集团立足"世界 500 强"的战略目标为宗旨。

物产中大旗下的物产中大党校校训为：践行集团党建要求，开展党员培训工作，提高党员队伍素质能力。

近年来，物产中大为近 500 个重大基础设施项目提供钢材、线缆、盾构机等集成化的配供服务，其中国家级、省级重点工程超过 200 个。港珠澳大桥、G20 杭州峰会、上合青岛峰会等国家重大工程或活动都有物产中大集团的参与。

2. 回报社会

物产中大积极履行纳税义务，以浙江省属企业 6.04% 的净资产，创造了省属企业 34.5% 的营业收入、12.3% 的利润总额与 11.18% 的税金。

物产中大积极响应省委省政府关于加强东西部扶贫协作、对口支援和对口合作工作部署，吉林省洮南市"雨露计划"以及与龙泉市西街街道消薄行动获得省委省政府领导批示肯定。

成立"物产中大蓝天使"志愿服务队，通过开展特殊儿童关爱、困难老人关怀、山区精准扶贫、生态环境保护等志愿服务，传播践行"爱与责任"。

3. 公益活动

（1）守护青山绿水，蓝天使在行动——记物产中大蓝天使 ZMI 益家人志愿服务分队长乐林场环保公益活动。

为宣传环保意识，倡导文明出游，2018 年 5 月 19 日物产国际的"蓝天使"公益志愿者们，带着亲友团一行 40 余人来到长乐林场景区，开展守护青山绿水"弯腰行动"环保亲子公益活动。

尽管天空下着雨，但丝毫不影响志愿者们的环保热情。披上雨衣，戴上手套、弯下腰，把草地上、路边的塑料包装袋、烟蒂、饮料瓶……统统捡进垃圾袋，就是这样简单的动作，每个志愿者都做得无比专注和认真，大家都积极投入到此次的公益活动中。

经过半天的活动，大家身体上虽然很疲惫，但在精神上却很享受。纷纷表示把公益志愿者活动和做环保结合在一起，不仅可以学习发扬吃苦耐劳、我为人人的精神，同时还为守护我们身边的美好环境做出了一些小小的贡献。更重要的是通过大家的努力，用自己的实际行动宣传推广绿色环保理念，带动身边的人一起保护环境，营造人人参与环保、人人关爱家园的气氛。

公益不分大小，重在参与和支持。简单的事情重复做，重复的事情坚持做，浙江物产倡导举手行善，让公益成为一种习惯。从现在做起，从身边一点一滴的小事做起，积极行动，保护环境，让绿色永驻家园！

（2）"情系你我，心手相连"——记物产国际志愿者参与"圆梦浙江农村留守儿童"大型公益活动。

2017 年 7 月，物产国际团委号召青年员工组成志愿者小队，参与共青团浙江省委主办，浙青传媒、浙江省青少年发展基金会等承办的"圆梦浙江农村留守儿童"大型公益活动。盛夏的杭州骄阳似火，高温炙烤却抵挡不住物产国际志愿者们的热情。他们陪伴在杭州参加夏令营的留守儿童，用真诚的关怀打开他们的心扉，用温馨的话语带去心灵的慰藉，一起游玩、一起学习，用温暖的陪伴为留守儿童带去欢乐。

"你们知道鲸鱼有几颗牙齿吗？""你们知道珊瑚是怎样形成的吗？"志愿者韩慧颖在极地海洋公园陪伴留守儿童参观游览的时候总是利用自己掌握的科学小知识为孩子们讲解，知识渊博、幽默亲和的她很快成为孩子中的"明星"，受到热烈的追捧。在可口可乐工厂，志愿者和孩子们一起进行有奖竞猜抢答；在消防大队，志愿者帮助孩子们克服恐惧完成消防演习；在宋城，志愿者对孩子们诉说着杭州那些古老而又诗意的美丽传说。点滴爱心，聚沙成塔，为孩子们传道授业解惑，帮助他们开阔眼界，打开知识的大门。志愿者还为孩子们带去了丰富的礼品，小小心意承载着公司全体员工的祝福。

除了组织志愿者参与活动，物产国际还承担了解决留守儿童用餐的任务，公司食堂为两期夏令营共 120 名儿童提供丰盛的晚餐。在员工活动室，孩子们一边听工作人员介绍公司，一边参观企业文化墙，衢州衢江区廿里镇中心小学的余浩隆说："原来这个地方这么厉害啊，我们都不知道，只知道是爱心企业。"

在几期的陪伴后，志愿者与孩子们建立了友谊，也受到了很多感触。志愿者张昭君说，"在麦当劳用餐时，有一个孩子问我为什么没有筷子，我当时觉得很辛酸。留守儿童真的很渴望被关爱，一开始他们很内向，但是和你熟悉了以后，他们变得健谈、活泼，所以我们要主动去关心他们、去了解他们"。志愿者罗贤魁说，"小朋友们都很可爱，也非常懂事。如果有大家足够的关心和陪伴，小朋友的脸上会充满更多的笑容，枯燥的暑假生活也会更加丰富多彩。和他们在一起，我自己也很开心，关爱留守儿童，需要全社会的共同努力"。

春风化雨，爱心传承，善举虽小，爱心不减，物产国际的志愿者们用行动承担使命，用美德铸就丰碑。

（3）无偿献血凝聚大爱——爱心献血公益活动。

2017 年 6 月 14 日是第十四个世界献血者日，集团公司工会、团委在浙江省血液中心联合开展集团员工"无偿献血·凝聚大爱"爱心献血活动。企业的工会积极参加了此次活动，以自己的实际行动谱写了一曲"爱的奉献"。

活动当天，献血志愿者们在集团工会统一组织下有序地填表、测血压、排队体检，通过身体检查的志愿者们个个开心不已，积极热情地参与到采血环节，并为自己能为社会贡献出的一分力量感到满足和自豪。

此次献血活动，既宣扬了无偿献血的意义，充分展现了员工热心公益、乐于助人、奉献社会的良好精神风貌，又践行了企业履行社会责任、参与社会公益事业的企业文化精神。

（4）物产国际公益联盟认捐漂流书亭。

在集团第一党支部、工会共同号召下，物产国际公益联盟"ZMI"益家人积极响应，于 2016 年 9 月 27 日与钱江新城管委会举行漂流书亭认捐签约仪式，使"ZMI"益家人也有自己的"漂流书亭"。

前期捐书过程中物产国际员工积极参与、踊跃捐赠，共捐书 530 余册。大家对漂流书亭倡导的"带一本书来，换一本书走"的理念十分认同，希望小小的书亭不仅让书籍流动起来，而且给爱书的人带来了更多的精神食粮，并越走越远，"阅""漂"越精彩。

（5）四支部携手公益组织开展"清篮行动"。

秉承"奉献、友爱、互助、进步"的志愿服务精神，2017 年 3 月 12日，公司党委第四支部组织参加了杭州志愿者服务队张能庆服务站的"清篮行动"，以实际行动助力 G20，为杭州文明添彩。

这次由"益起来"公益峰会组织开展的"美丽杭州、文明引导——清篮行动"活动，旨在清理路上的果皮、纸屑、烟蒂和城市"牛皮癣"，保持景区路面的清洁卫生。参与本次志愿服务的除了四支部的党员志愿者，还有公司党委副书记时贞仑、副总经理唐宇清，以及部分员工子女。

在服务站的统一安排下，志愿者们在劳动路孔庙门口集合，经过简单的培训和讲解，分成两支队伍，分别从马路两侧沿街开展志愿活动。大家相互配合，有的拎着垃圾袋负责装运垃圾，有的拿着钳子沿路捡拾各种垃圾，有的带着铲刀将路上、墙上的各种"牛皮癣"清除干净。大家认真仔细，干劲冲天，拉网排查，砖缝中的烟蒂、被草丛掩盖的纸屑，都被搜寻了出来；小朋友志愿者们更是踊跃争先，小小的身体虽然还没有志愿服大，强烈的环保意识却让人竖起大拇指。

经过 2 个多小时，志愿者们从劳动路孔庙门口一直走到了柳浪闻莺，一路沿街搜寻各种垃圾，一路美化城市环境，一路引导文明行动，一路传递环保意识，以实际行动宣传环保理念、践行环保服务，受到了沿路市民的交口称赞。

本次活动，是物产中大将志愿活动和党支部的活动结合起来的又一实践，充分发挥了党员的带头作用，将党员为人民服务的宗旨落到实处。人人可为、触手可及的志愿服务，让公司员工进一步体会到社会责任见于真章，意识到城市文明显于微处。

（6）四支部开展关爱自闭症儿童志愿活动。

他们被称为降落人间的"蓝色天使"，也被称为"星星的孩子"，但他们却比其他孩子更需要阳光和温暖，因为他们还有另一个名字——自闭症儿童。物产化工四支部将关爱的目光投向了这样的一群儿童，陪他们一起度过了一段愉快时光。

自闭症，也称孤独症，是一种神经系统广泛发育性障碍，核心症状主要体现在社交沟通障碍、行为刻板和兴趣局限，难以进行正常的语言表达和社交活动。据统计，近20年来，我国确诊的自闭症患儿数量猛增，保守估计每100个儿童里就有一个患有自闭症。

物产化工四支部党员们在了解到自闭症儿童及其家庭面临的现状后，一直想为他们做点什么，给他们带去温暖和力量。经过认真准备和联络，四支部党员们来到杭州爱贝儿儿童康复中心，第一次与这群特殊儿童进行了亲密接触。

在康复中心活动室，一群漂亮可爱的孩子在老师的指引下，从各个小教室涌了过来，各自找到小板凳坐下。那一张张稚嫩清秀的脸庞，使人完全无法把他们和自闭症儿童联想到一起，但通过接触，就会发现他们的与众不同。

小 A 是个极爱讲话的 6 岁女孩，她努力地想进行表达，却只能蹦出几个单词。

小 B 是个超级爱笑的 6 岁男孩，总是一个人坐在角落无声地咧嘴笑着，老师说他的笑都是无意识的。

小 C 是个 18 岁的大小伙儿，总是一个人慵懒地躺在角落的地板上，偶尔站起来活动一下，一边走一边发出"啊！啊！"的单音节。

……

这些孩子不理解别人，也很少被人理解；虽然他们时常把自己封闭在自我的世界里，缺乏正常人的情感，也不具备融入社会的能力和生存的技巧，但内心却极度渴望被人关爱。

来之前还惴惴不安的党员们在看到这群可爱的孩子后，立马就喜欢上了他们，很快与他们玩到了一起。在老师的安排下，一组党员认真耐心地陪孩子们画画，另一组党员则陪着活泼好动的孩子们做游戏。几个孩子像树袋熊一样挂在他们身上，玩得不亦乐乎。他们的笑容是如此的灿烂，仿佛这是世界上最值得开心的事。

这次活动，是四支部以志愿服务为特色的支部建设的一次尝试探索，也是支部开展"两学一做"学习教育活动的又一次实践课。活动不仅温暖了孩子、帮助了他人，也教育了自己、感召了身边的人。四支部希望通过这次行动，带动周边更多的人深入了解关注自闭症儿童，尊重、包容、理解、接纳、帮助这些"星星的孩子"，努力构建一个幸福和谐的社会。

（7）四支部组织 G20 志愿者活动。

G20 前夕，景区安检升级，排队游客众多。为配合做好人流疏导及秩序维护工作，物产化工党委第四支部主动与上城区公益服务站联系，组织公司进步青年前往西湖柳浪闻莺安检口开展了志愿活动。

2016 年 8 月 28 日下午下班后，第四支部的 13 名志愿者立即赶往柳浪闻莺安检口，经过现场培训及职责分工后，大家各自穿上志愿者衣服，带着责任与担当踏上了工作岗位。

"请提前准备好身份证。""背包的请走右边过安检。""婴儿老人请走绿色通道。"一声声温馨的提醒在人群中此起彼伏，进入景区的客流井然有序。晚上 7 时许，安检口排起了长长的队伍，而骑车受阻游客的掉头更是加剧了人流的拥堵。发现这一情况后，志愿者立即和交警沟通，及时开通绿色通道，并抽调一部分志愿人员到离安检口 200 米处引导婴儿车走绿色通道，同时劝阻骑车游客将车辆停靠在外围步行进入景区。8 点半左右，在得知西湖安检口急需志愿者配合交警维护秩序时，志愿者们又迅速赶往西湖安检口。

当天的活动结束后，许多志愿者的嗓子变得沙哑，但每一个人脸上都洋溢着快乐幸福的笑容。在大家共同的努力下，景区有效地维持了安检秩序，服务了各地游客，提升了杭州形象。

"讲奉献、有作为"是一名合格党员必须履行的义务。第四支部的党员们充分地将"两学一做"落实到"做"，展现了党员全心全意为人民服务的奉献精神。

4. 物产中大：汽车租赁，让世界点赞"浙江服务"

中大元通租赁在汽车租赁领域具备的综合实力、专业背景和管理经验，对于承接 G20 杭州峰会用车保障任务，具有独到的优势和较强的竞争力。为了达成国家使命、社会责任和企业经营、市场机制的有机结合，确保成功完成峰会用车重大保障任务，公司决策层进行了全面深入的思考。在充分权衡利弊、全面整合资源、周密制订方案的基础上，确定了通过"公益服务+市场机制"完成重大政治任务的工作方针，力求实现服务保障峰会和提升企业实力的"双成功、双圆满"。

"回顾 G20 杭州峰会用车保障工作，公司最大的收获是经受住了在高规格、高标准、高要求下承担重大任务的考验，积累了承接重大活动、大型会议用车保障任务的成功模式和经验，更加坚定了做大做强企业的信心和决心。"王竞天认为，这次至少在三个方面取得了极为珍贵的经验与收获。

探索了一种模式，积累了成功经验。公司按照"政府搭台、企业唱戏"的思路，积极履行企业主体责任，用市场化的手段主动参与 G20 杭州峰会重大保障任务，充分体现了浙江企业特有的敏锐市场判断力和作为国有企业固有的社会担当精神。在这个过程中，公司创新思路，探索出了一种社会资本与政府统筹相结合、市场机制与公益服务相结合、统一保障与社会租赁相结合的用车保障模式，实现了政治效果与市场效益的完美结合。

打造了一个平台，展示了强劲实力。公司在汽车租赁领域虽然具有良好的业务基础和传统的竞争优势，但对标优势企业，仍然存在着差距。G20 杭州峰会的召开，恰好给公司提供了一个难得的跨越式发展机遇。公司决策层审时度势、应势而为，主动承接峰会用车保障任务，对外拓展了厂商合作空间，提升了公司的竞争力和影响力；对内放大了经营格局，促进了汽车租赁业务规模和层次再上新台阶。公司将深入总结服务本次峰会的成功经验，争取未来完成更多更高品质的项目，努力把企业打造成"行业领先、省内一流、全国知名"的领军企业。

锻炼了一支团队，凝练了企业文化。在承接 G20 杭州峰会用车保障任务的过程中，公司因势利导，把做好此项工作作为提升团队凝聚力、增强员工战斗力的一次大练兵，达到了锻炼团队、凝练文化的预期效果。一种"大气——党员干部光明大气、勇于担当；高效——公司上下风正气顺、追求效率；创新——以创新赢得市场、赢得效益、赢得发展；共享——凝心聚力、和衷共济、甘于奉献"的企业文化正在逐步形成。

5. 对内构建扶贫帮困工作机制，对外积极推动精准扶贫

2015 年物产中大构建扶贫帮困工作机制，始终把关心职工生活放在重要位置，坚持和完善"三必访、四主动"人文关怀制度，营造了一个安全和谐稳定的生产生活环境，增强了企业的凝聚力和向心力。物产中大修订小花助学基金制度，扩大职工子女受益面，还进一步下调小花助学基金资助员工的条件和基金资助标准，降低了进公司工作年限，将年限从 3 年改为 1 年。共有 32 名员工子女获得了小花助学基金资助（奖励），发放小花助学

金 13.3 万元。物产中大上门走访困难职工和离退休老干部，全年走访 46 人次，发放送温暖资金 14.45 万元。物产中大建立了公司（总部）200 万元规模的温暖基金，主要用于公司总部职工本人重大疾病医疗救助及其职工生活困难救助等，为职工关爱工程再添新通道。同时公司工会下拨经费作为各产业公司职工帮扶温暖基金的"种子基金"，要求各产业公司工会建立职工帮扶的温暖基金。

2018 年物产中大为贯彻落实中央和浙江省委关于推动乡村振兴的重大决策部署，以及浙江省消除集体经济薄弱村三年行动计划，积极开展关于开展乡村振兴"千企结千村、消灭薄弱村"专项行动，分别与浙江省龙泉市西街街道、查田镇 6 个集体经济薄弱村开展结对帮扶工作，在深入调查的基础上，物产中大结合龙泉市的实际情况，积极探索村级营利机制，积极谋划可行性强、发展前景好的高质量项目，努力推动 6 个薄弱村实现集体经营性收入，2019 年底达到 5 万元以上，到 2020 年基本达到 10 万元以上的目标，积极完成集体经济"消薄"工作。

集团公司党委高度重视、迅速行动，充分发挥国有企业优势，切实承担国有企业社会责任。公司多年来的扶贫结对工作扎根于龙泉市，与村民建立深厚感情，有助于更好地开展"消薄"工作。2018 年 4 月开始，集团公司党委书记、副书记、纪委书记等领导分别带队调研龙泉市薄弱村，积极帮助薄弱村厘清发展思路、明确发展定位、找准发展路径。集团公司积极发挥流通贸易服务、资源集聚等优势，集中各成员公司资源，找准切入点，以高质量项目为依托，推动结对帮扶从"输血"向"造血"转变。集中帮扶力量，突出帮扶重点，创新工作机制，切实帮出成效。

（1）组成帮扶工作组。

物产中大及下属各成员公司明确了"消薄"责任人和工作职责，选拔了 12 名干部组成帮扶工作组，其中 1 名优秀年轻干部常驻龙泉，专职负责推进帮扶项目相关事项。

（2）共建绿色油茶基地。

集团与龙泉市西街街道共同打造绿色油茶示范基地，探索实施了"土地流转+合作开发+专业经营+收益共享"的造血机制，聚焦"高品质油茶"这一优势品种，进一步提升油茶的经济价值。

（3）共建优质农副产品商业平台。

为进一步拓展龙泉当地的香菇、黑木耳、冬笋等特色农副产品的销售，集团充分发挥物产云商的专业优势，搭建线下采购、线上销售，线下配送、线上结算的优质农副产品电商平台，带领农户特别是贫困户搭上"互联网+农特产"的网络快车，实现增收致富。

6. 绿色环保

物产中大始终遵循节约资源、杜绝浪费、维护生态、保护环境的理念，通过宣传、内部刊物、知识赛等，不断增强所有员工的低碳经济、节能耗和环境保护意识，公司围绕"节能攻坚、全民行动"的主题，大力宣传节能减排相关法律法规活动，普及节能减排知识，推广使用节能减排产品，积极倡导崇尚节约、绿色低碳、文明建设的生产生活方式。同时，物产中大把活动与安全生产、"五水共治"、环境保护等重大决策部署结合起来，与企业淘汰落后产能、运用新技术新装备相结合，促进企业转型升级。

公司积极倡导低碳出行，采用公共交通或搭乘同事顺风车，减少废气排放；大力推广无纸化办公，逐步建立一整套电子化（OA、邮箱）、网络化工作模式，规避无效打印，采取双面打印，减少纸张浪费；资料装订用大头针、回型针、订书机来代替胶水；推广人人"光盘"政策；在电器使用方面，严格执行空调温度控制标准，捉倡办公室的夏季室温不低于 26℃，冬季不高于 20℃；节约照明用电，外出时及时关闭电源，降低电力负荷，减少耗电量。

在资产管理方面，对已报废的固定资产进行回收整理，对于可利用的配件，拆卸后进行重复组装利用，提高废旧电子产品的利用率；在公司话费管理方面，积极与运营商沟通协调，为业务部门提供国际长途 IP 拨打服务，为公司国际长途话费支出节约了 20%；在会务管理和会议接待方面，会议及培训充分利用电话、视频技术（占总会议的 16%），在保质保量的前提下实现了跨地域的音频和视频联通，大大降低了机票、用车等费用的列支。

物产中大积极开展禁烟控烟宣传教育和引导工作，公司办公大楼均为禁烟区，员工自觉遵守大楼禁烟规定，并对外来单位来访的吸烟者尽到劝解提醒义务，营造出良好的生活和工作环境，各产业公司也积极履行、落实控烟措施，控烟工作取得明显成效。

物产云商坚持绿色发展理念，每半年组织一次环保毅行活动，足迹遍布九溪、十里琅珰、龙井、云溪竹径、龙门山、大明山、西径山、上青古道等地。环保毅行活动要求员工以小组为单位，全员参与，毅行时间连续 4 小时以上，毅行过程中随身携带环保袋，收捡沿途垃圾，积极践行环保理念。通过毅行活动，用实际行动向社会大众传播环保理念，履行企业环境责任。

财务公司积极宣传"绿色出行、低碳生活"的环保理念，打造财务公司公益环保的企业形象。2018 年 4 月，物产中大举办了"物产中大蓝天使"志愿服务队生态环保毅行活动，进一步推动公司文化建设，展示公司员工积极、健康、向上的精神面貌，锻炼员工的意志和体魄，培育团队协作精神，践行生态环保理念。

2018 年，物产中大在浙江省政府和省国资委的领导下，认真贯彻落实国家"十三五"规划节能双控目标，从主要经营指标、各项消耗性指标着手，重点优化设备运行状态，降低煤炭消耗量，加大能源管理力度，积极推动创新节能新技术、新工艺的运用，努力发展绿色循环经济，全面完成了 2018 年节能减排目标任务。强化领导组织，落实责任分解。为进一步推进节能减排工作，2018 年初物产中大明确实业与安全生产部主抓节能减排工作，与各成员公司明确节能减排具体目标、具体责任人。物产中大根据浙江省国资委工作要求，下发了《2018 年度节能减排目标责任书考核的通知》和《2018 年集团公司节能减排工作责任分解与落实指南》，要求各成员单位及相关企业层层分解年度节能目标，实行考核奖惩。各成员企业根据自身实际情况，制定和实施相应的节能目标责任制和评价考核制度。集团公司还建立了能源消耗及污染物排放统计台账，要求各成员单位每季度定期向公司实业与安全部报送相关报表优化生产流程，推进节能技术实施。物产化工下属宏元药业在研发和生产项目，遵循水平衡、物料平衡原则，推行物料回收利用及水循环使用。对老产品工艺路线进行优化，致力于降低原料成本、减少敏感物料及难降解物料的使用，降低化学污染，减少"三废"产生。通过废气专项整治提升，大幅度降低车间、罐区泵区无组织废气的排放。有组织排放的废气均经过 RTO 废气焚烧装置集中处理达标后进行排放，对化验室、实验室楼顶的废气收集处理后再排放，新增己烷尾气处理装置，改造真空泵区，降低尾气排放，在 VOC 减排方面效果明显。

物产环能下属秀舟热电实行锅炉掺烧沼气技术应用。锅炉掺烧沼气改造是从锅炉侧墙水冷壁开孔布置一台沼气燃烧器，沼气来源于秀舟纸业，秀舟纸业原沼气无法处理，因此将秀舟纸业沼气接一路管道引入锅炉沼气燃烧器。改造后，按平均每天燃烧量为 10000 立方米沼气，可以节约 10 吨的煤量。

加大创新力度，开拓节能降耗思路。物产化工下属宏业化工技术中心进行了减排实验，小试通过优化工艺和改造来提升生产环节节能减排水平：一是用 2-噻吩乙醇增加碱洗工艺，可使蒸馏残液减少 60%；二是更改溶剂处理工艺，可使分子筛用量减少 90%；三是 A5 工艺水由原先 5900 千克/批减少为 5400 千克/批，活性炭投入量将可由原先 40 千克/批减少为 20 千克/批，减少废水的产生；四是增加尾气冷凝器，回收溶剂，大大减少溶剂排放等。

 资料来源

［1］物产中大官网，http：//www. wzgroup. cn/.

［2］物产中大：汽车租赁，让世界点赞"浙江服务"［EB/OL］.人民网，http：//zj. people. com. cn/n2/2016/0930/c186941-29084310-3. html.

［3］2016 社会责任报告［EB/OL］. http：//www. wzgroup. cn/pdfview/index/1557. html？type＝do.

［4］潘恬恬.国企混合所有制改革的路径及效果研究——以物产中大为例［J］.现代商贸工业，2019（24）.

 案例思考题

1. 企业通过履行社会责任实现"双赢"，在此案例中哪些内容体现出了双赢？

2. 承接 G20 杭州峰会用车保障任务，给物产中大带来哪些机遇？

3. 你赞同企业对于志愿服务队的报道是"高调行善"吗？这种报道有什么作用？

4. 企业组织献血、漂流书亭、清篮行动等这些小型公益活动相比较大型的扶贫项目有哪些利弊？

5. 物产中大在履行企业社会责任方面是如何利用互联网的？

6. 物产中大的扶贫工作有哪些特点？

7. 一个企业能够得到政府和人民的信赖，去承担重大任务，主要原因有哪些？

8. 从物产中大的案例中，关于企业社会责任我们可以得到怎样的启示？

第十篇
正泰电器：低压开关大王国

 案例导读

　　本案例介绍了正泰电器在履行社会责任方面的做法。正泰电器在新能源行业有着重要的地位，在企业社会责任方面，也是业内的榜样，企业一直努力把自身核心价值观、经营责任与履行社会责任有机结合。正泰电器在履行社会责任的路上制定并且一直坚持着自己的战略方针、实践路线、管理模式与绩效监测，充分利用企业优势，运用光伏发电进行了诸多的扶贫与环保工作，走进乡村的同时也积极将科技引出国门造福更多的人，另外正泰电器积极参与公益事业，助力文教、科研、慈善等诸多公益事业。

（一）公司简介

　　浙江正泰电器股份有限公司（以下简称"正泰电器"）成立于1997年8月，是正泰集团核心控股公司，也是中国低压电器行业产销量最大的企业。公司专业从事配电电器、控制电器、终端电器、电源电器和电力电子等100多个系列、10000多种规格的低压电器产品的矸发、生产和销售。公司荣获全国质量管理奖、首届浙江省政府质量奖、首届温州市市长质量奖，并于2010年1月21日在上海证券交易所成功上市，成为中国第一家以低压电器为主业的A股上市公司。

　　正泰电器是新能源行业为数不多的同时具备系统集成和技术集成优势的能源解决方案提供商。2018年，公司凭借自身优势，不断加强技术创新能力、品牌影响力及自身产业链的完善，逐步实现低压电器系统解决方案供应商的转型。光伏新能源方面，公司不断完善正泰光伏产业结构，提升正泰电站配置灵活性，打通正泰电站的流转通路，同时，集聚资源，构建平台，实现向全球领先的智慧能源解决方案供应商的跨越式发展，全力推进全球化进程，成为电器行业全产业链企业和系统解决方案提供商。2018年，公司先后被授予"全国产品和服务质量诚信示范企业""浙江省对外合作十佳""浙江本土民营企业跨国经营 30 强""浙江省企业文化建设示范单位""中国慈善奖"等奖项和荣誉称号，荣登福布斯亚洲上市公司 50 强。正泰新能源荣膺"中国户用光伏系统优质品牌 TOP5"。建筑电器获"2018年中国房地产开发企业 500 强首选供应商""家居业消费者品牌"荣誉称号。公司董事长南存辉在纪念改革开放 40 周年之际荣获改革先锋称号。

（二）企业社会责任实践

企业不仅是社会财富的创造者，更是社会价值观的承载者。企业只有把自身核心价值观、经营责任与履行社会责任有机结合起来，才能实现持续发展。随着资源枯竭、环境污染、气候变暖等问题逐渐凸显，能源格局优化是必然趋势。作为工业电气与新能源领军企业，正泰电器坚持以客户为中心，创新、协作、正直、谦学、担当的核心价值观，致力于让电力能源更安全、绿色、便捷、高效。多年来，正泰电器坚持创新驱动发展不动摇，营造鼓励创新、宽容失败的文化氛围，积极培育新技术、新业态、新模式。正泰电器智能制造项目实现全制程自动化生产，通过了国家工信部智能制造新模式应用项目验收，标志着正泰智能制造战略又向前迈进了一大步，对探索行业转型升级，发挥了重要的示范引领作用。正泰电器不断优化创新产品设计，持续提升产品质量和服务水平。泰极断路器获德国 IF设计奖、中国设计红星奖，《低压电器产品可靠性质量保证模式的构建与实践》荣获 2017 年度中国质量协会质量技术奖二等奖。为满足客户多元化需求，正泰电器优化生产布局，打造"过程全透明，质量可追溯"的光伏制造+互联网透明工厂，不仅可以个性化定制生产，还可以全程追溯。如何将光伏与生态治理、自然环境、精准扶贫有机融合，是正泰电器多年来积极探索的方向。从沙光、农光到滩涂项目，正泰积累了丰富的光伏+项目经验。通过"光伏+"农牧配套机械、光伏中药、光伏养殖、光伏蔬菜、光伏水稻等模式，将光伏电站与现代化农业有机融合，实现了立体化的农光互补。正泰电器也将持续推进光伏扶贫、光伏富民、光伏强村等的"造血式"

产业扶贫模式，助力脱贫攻坚。

战略方针：通过对关键风险与机遇、业务发展战略、法律法规、利益相关方需求与期望等关键因素的识别与评估，结合国家社会责任发展方向，在科学评估、深化研究与充分分析的基础上，以实现经济、环境、社会效益最大化，提升企业绩效水平为目标，制定了正泰电器社会责任战略方针、目标及战略实施路线（见表1）。

表1　正泰电器社会责任战略方针、目标及战略实施路线

领域	内容
CSR 管理机制	构建完善的企业社会责任管理体系，持续改进与提升社会责任绩效
消费者满意	加大产品研发力度，提供智能可靠、安全环保、经济适用的产品；完善技术服务与物流体系，提供高效、快捷、便利、满意的服务，不断提高顾客满意度
员工满意	尊重员工经济社会与文化权利，正确处理劳动关系，构建和谐、适宜、安全、健康的工作环境，关注员工职业发展与健康福利保障，实现企业与员工共同发展
节能环保	大力推进能源、环境管理体系建设，积极倡导绿色环保理念，加强环境保护，防止污染，推进能源和资源的可持续利用，加大环境信息公开力度
供应链 CSR 管理	完善供应商、经销商评价机制，积极影响供应链社会责任管理意识，推动合作伙伴社会责任管理绩效提升
公平运营	恪守商业道德，坚持诚信经营，倡导公平竞争，反对行贿受贿、反倾销反垄断，营造和谐商业环境
社会公益	积极回报社会，努力为所在地区的公益、教育和赈灾救助事业做出贡献，成为负责任的企业公民

实施路线：为实现企业社会责任战略目标，提升企业社会责任绩效，实现企业社会价值最大化，分步骤、分阶段推进企业社会责任系统化、日常化管理，正泰电器按"导入、践行、夯实、提升"四个阶段推进社会责任管理体系建设，实现体系成熟度从基线合规级、系统管理级到责任成熟度级的不断提升。

管理模式：基于公司愿景、使命、价值观及整体战略规划，建立社会责任管理"4I"模式，从识别（Identication）、融入（Integration）、监测（Indicators）及持续改进与创新（Improvement and Innovation）四个维度建设企业社会责任管理体系。

绩效监测与改进：根据社会责任实践议题及优先次序，结合利益相关

方期望与公司运营实践，正泰电器建立了社会责任监测指标体系，开展社会责任绩效监测、分析与改进，不断推进企业社会责任管理实践的持续改进与优化提升。

1. 以呵护之心履行环境责任

作为低压电器龙头企业以及可再生能源的倡导者和实践者，正泰电器始终秉承着"绿色、可持续"的发展理念，坚守严格的环境保护标准，积极履行社会责任，为行业树立环保标杆。正泰电器持续加大环保治理设施的投入，确保废水、废气及噪声排放指标大大优于国家排放标准。2018年，正泰电器除了严格要求遵守环境保护标准，还大力推动新能源应用，节能降耗，从源头控制污染物的产生。同时加大技术改进，优化能源资源利用效率，确保污染物持续稳定达标排放，积极保护企业及周边环境状况。正泰电器大力推行绿色办公、绿色出行、绿色生活，热心扶持社会环保公益事业，带动各利益相关方关注和重视工作环境及自然环境的保护。

（1）光伏扶贫，绿色全球。

目前，浙江正泰新能源开发有限公司（以下简称"正泰新能源"）辐射面较广，从工商业分布式光伏电站、大中型地面光伏电站、沙光互补光伏电站、农光互补光伏电站到居民分布式光伏电站等，均已涉及。不仅在国内，正泰新能源还紧跟"一带一路"倡议，业务拓至海外如泰国、西班牙、美国、保加利亚、印度、罗马尼亚、南非、日本等国家。近几年，正泰新能源顺应了政策导向和时代需求，推出了居民屋顶电站解决方案，在户用屋顶上采用光伏系统，意图将每个家庭打造成为"家庭绿色电站"。

作为精准扶贫的重要方式，近年来，正泰积极打造多种形式的"光伏+产业"扶贫模式，不仅让贫困户享受光伏发电带来的长期"阳光收益"，同时通过发展清洁能源，改善生态环境，助力"美丽中国"建设，渲染绿色全球。

第一，精准扶贫，渲染绿色。

绥滨县贫困村村级光伏扶贫工程：项目涉及连生乡长安村等17个村，共建立村级电站17个，项目总装机8.1兆瓦，每年可实现创收约670万元，每个村级创收增加约40万元。

龙游光伏发电强村项目："光伏强村"项目是为响应浙江省政府设定的三年之内消灭经济薄弱村目标而提出的一项创举，利用龙游当地公共建筑屋顶资源 7 万多平方米，年收益可达 600 多万元，至少为 80 个"空壳村"每年村均增收近 8 万元。

西安市光伏扶贫项目：西安市临潼区村级扶贫项目已建设完工，仁宗街办新建村级电站 7 座，装机容量 270.72 千瓦，主要帮扶贫困村为玉川村、庄王村、仁宗村、茨林村、房岩村、壕栗村。穆寨街办新建村级电站 9 座，装机容量 241.92 千瓦，主要帮扶贫困村为穆柯寨村、南坡村、三庙村、门岩村、西岳村、周沟村、骆岭村、杨南湾村、西王坡村。项目已于 2018 年 12 月全容量并网发电，共计总投资 354.5 万元，帮扶贫困人口 267 人。西安市鄠邑区村级扶贫项目建设 2 座村级电站，蒋村镇柳泉村装机容量 72.8 千瓦，森林旅游景区管理局紫峪村装机容量 72.8 千瓦，项目已于 2018 年 10 月全容量并网发电，共计总投资 145.6 万元，帮扶贫困人口 54 人。

弋阳县光伏扶贫项目：项目地为江西省上饶市弋阳县，项目总共包括 8 个联村电站，总装机容量为 3.6 兆瓦，总占地面积约 87334 平方米，预计首年发电量约为 3915930 度电。项目投入金额 2376 万元，帮助脱贫户数 2640 户。

第二，海外捐赠，传播绿色。

2018 年，以"中国制造"为荣的正泰电器，始终铭记自身责任，不断提升自我，以高品质的产品回报世界市场。

加纳首都阿克拉太阳能系统捐赠仪式：2018 年 12 月 6 日，"正泰，让爱闪耀"太阳能捐赠仪式在加纳首都阿克拉成功落下帷幕。此次捐赠的太阳能发电系统将为加纳工程学院每年节电约 13 兆瓦时，相当于减少近 13 吨二氧化碳排放量及 3.5 吨煤炭消耗量，并为该学院光伏及新能源课程提供重要教学参考。加纳工程学院院长 Kwabena Agyel Apyepong 出席捐赠仪式，并代表学院接受捐赠。自 2017 年起，正泰电器启动捐赠公益项目，持续为世界各地的学校、医院、福利机构等带来新的能源体验。此次加纳光伏捐赠，不仅为加纳展示了正泰绿色能源的先进技术、为学院提供了教学实例，也为加纳下一代绿色工程师的孵化和培养奠定了良好基础。

巴西太阳能系统捐赠仪式：2018 年，正泰电器在巴西成功举行了太阳能系统捐赠仪式，不仅为当地注入更多的绿色环保理念，更是为当地提供更多技术支持。对于此次太阳能系统捐赠，UNIFEBE 校长说道："此次捐赠的太阳能组件将为我们的地区发展提供极其重要的研究素材，不仅可以提供技术分享，还能够根据巴西的实际情况研究出一套具有针对性的解决方案。"另外，来自巴西国家工业培训服务联盟（SENAI）的 15 名学生也参加了此次捐赠仪式。SENAI 是由巴西工业联合会建立和运营的非营利性中等专业学校联盟。这些年轻的工程师对仪式印象深刻，纷纷表示希望"SENAI 和正泰共同创造更美好的未来"。在为期三天的展览期间，一个全新的正泰电器被大众所认知。来自巴西朗多尼亚州 Parceirao 公司的客户就惊喜于展会中了解的正泰电器的不同故事，并表示希望加深与正泰在巴西朗多尼亚州和阿克里州的合作。正如 UNIFEBE 校长所说："我们对'中国制造'一词充满信心。特别是正泰产品，因为它是一家有能力提供可再生能源全面解决方案的供应商。现在，'中国制造'对我们来说正是高品质的代名词。"

（2）节能减排，成效显著。

2018 年，正泰电器委托浙江中环检测科技股份有限公司对锅炉废气、厂界噪声、生活污水、工业废气等进行监测，检测结果均符合相关标准。其中锅炉废气达到 GB13271-2014《锅炉大气污染物排放标准》表 2 燃油锅炉限值；厂界噪声达到 GB12348-2008《工业企业厂界噪声排放标准》昼间标准；生活污水达到 GB8978-1996《污水综合排放标准》三级排放标准；工业废气达到 GB16297-1996《大气污染物综合排放标准》。2018 年公司全年无环境污染等事故发生。正泰电器对生活污水、厂界噪声、工业废气、固体废物、能源利用等实施了一系列优化措施，严格按照规定和程序进行环境影响评价，认真落实各项环境保护措施，加强环保设施等关键性设备的运行维护管理。

深化子公司管理工作，全面提升社会责任能力：正泰新能源作为正泰电器的一项重要产业，2018 年同步深入贯彻履行社会责任。为切实保护员工在安全的状态下工作，正泰新能源制定各类 EHS 管理制度 20 余项，包括《应急预案管理》《安全隐患和检查管理》《事件（故）报告和调查管理》等程序文件。由企管部门统一组织进行宣贯，各部门组织学习，确保各项规章制度、管理标准落地实施。

针对改善废水排放的制度、措施：正泰新能源制定发布了《废水排放管理》标准，按环评批复要求，为生产废水配置了废水处理站，并制定环保设施的各类管理制度及操作保养标准，加大运行检查力度，保证污水处理设施始终正常运行，确保达标纳管排放。严格实行雨污分流制度，对电池生产及电站运维过程中设备清洗产生的废水进行收集再排放，对于车辆/设备等产生的废油类废弃物（包括废柴油、机油、变压器油、冷却油、润滑油或脂等）均集中处理，防止流入水环境；同时加强生活污水管理，冲厕废水经化粪池处理、餐饮废水经隔油池处理后汇同其他生活污水一起纳入污水管网。正泰新能源公司设立废水排放监测制度，定期对排放废水实行监测，并加强了在电站建设及运维过程中的废水管控，2018 年对杭州工厂进行了停产搬迁改造，减少杭州工厂废水排放 96630 吨，并新投产的海宁工厂采用先进的生产工艺，优化工艺条件，减少单位产能水资源消耗量，降低了公司整体单位工业增加值水耗。

针对改善噪声排放的制度、措施：正泰新能源制定发布了《噪声排放管理》标准，2018 年海宁工厂建设中，在选用机器时，充分选用先进的低噪设备，从声源上减少设备本身噪声，通过合理布局，将高噪声工序生产点设置在车间中部，对空压机、冷冻机房等部位做了消声与隔音处理，并加强设备定期维护，确保良好运行状态，减少不正常运转的噪声。在光伏电站施工建设中合理安排施工时间，减少对周围的影响；尽量采用低噪声的施工设备和噪声低的施工方法；在建设区域增设挡板，且挡板上有空隙，增加吸音效果；设备/材料运输尽量在白天进行，控制车辆鸣笛。电站运维过程的噪声主要来源于设备运行，设备均设置在室内，项目场地设备较分散，且距离项目厂界，可得到有效的衰减。生产设备及构筑物的降噪、减噪以及隔音措施，主要措施为：水泵与基础之间安装弹性材料构成的隔振构件（减振垫、减振器等），连接处用软接头等减振措施；变压器、逆变器等设备与基础之间安装隔振构件；运营时应将变压器室的门、窗关闭好，产生的噪声对周围环境影响较小。在此基础上，项目产生的噪声对周围环境影响较小。

针对改善粉尘排放的制度、措施：生产过程中针对有粉尘产生的工序，设置喷淋除尘装置，对粉尘进行处理。在电站施工建设过程中，确保运输车辆完好，控制车辆装载高度，尽量采取遮盖、密闭措施，减少沿途抛撒；控制车辆行驶速度，避免由车辆行驶带来的大量扬尘；遇到基坑开挖时等作业，灰尘较大时对作业面适当地喷水，保持一定的湿度，减少扬尘量；施工过程中散落在路面上的泥土和建筑材料，及时清扫；进行灰尘较大的作业时，进行相应的区域隔离，缩小施工扬尘扩散范围。

针对改善废气排放的制度、措施：正泰新能源制定发布了《废气排放管理》标准，按环评批复要求，为电池生产配置了碱性废气处理系统、酸性废气处理系统、有机废气处理系统，并建立废气处理设施的操作保养标准，加大运行检查力度，保证废气处理设施始终正常运行。同时加强了无组织废气排放的管理，电站施工中加强扬尘管控，对生活配套的餐饮食堂油烟安装处理设施进行处理。正泰新能源公司建立污染物检测制度，定期对废气排放点位进行检测。2018 年对杭州工厂进行了停产搬迁改造，减少杭州工厂废气排放 66213 万立方米。

针对改善固体废弃物、危险废弃物的制度、措施：正泰新能源建有专门的危废暂存库、物品回收库和垃圾房，将危险固废与一般固废分开堆放，实施垃圾分类收集、分类处理。一般废弃物收集后出售给废品回收公司进行综合利用，生活垃圾由杭州滨江环卫清洁有限公司进行统一清运处理。其中公司生产过程中液体类原料的废包装容器由原材料供应商进行回收利用，生产过程中产生的碎硅片、不良硅片由硅片回收公司进行循环回收利用。正泰新能源制定发布了《危险废弃物管理》标准，生产或活动中产生的危险废弃物，按规定进行分类收集，分类暂存于危险废弃物仓库，严格执行"五联单"制度，定期委托有危险废弃物处置资质的单位定期进行危险废弃物的合规处置。在电站施工建设中对建筑垃圾进行分类管理，根据需要增设建筑垃圾防治场地与设施；签订垃圾清运协议，定期进行垃圾清运；列出项目可回收利用的废弃物，提高回收利用量；现场产生的废弃物（除建筑垃圾外的包装物/废弃的材料）等废弃物定点收集并处理。环保项目完成情况及应急预案：2018 年正泰新能源杭州工厂停产情况已报备政府相关部门，配套环保设备设施停用拆除取得当地环保局批复。海宁工厂组件制造项目完成环保竣工验收，1200 兆瓦光伏晶硅电池制造项目取得环评批复，并建设了配套的废水废气处理设备设施，目前已投入运行。

正泰新能源制定有《环境突发事件应急预案》《危化品泄漏应急预案》《特气泄漏应急预案》和《园区大面积停电应急预案》等针对公司可能发生的突发事件编制的预案。公司按照导则要求编制的环境突发事件应急预案，通过了专家评审，在相关环保部门进行了备案。根据预案内容，每年根据制定的演练方案进行演练。

质量技术监督检测符合排放标准情况：正泰新能源在生产建设过程中加强污染物的排放管理，建立健全环保设施的各类管理制度及操作保养标准，保证污染防治设施的正常运行，2018 年环保设施改造费用投入 2080 万元，运行投入 2384 万元，共计投入 4464 万元，各项污染物均符合当地排放标准要求。

环保意识深入"民"心：在持续改善清洁生产、环保建设的同时，正泰电器积极支持社会环保公益事业，大力倡导环境保护，并带动各利益相关方共同关注环境的保护。

2. 以感恩之心履行社会责任

（1）合法经营，依法纳税。

正泰电器合法经营、依法纳税，以实现企业和地方经济可持续发展为经营目标，秉承合法经营、依法纳税的经营理念，严格遵守税收法律法规，切实履行企业公民依法纳税的责任和义务。公司多次受到地方政府相关部门的表彰，连续多年被税务部门评为"A"级纳税信用等级。

（2）乐于奉献，积极参与公益事业。

2018年，正泰电器继续主动承担社会责任，做好企业公民，以极大的热情投入公益事业当中去，以自身行动支持公益事业，造福社会，为建设和谐美好社会做出应有的贡献。

第一，纳新活动奉献他人，传播志愿服务精神。志愿者协会逐渐壮大，为协会工作的有效开展提供了强有力的保障，同时也为诸多乐于奉献的员工们提供一个展现自我的平台。2014~2018年正泰电器志愿者活动情况如表2所示。

表2　2018年正泰电器志愿者活动情况

年份	2018	2017	2016	2015	2014
员工志愿者人次	869	852	785	780	750
志愿者活动次数	6	7	6	4	5

第二，积极参加志愿服务。2018年，正泰电器组织志愿者在正泰高科技园区、仪表园区、工控智能园区、滨海园区开展"传承雷锋精神，构建美丽正泰"环保活动，此次活动，活动面广，参与人数多，积极传递正能量；积极组织正泰电器41名志愿者为职工子女夏令提供为期6天的志愿服务。此外，正泰电器志愿者协会还开展了学雷锋等活动。

第三，为夏令营志愿者提供支持。暑假期间，正泰电器工会开展了职工子女暑期夏令营活动，志愿者协会知悉后，冒着酷暑，第一时间投入《正泰暑期夏令营》的义务活动中去，解决了活动期间职工子女中午就餐的所有支持服务工作，充分发扬志愿者协会的会员们无私奉献的高尚品德。

第四，热情付出，精彩呈现。"六一"儿童节、教师节慰问周边及滨海开发区小学、幼儿园。为响应乐清市委市政府号召，正泰电器组织 243 名职工参加乐清市无偿献血工作，共计献血量达 74900 毫升，发放献血补贴近 8 万元。

第五，基层公益，细致入微。2018 年，各基层单位工会开展各种形式的技能比武活动，在全体职工中掀起学习工匠精神、争做技术能手的热潮，终端电器制造部等部门累计开展 85 项技能比武，参与人数达 8921 人。在公司"安全月"期间，开展安全月系列活动，共评选出 1 个安全建设先进单位，1 个安全建设优秀单位，3 个安全建设先进班组，"安全、环保"知识竞赛评选出 6 个团体奖、11 个个人奖，并评选最佳 EHS 管理员 2 名。

第六，正泰公益基金会。2009 年以来，从"正泰科技奖"到"正泰创新奖"，从"杜斌丞奖学金"到"温州中学新疆部正泰品学奖"，正泰公益基金会前行的脚步就未曾停歇过。无论是奖励科技创新和进步，还是捐资修路及扶贫助学，随处可见正泰公益基金会的身影，其 2018 年支出情况见表 3。

表 3　2018 年正泰公益基金会支出

类别	内容	金额（万元）
文教事业	向浙江省杭州市第四中学养正教育基金会提供资助款	100.00
	向西安交通大学教育基金会提供奖学金	30.00
	向温州医科大学教育基金会提供奖学金	20.00
	向浙江财经大学教育基金会提供奖学金	30.00
	向"正泰—杜斌丞奖学金"提供奖学金	15.00
	向温州大学教育发展基金会提供奖学金	3.00
	向贫困学生提供资助款	0.50
行业发展、科技创新	向光彩事业怒江行、南疆行提供资助款	100.00
	"电工行业—正泰科技奖"	27.00
	"电工行业—正泰创新奖"	36.00
	向中国红丝带基金提供资助款	40.00

续表

类别	内容	金额（万元）
其他	"丛善桥"项目	410.00
	向温州南怀瑾人文公益基金会提供资助款	210.00
	向南极环保倡议系列活动提供资助款	10.00
	向郑作良艺术展提供资助款	7.00
	资助拍摄铁路宣传片	3.00
	资助中华工商时报贵州记者站20周年庆	3.00
	资助壤塘县孤儿扶持计划基金	2.00
	向乐清市慈善总会提供资助款	200.00
	向中国光彩事业基金会提供资助款	100.00
合计		1346.50

第七，"正泰品学奖"助力培养优秀学生。2018年，正泰电器积极开展校企合作项目，先后于6月、9月、12月参加温州中学新疆部、温州医科大学、浙江财经大学等院校正泰品学奖活动。正泰电器一直以来都重视关注公益教育和青少年成长，并捐赠210万元设立"正泰品学奖"支持教育事业发展，旨在奖励品学兼优的学生，为学生的成长成才起到了良好的引领和示范作用。

第八，村企帮扶，助力社会平衡发展。2018年，正泰电器公司党委先后与乐清市较为薄弱的硐桥村、秦垟北村、高余村等开展村企结对，产业帮扶。其中，公司党委指导帮助秦垟北村红嘴毛芋项目获得温州、乐清市委组织部的好评。

第九，正泰SUNLIGHT在异国他乡举行"为心而动"公益跑。2018年12月16日，"为心而动"公益跑在胡志明市青瓷城举行。正泰SUNLIGHT越南公司领导及同事积极参与此次活动，并捐款1.37亿越南盾。以"你我心相连，生活更美好"为主题，本次"为心而动"公益跑共吸引约1.5万名参与者，其中包括越南知名艺术家。活动为"心跳基金"筹得超50亿越南盾的资金。该笔捐款资金将被用于资助越南180多名先天性心脏病儿童的外科手术治疗。"为心而动"作为"为慈善而跑"年度公益活动，是由越南心跳基金会和Gamuda Land联合发起，旨在为越南患有先天性心脏病的贫困儿童筹集善款，为他们带来光明的未来。同时也希望借助这项体育活动，增强全民健康意识，促进社会相互关爱，努力营造健康文明的生活环境。

2013～2018 年，正泰电器为"慈善而跑"公益活动共筹集了超过 230 亿越南盾，先后帮助了 890 多名患病儿童进行心脏手术，让孩子们能够在阳光下尽情奔跑享受健康生活，还他们一个应有的美好未来。

 资料来源

[1] 正泰电器官网，http：//www. chint. net/zh/.

[2] 正泰电器社会责任工作报告 [EB/OL]. 网易财经，http：//quotes. money. 163. com/f10/ggmx_601877_5269957. html.

[3] 正泰电器：建立有效的管理人才培养模式 [J]. 董事会，2019（Z1）.

 案例思考题

1. 正泰电器在企业社会责任方面主要做了哪些工作？

2. 从正泰电器的案例中总结履行社会责任对企业发展起到哪些推动作用？

3. 设立企业公益基金有什么好处？

4. 正泰电器在履行社会责任方面有哪些特点？

5. 培养员工的志愿精神对企业发展有哪些好处？

6. 相比较目前一些企业为了经济发展以牺牲环境为代价的做法，正泰电器的态度是怎样的？

7. 正泰电器在履行社会责任中巧妙结合了企业优势，把自己的产品运用到扶贫环保中，这一做法对企业发展有什么影响？

8. 从正泰电器履行社会责任的做法中可以得到什么启示？

第十一篇
华数传媒：全网传播正能量

 案例导读

　　本案例介绍了华数传媒在承担企业社会责任方面的做法。华数传媒作为华数数字电视传媒集团有限公司旗下专业从事数字电视网络运营与新媒发展的运营企业，已发展成为中国规模最大、最具创新能力、最具核心竞争力的大型国有文化传媒企业之一。该公司在企业社会责任方面的成功经验有：依法经营、承担公民责任、履行公民义务、贯彻环境保护理念、诚信经营、求同存异、协作发展等。

（一）公司简介

　　华数传媒控股股份有限公司（以下简称"华数传媒"）成立于1999年。成立以来，华数传媒始终坚持改革创新，先后完成了从地方广电传输单位向区域性广电运营商的"一级跳"、从传统广电运营商到全国新媒体运营商的"二级跳"。特别是近年来，深入学习贯彻习近平总书记关于宣传思想文化工作和广播电视工作的重要指示精神，不断推动自身变革，加快发展智慧广播电视和数字经济，为广播电视创新发展、美好生活需要、智慧城市建设赋能，走在智慧广播电视创新发展的第一阵营，努力实现"三级跳"。

　　当前，华数传媒正在全面实施新一轮发展战略，围绕网络智能化、业务融合化、产业生态化三大方向，依托大数据、云计算、5G网络、区块链、物联网、人工智能等新技术应用，加快向智慧广电综合运营商和数字经济服务提供商转型，努力发展成为中国智慧广电标杆企业和浙江文化传媒骨干企业，争当广电网络传输的主渠道、宣传思想文化的主阵地、数字经济发展的主力军，力争成为领先的数字化社会赋能者。

作为华数数字电视传媒集团有限公司（以下简称"华数集团"）旗下专业从事数字电视网络运营与新传媒发展的运营企业，华数传媒主营业务包括杭州地区的有线电视网络与宽带运营以及面向全国的互动电视、互联网电视、手机电视与互联网视听等新媒体、新业态业务，拥有全面的运营牌照或许可授权，服务覆盖全国 29 个省近百个城市的有线网络以及三大通信运营商与上亿互联网电视用户。

2012 年 10 月，作为文化体制改革典型企业，华数传媒通过借壳 ST 嘉瑞登陆深圳主板（股票代码：000156）。自上市后，基于良好的经营业绩及增长潜力，公司入选深交所精选指数、深证成份股指数等多项指数，并连续多年入选世界媒体 500 强，是目前全国领先的互动电视、手机电视、互联网电视等综合数字化内容的运营商和综合服务提供商之一。

华数传媒坚持"体制创新与产业创新相结合""文化与科技相结合""产业与资本相结合"的发展思路，紧抓我国"三网融合"快速推进、文化和信息消费快速增长的历史性机遇，在"新网络+应用""新媒体+内容""大数据+开发"三大战略框架下，全面建设"智慧化新网络""服务化新媒体"和"数据化新平台"，发展成为中国规模最大、最具创新能力、最具核心竞争力的大型国有文化传媒企业。

华数传媒入选世界媒体实验室（World Media Lab）独家编制的 2014 年度（第二届）《世界媒体 500 强》排行榜，获第 331 名；荣获每日经济新闻举办的"2014 年中国上市公司口碑榜——最佳内部治理"奖项；在第二届中国网络视听大会上，"华数云宽带"获得"2014 网络视听创新案例"大奖；2015 年，在第十一届中国（深圳）国际文化产业博览交易会组委会上，荣获"优秀展示奖"；2016 年，被中共杭州市委创建"平安杭州"领导小组授予"2015 年度市级'平安示范单位'"荣誉称号。

（二）企业社会责任实践

华数传媒崇尚阳光的组织文化，树立并践行着企业的社会责任观，追求自身与社会发展的结合点，取之社会、回馈社会。华数传媒形成了一整套企业社会责任的理念。企业公民责任：依法经营，承担公民责任，履行公民义务。社会责任理念：经济效益与社会效益协同发展，为我国文化大发展大繁荣贡献力量。企业经营理念：诚信经营、求同存异、协作发展。服务用户理念：用心服务，为亿万华数传媒用户创造高品质的服务。环境保护理念：绿色经营、爱护环境、身体力行、呵护蓝天碧水家园。

1. 与各合作伙伴开展良好合作

（1）与华为签署战略合作协议。

2017年5月10日，华数传媒全资子公司华数传媒网络与华为签署了《战略合作协议》。在"三网融合"的大背景下，依托华数传媒在综合数字化内容运营与综合服务领域的积累以及华为在信息与通信领域强大的研发和综合技术能力，双方协议共同推进智慧城市与宽带广电融合一体化建设，共同打造"物联网+"产业生态，助力产业结构转型升级。

（2）与佳创视讯就VR业务达成合作。

2017年6月30日，华数传媒网络与佳创视讯签署了《共同创新试播虚拟现实业务的合作协议》，华数传媒与佳创视讯基于双方各自优势，签署试播虚拟现实业务的合作协议，充分利用广电网络高带宽传输和稳定性等优势以及佳创视讯在虚拟现实相关的技术研发与内容制作成果，共同开展"虚拟现实+广播电视"（即"VR+广电"）的产业化运营合作，联手建设国际领先的广播电视虚拟现实播控云平台及终端业务呈现系统。

（3）与中国财富传媒集团战略合作。

2017年11月14日，华数传媒与财富传媒集团结成长期的战略合作伙伴关系。双方将依托财富传媒集团在内容上的专业优势以及华数传媒在综合数字化内容运营与综合服务领域的技术及渠道服务优势，从节目培育开始，拓展市场力量，谋求战略合作，致力于共同打造一流的专业财经音视频节目。

2. 注重用户服务

华数传媒客服体系涵盖呼叫热线、营业厅、安装维护三大团队，24小时全年无休为用户提供优质服务。实行"协议公平、和谐消费、融合业务'一站式'服务、个性化便民服务、体验式服务、24小时玲听全方位响应、准时安装、智能派单准时安装"八项用户承诺。2017年服务人员充分发扬吃苦耐劳、精益求精、团结协作精神，不仅圆满完成十九大服务保障工作，也出色完成其他各项服务考核指标任务。在助力"最多跑一次"改革上，公司发挥自身优势，积极探索"四屏合一"的便民服务模式，以"华数政务"服务平台统一对接乡镇（街道）"四个平台"，从平台上解决便民服务"最后一公里"难题。

（1）构建多元化的产品结构，提供全方位的专业服务。

第一，本网业务板块。

精细化服务：网格化管理和精细化服务，华数传媒通过网格化点对点运营管理，实现7×24小时电视服务客服保障，上门服务等为客户提供专业的咨询与帮助。

推进融合媒体战略：加强融合业务布局，优化宽带服务品质，包括对无线、跨屏产品的开发及投入，形成无线、有线，宽带和数字电视一体的融合套餐服务。

持续技术创新：4K机顶盒正式上线，与TCL合作的电视一体机正式对外销售。目前已与多家电视机厂商达成洽谈合作，将上线更多终端品牌机型。

第二，互动电视板块。

推出4K家庭版产品：作为广播电视行业领军者，华数传媒实现了互动电视平台的快速升级换代，从标清到全高清，再到4K，华数传媒再次颠覆了用户的视听感受，令中国广电行业的4K极清时代全面来临。

爱爸妈专区：为中老年人量身定制了七大内容板块，涵盖经典影视、热播家庭剧、曲艺相声、民生新闻、健康保健、历史军事等多种类型的节目内容。未来，华数传媒还将继续想用户之所想，为中老年人推出更多个性化、多元化的服务。

非凡高清产品线升级改版：华数传媒互动电视高清门户首页改版升级全力打造一场别开生面的酷爽视觉体验，增强用户在页面上的空间感和定位能力，对点播类栏目进行了重新梳理。同时根据栏目受欢迎程度，强化了优质栏目的排位，增加新栏目。

推出移动跨屏应用：为配合用户从大屏电视端向移动终端迁移的使用行为，在安卓平台和苹果平台推出移动视频直播、点播应用"华数视频"。多套终端享用，广播级流畅、稳定、高清的电视直播、点播体验相对于互联网公网应用形成强大的技术优势，增强了用户体验。

引入沙发院线、芒果TV、鼎级剧场：新增合作伙伴沙发院线专区，丰富华语院线电影，为用户带来更多优质影片；新增合作伙伴芒果TV专区，最新热播综艺节目和国产优质电视剧一手掌握；新增合作伙伴鼎级剧场专区，增加大量最新美剧。

推出健身频道：健身频道学习其他健身应用，开发用户激励功能，引入大量品牌内容，为用户做好居家健身的教练、陪伴和激励，为加强全民健身做出贡献。

推出全新电竞产品：电子竞技日益走向社会主流，互动电视顺势推出全新的"电竞吧"满足用户收视需求，内容包含电子竞技周边的各种视频，电竞明星与团队的专题节目等。

第三，互联网电视板块。互联网电视业务继续保持全国领先地位，终端用户规模超过1亿，激活点播用户超过8000万。华数传媒作为互联网电视播控牌照方，严格按照国家有关政策要求，积极推动互联网电视产品稳固、安全、绿色健康发展。华数传媒牢固树立互联网电视播控平台职责，对于互联网电视平台上影视内容版权、内容安全、计费管理、用户鉴权、用户管理等方面管控，切实做到可管可控。同时积极启动一体两翼战略，以一个平台为中心，辅以内容和用户，与内容和用户相辅相成，促进用户付费行为的产生，固化用户付费意识和习惯，将用户流量行为转化为可运营收入，从而建立新的收入增长点。2017年，"线上"进一步引进飞狐、优酷、乐视体育、咪咕影院、网易云音乐等品牌专区。同时"线下"活动配合"线上"齐发力，线上活动包括PGC校园短视频大赛、华数VIP金秋限时购（大屏）、国庆节超级VIP大返利（小屏）活动等，服务8000万点播用户；线下活动如索尼&华数mega shop电视体验会、索尼粉丝节、重温经典泰剧/赢泰国5日游。公司未来将继续深入拓展互联网电视公专网市场，一方面继续为国内外知名电视机制造商的互联网电视一体机提供牌照播控和内容集成服务，另一方面和天猫魔盒等众多互联网电视机顶盒厂商建立紧密战略合作关系，同时也和运营商建立合作关系，保证华数传媒市场占有率达到第一阵营，处于市场的领先地位。

第四，华数TV网。作为华数传媒三屏融合的主阵地，华数TV网以电视直播、媒体精品栏目为主打，兼具高品质影视剧和各类优秀视频短片，为手机、数字电视、PAD、互联网电视、终端一体机等平台提供全方位业务支撑。2017年，网站积极布局，顺利完成视频站点和移动APP的聚合转型，全站高清化，影视剧全面覆盖1080P，正式推出华数VR客户端，打造精品VR内容库。截至2017年，华数传媒日均单页阅率（PV）4000万，日均独立访客（UV）1200 万，月度覆盖用户过亿，同时成为全国前十、浙江第一的全国性、综合性视频网站。集直播、点播、免费、付费于一体，拥有丰富的直播资源，24 个热门频道，满足不同用户需求。

2017 年华数 TV 网取得了如下骄人成绩：一是累计接入 2 万条点播视频，54 场直播活动，上线 5 个合作专区，覆盖电视剧、动漫、综艺、娱乐、体育等多个频道；二是全年跟进报道话题热点，如天津滨海新区爆炸，人机大战：李世石 vs. 阿尔法狗；三是制作大型专题：全国两会、纪念红军长征胜利 80 周年、欧洲杯球迷盛宴、里约奥运会、第三届乌镇世界互联网大会、党的十九大报道等。

第五，华数手机端产品（视频移动客户端/手机电视）。手机端产品累计激活用户达 5600 万，累积付费用户达 1600 万。作为全国首个通过广电总局验收并正式商用的手机电视集成播控平台，汇聚全网海量节目内容，与IOS、Android 各智能系统完美适配。专网业务覆盖大三通信运营商、集团客户、广电运营商等，目前业务区域已拓展到全国 20 多个省（市）。2017 年，在业内率先完成自有合作产品的 H.265 全覆盖，并推出华数手机电视 5.0产品，新增智能推荐、高清全 H.265、VR 播放，具备高清投屏、离线缓存等功能。

（2）加强网络安全建设，强调服务规范。

第一，网络安全建设。建立健全相关工作机制，对重点单位、重要机房严格执行巡检维护，开展全范围的网络安全检查，执行值班机制，及时汇报突发事件。

第二，宽带接入服务专项整治工作。根据浙江省通信管理局对服务质量的要求，对营业环境、市场资费公示情况，以及是否严格落实《互联网接入服务规范》等服务内容开展自查自纠。重点对服务协议内容完整性、服务协议订立操作规范性、协议保存保管有效性等问题加强审查和管理。全面规范市场推广和服务宣传行为，规范营业代理网点等渠道的销售行为，切实履行资费方案告知和公示义务。同时在各企业之间开展交叉检查，互相学习，总结完善。

第三，通过技能竞赛提升服务水平。为提高一线网格员工专业服务技能，提升整体市场作战能力，开展以团队竞赛促网格运营比赛。通过发挥在网用户规模优势、团队完整优势、区域空间增量优势，做好基础用户保有和新用户增量两大工作。结合"掌上营销系统"APP，实现营维人员、营业厅人员入门。随着网格化进程的深入，通过这次竞赛，一线网格人员专业服务技能的要求逐渐提高，从产品基础知识、装营维一体化技能到用户满意度方方面面都经得起用户和市场的考验。

（3）依托智慧化新网络，助力"最多跑一次"。

第一，搭建"最多跑一次"平台。"最多跑一次"改革作为浙江省全面深化改革的"牛鼻子"，从老百姓最渴望解决、最难办的事情上寻求突破，真正实现"让数据多跑路、群众少跑腿甚至不跑腿"。华数传媒以"看华数互动电视，咨询服务不用跑"为主题，在门户首页推荐位和杭州生活首页图片位同步推广。专题设置 6 个栏目，分别是不动产权、商事登记、社会事务、市民卡、投资项目、医保养老，让老百姓可以通过互动电视方便地查询各事项相关的办事信息，并对办事流程、办事效率等进行监督。

第二，营业厅实现"一证通办"。按照省委、省政府的"最多跑一次"工作部署，营业中心积极推进"最多跑一次"改革工作，精简材料、简化流程。为实现让数据多跑群众少跑，营业中心与数据管理局对接，目前 17 项公民个人公共服务事项已实现"一证通办"，用户产权信息、特困证、残疾证等信息均可通过数据共享平台查询，并在城区各营业厅推广使用。为实现群众办事"简化办、网上办、就近办"，营业中心还对 17 项服务事项编制"办理指南"，并在浙江政务服务网上发布。

第三，客服热线助力业务办理。客服热线在助力"最多跑一次"方面，根据数字电视 TV 线上产品推广情况，以及用户来电需求，增加热线"在线订购/退订"受理范围，由坐席代表为用户进行产品优势和功能的贴心介绍，并及时进行用户挽留和退订原因关注。一方面可给用户提供订购/退订双捷的受理渠道，另一方面可及时将用户退订原因及时进行分析与反馈。同时为提高用户满意度，在线上已开通预受理"暂停恢复""产品订购"的工作流程，预受理一个月内用户的预约，可省去用户再来电麻烦，并在开通时为用户提供短信提醒通知。

第四，终端创新实现"服务到家"。华数传媒致力于加快智能终端和智能网络建设、深化大数据创新应用，全方位助力智慧城市建设和城市治理工作。大江东华数在现有个人电脑（PC）平台基础上建设政务服务一体机系统和数字电视系统，实现"办事流程预知晓""办事进度随时查""重点工作及时知"三个核心功能。同步推出的"政务服务一体机"实现了自助办理各项行政审批业务，"一屏查询""终端办理""一窗受理""一网通办"等形成了全媒体、多方位、立体化的平台覆盖，为人民群众带来更多便利。

3. 公益事业与环境保护，深入推进助困，党支部率先垂范

（1）公益、捐赠，华数人一个不少。

2016年，华数传媒下属党支部积极响应政府号召，根据公司实际情况开展精准扶贫工作，将社会公益融入企业日常生活中。

2016年8月，华数传媒启动水果义卖活动，面向全体员工，同时辅以捐款捐物。以全员邮件、钉钉推送等的方式进行宣传，先后进行了美人指葡萄和冬枣义卖，有近百人次参与。

2016年10月，华数传媒活动小组利用互联网平台，在轻松筹上发起历时一个月的爱心筹款项目，在党组织的帮助下，号召近500人参与，共筹得善款15356元，第一时间全部捐献给受捐赠机构。

2016年活动小组在古荡园区还组织了本年度第三次活动——实物义卖，员工积极参与到活动中，义卖物品从生活用品榨汁机、电饭煲，到休闲娱乐设备VR眼镜、踏步机，到儿童类益智书籍、涂色绘本、儿童画作、摄影作品等。

（2）"助学新疆"爱心帮扶，接力未来。

扶贫济困、崇德向善，乐善好施、助人为乐是中华民族的优良传统美德，也是华数传媒的共同社会责任。华数传媒的广大员工除了努力在业务、产品上寻求创新突破，还在日常工作生活中践行企业的社会责任。

2015年3月起，华数传媒业务体系积极响应公司发起的"助学新疆"资助项目，资助新疆塔城地区第一高级中学高一（13）班学生陈玲玲。陈玲玲同学的父母早年离异，她一直跟随母亲生活，家境贫寒。2014年，其母亲因病去世，姐姐在东北林业大学读研，每月仅300元低保补助金，生活非常艰难。华数传媒业务体系相关同事得知后，发动超过220人参与爱心活动，2015年3月至2017年3月，共汇款10614.83元，提供每月400元的助学金以帮助她顺利完成学业。

此外，华数传媒新疆办事处的员工在2016年累计为参与新疆助学计划的孩子们提供了170个书包。华数人相信这援助的火种能够在全社会中永远走下去，能有更多的人加入爱心志愿者的行列中，能让更多的孩子们感受到社会的关爱，获得前进的力量。

（3）"行动"汇聚千人力，"春风"送暖入心间。

自杭州市举行"春风行动"计划以来，为倡导"我为人人，人人为我"的社会风尚，激励社会各界人士积极参与"春风行动"捐款献爱心，华数传媒积极响应，带头行动，"春风行动"帮扶救助对象从在职特困职工扩大到了城乡低保家庭、残疾人家庭、边缘困难家庭、低收入农户和外来务工人员，实现了帮扶对象全覆盖；帮扶救助内容从春节一次性救助慰问拓展到了春送岗位、夏送清凉、秋送助学、冬送温暖，实现了"春风常驻"。2017年，华数传媒公司上下共2377人参与捐款，共计款数143639元。

（4）与"天使"的约会。

2017年6月14日，华数传媒大众客户中心总经理刘玉携部门员工代表来到了一所特殊的学校——杭州聋人学校，赴一场"天使"之约。本次公益活动大众客户中心从策划到筹备再到最终执行可以说是做足了"功课"。在物资筹备方面，不同年龄段的畅销书籍和学习用品、实用性极强的生活用品等，每一份都倾注了大众客户中心员工们的心血；在情感关怀方面，在活动开展前期，考虑到学校的特殊性，部门多次与校方进行电话沟通，细致地了解聋哑儿童的性格特点、日常喜好、敏感话题等，为本次公益活动的开展做好充分的准备，奉献自己的一分力量。

（5）举办公益活动，传递欢乐、传递健康。

2017年11月，华数传媒和中国邮政集团杭州市分公司共同主办的2017"邮政杯—华数最牛广场舞"，目的就在于将全民娱乐的精神传递给每一个人，让大家越舞越健康，越舞越快乐。为了最大程度调动大家参与的积极性，华数传媒还为参赛者准备了丰厚的奖品，除了累计高达50万元的舞蹈梦想基金，获奖选手还可以享受华数互动电视免费赠送的点播套餐服务和各种精美礼品。

（6）做低碳环保的第三产业，落实节能减排责任。

华数传媒主营业务为新媒体业务以及有线电视网络业务，属于国家积极鼓励发展的低碳环保的第三产业，绿色GDP贡献力量。公司在不断壮大自身生产经营的同时，扩展第三产业的广度和深度，激发产业链上下游衍生出更多低碳环保的企业。

按照国家有关环境保护与资源节约的规定，结合公司实际情况，华数传媒不断建立完善的ISO14001环境管理体系，认真落实节能减排责任，积极开发和使用节能产品，发展循环经济，降低污染物排放，提高资源综合利用效率。同时制定了《公司报废资产处置管理办法》《安全生产管理条例》《社会责任管理规则》等内控管理制度，以文件的形式规范企业的生产全过程，固化环境管理流程。在公司整体搬迁白马湖园区之前，委托"中国合格评定国家认可委员会"（CNAS）批准的专业机构对包括华数数字电视产业园内的空气质量、环境质量等在内的多项指标进行全方位评定，并采用民用工程室内环境污染控制规范（GB50325-2012）综合治理，达到国家验收合格标准。

在废物处理方面，公司重视生态保护，不断改进工艺流程，降低能耗和污染物排放水平，实现清洁生产。对废气、废水、废渣的综合治理，建立废料回收和循环利用制度。重视国家产业结构相关政策，加快高新技术开发和传统产业改造，切实转变发展方式，实现低投入、低消耗、低排放和高效率。

（7）倡导节约型企业理念，绿色经营、绿色办公。

爱护环境、呵护我们共同生存的蓝天碧水家园，是每一位华数人达成的一致理念。华数传媒已经将环境保护、建立节约型企业理念等工作融入日常经营管理中，其具体践行如下：

- 绿化公司周边区域，积极开展园区内环境美化工作；
- 倡导绿色办公，推广使用视频会议系统，普及 OA 办公软件；
- 各部门积极推广节能降耗习惯，减少水、电、气等资源消耗；
- 绿色采购，公司招标文件规定，所投标产品应符合国家绿色环保节能要求；
- 低碳出行，公司鼓励员工上下班乘坐公司统一班车，减少私家车的使用。

（8）发挥传媒企业得天独厚优势，积极传递环保"正能量"。

作为传媒行业的一员，舆论的传递者、引导者，华数传媒拥有数千万的有线电视用户以及数以亿计面向全国的新媒体用户，拥有强大的传播渠道优势以及用户优势。华数传媒积极通过媒体广告、有线网络开机广告、电视剧拍摄等形式，不断宣传、贯彻国家环境保护法规政策，倡导环保低碳生活。

2018 年，华数传媒在习近平新时代中国特色社会主义理论指导下，认真学习贯彻党的十九大精神，在华数集团战略指导下，积极推进"智慧化新网络+服务化新媒体+数据化新平台"建设，坚持以创新为核心、社会效益与经济效益协同统一的原则，顺应用户消费升级需求，实现网络和媒体行业的供给侧结构性改革，为广大用户提供更丰富的视听体验、更优质的智慧生活，确保全面完成公司各项经营指标与工作任务。

资料来源

［1］华数传媒官网，https：//www.wasu.com.cn/.

［2］张凯红.智慧创新城市管理　华数助力政府打造智慧城管"杭州模式"［J］.信息化建设，2017（2）.

案例思考题

1. 华数传媒在企业社会责任方面给我们什么启示?
2. 华数传媒履行社会责任的具体做法有哪些?
3. 华数传媒为何能有今天的成就?
4. 承担企业社会责任在华数集团发展中发挥着什么样的作用?
5. 华数传媒履行企业社会责任的做法适用于所有公司吗?
6. 华数传媒为何能在众多企业中脱颖而出，荣获许多荣誉称号?
7. 华数传媒是如何推动可持续发展的，具体说一说。
8. 结合案例，说说企业为什么要承担社会责任。

第十二篇
巨化股份：浙南地域好福报

 案例导读

　　本案例介绍了巨化股份在履行企业社会责任方面的具体做法。巨化集团公司创建于 1958 年，经过 50 多年的发展，已成为体系完善的优秀企业，现为国有特大型企业、全国最大的氟化工基地和浙江省最大的化工基地。该企业在企业社会责任方面的成功经验有促进环境保护、推动节能减排、与环境和谐发展、维护利益相关者权益、积极承担社会责任等。

（一）公司简介

　　巨化集团有限公司创建于 1958 年 5 月，1992 年经原国家经济贸易委员会批准组建企业集团，1997 年经国务院批准列入全国 120 家试点企业集团，1998 年 3 月被确定为浙江省首批国有资产授权经营单位。1998 年 6 月巨化集团公司独家发起设立的浙江巨化股份有限公司（以下简称"巨化股份"）股票在上海证券交易所上市交易（股票代码：600160）。

　　巨化股份经过 50 多年的发展，现有在岗员工 1.6 万人，下设 40 多个分子公司和控股参股公司，占地 7.3 平方公里，建有 100 多套主要装置，以生产氟化学制品和基本化工原料为主，兼有高分子材料、化肥农药、化学医药、化学矿山、建筑材料、化工机械、电力能源等 17 大类 200 多种产品。形成了以氟化工为龙头，氯碱化工和煤化工为基础，精细化工、合成材料、技术服务为高新技术突破口的化工产业链。公司拥有铁路专用线、自备热电厂，通信、供水、环保等公用设施完善。

　　2008 年巨化股份实现全部业务收入 103.61 亿元，首次突破 100 亿元；

在 2008 中国企业 500 强中，巨化股份居第 495 位；在世界品牌实验室 2007 年《中国 500 最具价值品牌》中，巨化集团有限公司居第 100 位。

巨化股份决策中心在浙江省杭州市，生产基地位于浙江省衢州市，在上海、北京、深圳、香港、温州、宁波、厦门等设有分支机构，与国外 200 余家商社和公司建立贸易业务关系。公司拥有国家级企业技术中心，建有企业博士后工作站，是"国家氟材料工程技术研究中心""浙江巨化中俄科技合作园"的依托单位。现为国有特大型企业、全国最大的氟化工基地和浙江省最大的化工基地。

2007 年，巨化股份被评为"最具社会责任感企业"；2009 年，被评为"中国石油和化学工业企业文化建设示范单位"；2013 年，巨化股份公司电化厂被中国能源化学工会全国委员会授予"全国能源化学系统五一劳动奖状"。

（二）企业社会责任实践

1. 责任管理

巨化股份制定了符合可持续发展要求的战略目标，并不断完善责任管理体系，有效管理在运营过程中对利益相关方的影响，追求企业、社会和环境综合价值最大化。

（1）社会责任观。

"敬天爱人"作为公司的文化内核在公司得到普遍认同，公司员工将其当作不断进步的目标和追求，通过自己的努力不断地创新和实践，推动公司和社会的可持续发展进程。

（2）责任战略。

机遇：世界经济将延续温和复苏和缓慢增长态势，经济形势总体在波动中向上发展。从中长期看，中国经济形势依然向好，有望在保持基本平稳中持续增长。从行业形势看，氟化工产品和材料广泛应用于日常生活、各工业部门和高新技术领域，并且其应用范围随着科技进步不断向更广更深的领域拓展，成为不可或缺、不可替代的关键化工新材料，市场需求有较大增长空间。随着国家供给侧结构性改革的推进，巨化股份所处行业将继续稳中向好，集中度将进一步提升。

挑战：全球经济环境错综复杂、充满变数，存在较大的不确定性。中国氟化工产业研发力量不强，产品结构不合理的矛盾较为突出。

可持续发展目标：成为国内氟化工的领先者，国内一流的化工新材料供应商、服务商。

（3）责任体系。

2018年，巨化股份进一步提升企业社会责任和可持续发展理念，建立与公司发展战略相适应的社会责任管理体系，推动社会责任管理全面融入企业生产经营，促进企业与利益相关方在经济、社会和环境方面的和谐发展。

公司治理：巨化股份依据《中华人民共和国公司法》及中国证监会相关规定、公司《章程》，建立了完善的公司治理结构。目前，董事会共有12名董事（其中独立董事4名），下设战略、提名、薪酬、审计四个专业委员会；监事会共有3名监事；高级管理人员共5名。"三会一层"规范运作。公司股东大会、董事会、监事会和高级管理层的职责明晰，各尽其职、独立运作，既相互配合，又有效制衡，保障了公司治理的合法合规和高效运行。会议的召集、召开及表决符合有关法律、行政法规、部门规章、规范性文件和公司章程的规定。巨化股份经营层严格执行《公司总经理工作条例》，认真履行公司章程规定和董事会授予的各项职责。

内控与风险管理：巨化股份按照保证经营管理合法合规、资产安全、财务报告及相关信息真实完整，提高经营效率和效果，促进实现发展战略的目标，建立健全和有效实施内部控制，并贯彻实施了相关控制措施。

2018年，巨化股份进一步加强全面风险管理与内部控制，健全风险管理组织体系，结合内部控制，对风险隐患排查专项治理。持续优化内控制度设计，充分发挥内部控制的基础和保障性作用。

董事会对公司2018年12月31日（内部控制评价报告基准日）的内部控制有效性进行了评价，并聘请会计师事务所对公司内部控制有效性进行了独立审计。至内部控制评价报告基准日，不存在财务报告内部控制重大缺陷，未发现非财务报告内部控制重大缺陷。公司已按照企业内部控制规范体系和相关规定的要求在所有重大方面保持了有效的财务报告内部控制（详见公司披露的2018年度内部控制自我评价报告）。

法律合规管理：公司坚持守法合规和廉洁从业，建立健全了包含反舞弊在内的内部控制体系，不断夯实反腐倡廉制度基础。深入开展法律审核工作，加强落实规章制度、经济合同、重要决策和授权委托书的法律审核制度。

在供应商管理方面，巨化股份对供应商的准入进行严格的审核，要求凡是与公司开展业务的供应商，必须诚实守信、依法合规，严禁通过贿赂等不正当手段谋取利益。巨化股份对供应商进行年度考核评价，并综合考量供应商在环境、人权、社会等方面的信息，对合格供应商进行细化评价，作为今后签订新合同的主要依据。

（4）责任融合。

巨化股份将社会责任工作融入公司管理体系，责任落实到部门，推动促进公司管理水平和核心竞争力的全面提升。

（5）责任沟通。

巨化股份将社会责任沟通作为提升履行社会责任效果的重要手段和增进公司透明度、建设和谐利益相关方关系的重要途径，不断完善沟通机制，努力畅通沟通渠道，探索创新沟通方式，保障利益相关方的知情权、参与权、监督权。

巨化股份以投资者需求为导向，以相关法律法规及业务规则为准绳，强化信息披露意识，加强主动披露，着力提升信息披露质量，保证所披露的信息真实、准确、完整，且符合及时性、公平性原则。加强与投资者的沟通，设置投资者电话、传真、网上互动平台，以及接待投资者来访等，构建与投资者畅通交流的渠道。立足预防，主动做好舆情管理，维护公司形象。

巨化股份定期进行客户走访，主动接受媒体的监督，不断收集国家及行业政策法规信息，充分尊重和维护利益相关方的合法权益，让各方更多地了解公司、关心公司，积极参与支持公司事业的发展。

2. 社会责任

（1）政府责任。

促进地方经济发展：公司经过持续的转型升级和结构调整，现已发展成为自我配套体系完整、产业链完整的中国氟化工领先企业。以巨化股份为核心形成了"中国化工新材料产业园"、中国"氟硅之都""氟硅新材料特色产业基地""省氟硅新材料产业技术创新综合试点基地"等氟硅产业集群、环境友好型制冷剂、安全食品包装材料、高性能氟材料等产品优势明显。为地区经济社会发展做出了突出贡献，提升了地区的知名度和影响力。

促进先进制造业发展：含氟聚合物由于具有良好的耐化学性、耐高温、电气绝缘、机械强度等独特性能，广泛应用于各工业部门和高新技术领域，并随科技进步向深度、广度拓展，成为不可或缺、不可替代的关键化工新材料。巨化股份持续加强 PTFE、FEP、ETFE、PVDF 等氟聚合物产品新工艺技术应用研究开发，不断推进行业技术进步和产业升级。

巨化股份将食品包装材料确定为战略行业，加强技术研发，逐步形成肠衣膜树脂、保鲜膜树脂、多层共挤膜树脂、乳液等产品群集产业链，覆盖包装食品、药品、军用品、化妆品等附加值高的市场，从肠衣膜树脂市场向家庭保鲜的 PVDC 保鲜膜树脂和包装冷鲜的多层共挤膜市场转变，引导国民消费观念的改变。

我国半导体用电子化学材料严重依赖进口。公司将该产业作为战略性培育产业，与相关合作方共同推进国产化替代进程，促进产业的进步，维护产业安全。

维护行业发展环境：氟制冷剂以其优越性能广泛应用于家用制冷、工商制冷，巨化股份致力于升级换代，淘汰落后低效产能，为社会提供绿色高效产品。

巨化股份积极主导应对国际贸易摩擦，会同行业及有关合作方积极开展美国 PTFE 反倾销案无损坏抗辩应诉，于 2018 年 10 月美国国际贸易委员会作出仲裁决定，认定来自中国的 PTFE 产品没有对美国企业造成损害。这是巨化股份对美应诉反倾销案的第三次胜利。

（2）伙伴责任。

巨化股份奉行稳健、持续经营理念，实施内部控制工作方案，严格控制经营风险和偿债风险。公司在经营决策过程中，充分考虑债权人的合法权益，按照与债权人签订的合同履行债务，及时向债权人通报与其债权权益相关的重大信息，保护债权人的长远利益和合法权益。

2018 年，巨化股份原材料供应渠道安全稳定，保证公司稳定生产。公司无拖欠供应商货款而被供应商起诉之情况，商业贿赂案件和腐败案件为 0。

2018 年末，巨化股份资产负债率为 15.60%，流动比率为 3.56，速动比率为 3.04，确保公司债务清偿能力。2018 年，公司无违约债务。

（3）安全生产。

巨化股份属化工行业，具有易燃易爆、有毒、有害、高温高压的生产特点。如果因生产过程管理控制不当或其他不确定因素发生导致安全事故，将给公司财产、员工人身安全和周边环境带来不利影响。为此，巨化股份将安全生产提升到事关企业生存权和发展权的高度，并作为公司经营管理的底线。通过建立和完善质量、环境、安全职业健康安全卫生一体化管理体系，严格执行企业标准体系，加强危险源、环保因子的识别与控制。开展风险、隐患的检查、梳理，限期加以整改，及时消除安全隐患，切实加大硬件投入，推行装置 APC 智能控制改造，提高装置设备本质安全水平。加强员工队伍建设，提升职业素养和责任意识，科学管理、严格管理，实行从项目建设到生产销售的全过程风险控制等措施，保证安全生产。

公司依托衢州市、巨化集团有限公司的事故救援体系，建立健全事故应急预案，以保证安全处于可控状态。

（4）社区参与。

巨化股份在"敬天爱人"的文化内核指导下，充分发挥企业资源优势，重点关注社会弱势群体、助学助教、环境保护等公益领域，及时开展重大突发性事件的紧急捐助，不断提升公司对社会公益的贡献和影响。

巨化股份定期对厂区及周边农村大气环境、地下水、地表水、土壤等进行采样检测，详细了解和掌握当前公司及周边环保状况和准确数据，为下一步制定环境保护对策措施提供可靠的依据。

作为省级文明单位，巨化股份与常山县青石镇砚瓦山村建立文明共建结对关系，春节期间联合巨化书法家协会开展文化下乡活动，与结对村共建健康向上的农村文化。

巨化股份坚持组织志愿者活动，引导公司广大青年志愿者走进社区、乡村、学校、企业，广泛开展抗灾救灾、优质服务、科普教育、社区建设、扶贫帮困、义务献血等活动，送温暖、送爱心。

作为发起单位之一，巨化股份以现金方式出资捐赠 98 万元并发起设立衢州市见义勇为基金会，成为副理事长单位。巨化股份下属的宁波巨化公司每年参与宁波市慈善总会、宁波市镇海区慈善总会和宁波石化经济开发区"扶贫结对"捐助活动。2018 年，巨化股份慈善捐赠共 405.3 万元。

巨化股份除加强员工职业道德教育外，还积极推行社会公德、家庭美德教育，加强不稳定因素排查，确保一方平安。2018 年，巨化股份未发生员工违法刑事案件，未发生员工及其家属集体到政府上访事件。

3. 环境责任

（1）环境管理。

环境管理制度：巨化股份重视环境保护工作，建立健全各级环境保护机构。同时，在环保管理方面与巨化集团有限公司资源共享，互为补充。

根据浙江省"五水共治"、大气污染物治理、美丽城市建设、重点环保项目督查服务等多项环境整治要求，持续开展重点环保隐患治理工作。为保护和改善环境，防治污染及其他公害，保障公众健康，推进生态文明建设和促进企业经济可持续发展，全面快速推进企业环境污染治理工作，实现公司环境效益、经济效益与社会效益的多赢。2018 年，公司实施环境污染治理"提标、提质、提速"机制，明确并实施公司级重点环保隐患治理项目，通过重点环保隐患治理项目的实施，全面提升了区域环境质量，实现了巨化环境效益、经济效益与社会效益的多赢，快速推进环境污染治理工作。

清洁生产：巨化股份坚持贯彻科学发展观，坚定不移地走新型工业化道路，坚持"环境立厂，遵章守纪，全员参与，清洁生产，减污增效，持续发展"的环境方针，加强技术创新，推行清洁生产。减少了能源和原材料的消耗，降低了污染物的排放，改善了厂容厂貌和工作环境，取得了经济效益和环境效益的双赢。

教育培训：巨化股份参加环保主管部门和行业协会举办的各类培训，公司环境管理体系符合环境管理的要求。

为确保公司环境管理体系的有效运行，巨化股份不定期组织下属公司环境管理人员开展交流会议，学习环境管理的相关制度，研究讨论工作中存在的环保问题。各分公司、子公司也开展各具特色的内部环保培训活动，如全员 HSE 培训及 QMHSE 管理内审员培训；定期举行环保知识培训班、清洁生产培训班、环境保护知识竞赛；邀请行业专家授课，并及时将最新环保形势和环保政策在公司安全环保季刊上报道。

环保相关法律法规执行情况：浙江省环境监测中心及所在地区市、县（市、区）环境监测站对巨化股份及下属企业多次进行监督性监测、飞行监测。监测结果显示，各污染物的排放浓度均达到相关排放标准。根据《环保税征收使用管理条例》和有关环境保护法律、法规、规章的规定，公司 2018 年度共缴纳环保税 117 万元。

（2）环境目标。

在生产经营的各个环节中，需要输入能源、水资源和原材料，输出大气、水和废弃物等环境负荷物质，为尽可能减少资源消耗和环境占用，巨化股份不断加强技术创新，推行清洁生产，积极采用新设备、新工艺、新技术、新材料，推进以节能减排和环保技术进步为主要目标的设备更新和技术改造，努力打造"生态巨化"。

2018 年，巨化股份累计投入 1940.8 万元用于废水、废气、固废等污染治理基础设施建设和清洁生产改造，以及环保设施运行维护、排污费及污水处理费缴纳、废弃物处置、环境监测和环保管理。污染物去除效果大幅提高，生产工作环境明显改善，取得了良好的环境效益和社会效益。

经过持续技术创新和结构调整，加大环保投入，提升环保管理水平，巨化股份单位工业产值水耗、能耗及污染物排放量持续改善。

（3）降低环境负荷的措施。

产品结构调整和工艺替代：巨化股份积极发展含氟新材料、新型食品包装材料等环境友好型产品。推进转型升级，新建电子化学材料、PVDC、含氟聚合物、新型氟制冷剂、ODS 替代品、HFC-23 分解处置项目等生产装置及相关配套设施。以尽可能少的资源消耗和环境占用获得最大的经济效益和社会效益。

巨化股份全面开展"一线智能化"行动，实施制造方式升级换代。与国内外优秀服务商合作，在下属事业部装置推广实施应用先进控制系统（APC）改造。目前公司已有 12 套装置 APC 通过验收，获得了原国家安监总局、石油化工领域多位专家以及浙江省政府相关部门的高度评价。其下属氟化公司获得浙江省第三届工业大奖金奖，荣获 2016 年度省节水型企业称号，宁化公司入选全国绿色制造示范企业，巨塑公司获得国家工信部授予的绿色工厂称号。

温室气体排放量及削减措施：巨化股份两套 HFC-23 分解 CDM 项目每年可焚烧 HFC-23 约 1000 吨，年减排量约 1059.93 万吨二氧化碳当量，占中国 11 个 HFC-23 分解 CDM 项目减排量的 16.14%，项目累计减排量在世界 HFC-23 分解 CDM 项目中排名第一。为了积极践行企业社会责任，承担温室气体减排义务，巨化股份按照国家发改委要求，在下属氟化公司、兰氟公司分别建设 2400 吨/年、900 吨/年 HFC-23 分解处置项目，对公司全部 HFC-22 的副产 HFC-23 予以处置，近年来项目减排量均顺利通过国家组织的项目第三方核查核证。2016 年 12 月，巨化股份又在下属的巨圣公司自主建设 1000 吨/年 HFC-23 分解处置装置，并自行承担运营费用。

巨化股份大幅减少碳排放。巨化股份大力开展清洁生产和节能改造，减少能源消耗；提高生产装置整体密闭性，减少无组织排放；公司各厂区之间的原材料输送，特别是含氟、含氯原材料通过管道运输。

节水措施：巨化股份利用"节水日""节能宣传周"，通过黑板报、电子屏、张贴宣传画等各种途径，开展了形式多样的节水宣传活动，并号召全员开展节水合理化建议活动，促进了企业全员对建设资源节约型企业的认识。

巨化股份建立了厂、车间二级用水计量体系，在各车间安装水表对用水情况进行监测，建立用水总量控制和定额管理制度，纳入生产总成本考核。各分公司、子公司对车间进行明细化管理，制定相关考核指标，定期组织对生产设备运行情况的现场检查和对用水设施进行维护保养，对发现的"跑、冒、滴、漏"现象及时整改。

废气、废水、固废削减措施：在废气方面通过强化结构减排、工程减排和管理减排，实施环保重点治理，确保全面完成减排任务。按照排污权有偿使用和交易的工作要求，建成了刷卡排污系统并投入运行，对公司各单位污染物排放进行严格管控，实现污染物总量和浓度双控双达标。通过进一步优化工艺、强化管理和持续开展技术改造，提升污染物减排能力。

在废水方面围绕省市"五水共治"要求，公司董事长亲自挂帅落实"河长制"相关工作。结合污水零直排建设，以提标排放作为治理重点和目标。污水处理装置在原有基础上，实施了扩容及提标改造工程，满足巨化股份及衢州市高新技术园区各企业未来几年的发展需要。

在固废方面强化规范公司固废和危废管理，建立全过程监管信息化体系，实现了源头管控、过程监管。利用信息化监管在危废分类、贮存、回收利用等方面实现了标准化、规范化、转移处置流程化、制度化。构建"全过程、全方位、全天候"智慧环保监控体系，重点在线监测设施与衢州市"智慧环保"监控平台联网，实现全天候、全方位管理模式。

危险化学品管理：巨化股份作为大型化工企业，危险化学品的种类较多，涉及氟化工、氯碱化工、石油化工等产业，针对工艺复杂、高温高压等特点，公司制定了《危险化学品管理办法》及应急预案，对危险化学品的采购、运输、存储等过程进行严格控制，最大限度减少其对人身和周围环境的风险和危害。

资料来源

[1] 巨化股份官网，http：//www.jhgf.com.cn/.

[2] 巨化股份 2018 年度社会责任报告 ［EB/OL］. http：//quotes.money.163.com/flo/ggmx_600160_5204444.html.

案例思考题

1. 巨化股份在企业社会责任方面给我们什么启示？
2. 巨化股份履行社会责任的具体做法有哪些？
3. 巨化股份为何能有今天的成就？
4. 承担企业社会责任在巨化股份发展中发挥着什么样的作用？
5. 巨化股份履行企业社会责任的做法适用于所有公司吗？
6. 巨化股份为何能在众多企业中脱颖而出，荣获许多荣誉称号？
7. 巨化股份是如何推动可持续发展的，具体说一说。
8. 结合案例，说说企业为什么要承担社会责任。

第十三篇
雅戈尔：穿出国人好风采

 案例导读

　　本案例介绍了雅戈尔在履行社会责任方面的做法。雅戈尔积极推动下属企业做好社会责任工作，培养下属公司的社会责任意识，将雅戈尔独特的社会责任观普及每一家子公司、落实到每一个员工、贯彻到每一个业务环节，在经济、公益、环保方面都积极履行社会责任。尤其在社会公益方面，雅戈尔参与贫困村基础设施建设、帮扶贫困学子求学、关注健康，救助病患、关注环保，捐助"五水共治"、关注文化体育事业、无偿献血奉献爱心、慰问困难家庭，在多个方面践行企业社会责任。

（一）公司简介

　　雅戈尔集团股份有限公司（以下简称"雅戈尔"）的前身是成立于1979年的宁波青春服装厂，1993年以定向募集方式改制为股份有限公司，1998年在上海证券交易所上市。自上市以来，雅戈尔一直坚持公司经营良性发展和股东回报并重的原则。公司股票先后入选沪深300指数、上证180指数、180治理指数、上证50红利指数以及MSCI新兴市场指数，并连续多年入选中证报、每日经济、中国上市公司协会等媒体机构评选的年度"上市公司百强""最受投资尊敬上市公司"等。目前雅戈尔已经成长为以品牌发展为核心，纺织服装、地产开发、金融投资三大产业多元并进、专业化发展的综合性国际化企业集团，截至2018年12月31日总资产为756.12亿元，净资产为281.82亿元。公司2018年实现销售收入96.35亿元，利润总额43.49亿元，上缴税收17.48亿元，位于中国民营企业500强前列。

自创业以来，雅戈尔始终把打造民族品牌作为企业发展的根基，围绕转型升级、科技创新，确立了高档品牌服饰的行业龙头地位。2018 年，在世界品牌实验室主办的 2018 年"中国最具价值品牌"排行榜中，"雅戈尔"品牌价值被认定为约 377 亿元。YOUNGOR 主品牌持续保持国内男装领域主导品牌地位，形成了以 YOUNGOR 品牌为主体，MAYOR、Hart Schaffner Marx、HANP 为延伸的立体化品牌体系。目前与 ZEGNA、LOROPIANA、CERRUTI1881、ALUMO、ALBINI 五大国际顶级面料商建立战略合作联盟，以"全球顶级面料、顶级工艺、高性价比"共同打造中国自主高端男装品牌"MAYOR"。

雅戈尔正以标准化、自动化、信息化、智能化"四化合一"的建设理念，全面打造拥有花园式生产环境、人性化管理、智能化流水线、信息透明化的中国智能制造精品工厂。并通过有品牌力的产品、有竞争力的成本、体验舒适的营销平台、快速反应的物流体系、黑科技的应用及虚实有机结合，助力雅戈尔智能营销的建设，实现"五年再造一个雅戈尔"的中期战略目标。

公司地产板块始终坚持"品质地产先行者"的品牌理念，开发项目涉及上海、宁波、苏州、杭州等主要城市，是宁波乃至长三角区域具有行业影响力的房地产开发企业。目前以地产开发经营为核心，辅以酒店经营、休闲旅游等产业布局，并积极探索新兴关联企业的发展。

2018 年，雅戈尔康旅业务正式启动，公司以 7509.64 万元的价格竞得海曙区集士港镇 CX06-05-02g 地块，计划投资 170000 万元，筹建三级甲等标准的大型综合智能医院，打造医养结合的健康小镇。目前，宁波普济医院项目已获得宁波市卫生健康委员会批准，并与中国科学院大学宁波华美医院（宁波市第二医院）签署全面托管协议，计划在 2021 年的一期项目建成 450 个床位并投入使用。

雅戈尔企业文化随着雅戈尔集团的不断成长而形成，可追溯到 1979 年的"青春服装厂"时期，经过横向联营、引进外资、股份制改造、资本上市等发展阶段，通过中国传统文化与西方文化的嫁接，在企业的变革成长中不断锤炼、不断推陈出新，形成了"诚信、务实、责任、勤俭、和谐、包容"的企业核心价值观、"开拓与稳健并重，传统与创新结合，效率与公平兼顾，人才与事业共长，一身正气，终身成就"的企业文化观。

雅戈尔一直秉持着"创国际品牌，铸百年企业"的愿景，在"集欧美之精髓、融华夏之文明、集人类之精华、创世间之极品"的经营理念指导下，大力倡导"诚信、务实、责任、勤俭、和谐、包容"的价值观：

诚信是雅戈尔的文化之根。诚实守信既是企业发展的基石，立企之本，也是企业恪守的基本准则。

务实是雅戈尔的文化之本。务实也是企业的经营风格，百年基业的夯实依赖于潜心耕耘，埋首苦干。

责任是雅戈尔的文化之纲。雅戈尔的社会责任不仅是为消费者提供优质产品、为员工创造福祉、为股东创造效益、为社会创造价值，更要成为中国商业伦理的践行者。

勤俭是雅戈尔的文化之源。雅戈尔传承的是中华民族的传统美德，树清正之气，立节俭之风，成百年伟业。

和谐是雅戈尔文化之果。雅戈尔文化追求的最高目标是和谐，和谐是人与人之间、人与企业之间、企业与社会之间关系最融洽、最健康、最有利于进步的层次。

包容是雅戈尔的文化之魄。海纳百川，有容乃大。以大度兼容，则万物兼济。

雅戈尔集团将继续秉承"创国际品牌，铸百年企业"的企业愿景，传承"诚信、务实、责任、勤俭、和谐、包容"的企业文化，力争通过30年的努力将雅戈尔建设成时尚王国。

2013年，雅戈尔获得原国家质监局颁发的"中国质量奖提名奖"。2014年，获得中国工业经济联合会颁发的"中国工业大奖表彰奖"。2014年，获得中国出入境检验检疫协会颁发的"中国质量诚信企业"。2015年，荣获国家工商总局授予的"守合同重信用"企业称号。2019年，雅戈尔荣获浙江省委、省政府授予的"浙江省模范集体"称号。

（二）企业社会责任实践

雅戈尔积极推动下属企业做好社会责任工作，培养下属公司的社会责任意识，将雅戈尔独特的社会责任观普及到每一家子公司、落实到每一个员工、贯彻到每一个业务环节。

企业与外部的社会责任沟通机制主要有：公司网站建立企业文化专栏；微信公众号——雅戈尔体验馆、雅戈尔集团发布社会责任报告；股东大会及投资者调研。

1. 政府责任：依法纳税、支持经济发展

雅戈尔是多元化经营的大型企业集团，涉税事项繁多、重大且复杂，为合理控制企业税务风险，防范税务违法行为，维护企业诚信纳税的形象，雅戈尔结合公司实际情况，制定了《雅戈尔集团股份有限公司税务风险内部控制制度》，从制度上保证税务风险管理工作能贯穿企业生产经营全过程，达到风险的自我防控。公司积极履行企业的社会责任，连续多年获得纳税信用等级 A 级企业的荣誉。2018 年公司实现营业收入 96.35 亿元，上缴税收 17.48 亿元，2018 年 6 月 15 日"宁波创业创新风云榜"揭晓，雅戈尔荣膺"宁波市制造业纳税 50 强"，位列第 11 名。

雅戈尔诚信纳税，在为地方创造财政收入，做出应有贡献的同时，也提高了自身的品牌美誉度，赢得了政府和消费者的信任，促进企业销售和利润的稳步健康增长，实现了税企良性循环，取得了较好的经济效益和社会效益，成为诚信纳税的践行者和得益者。

2. 公益事业：装点人生，服务社会

（1）参与贫困村基础设施建设。

2000 年，雅戈尔与革命老区的贫困村许岩村结成对子，多年来，雅戈尔一直采取紧密型、参与型的模式开展帮扶工作，修建了道路、桥梁、自来水管道、养老院等一系列基础设施。雅戈尔董事长等公司领导多次走访该村，了解村情民情，想方设法改变村容村貌，提高农民生活质量，为新农村建设出谋划策。截至 2014 年，雅戈尔已累计出资近 2000 万元用于新农村建设，先后帮助石碶镇建庄村、东杨村、章水镇许家岩下村在道路、饮水、沼气、用电等基础设施建设方面给予支持。

为积极响应"甬黔延情你我同行"宁波市 2018 年全国扶贫工作，雅戈尔集团认捐了共计 1000 万元物资。2018 年 11 月 20 日，雅戈尔整理了包含衬衫、夹克、裤子、毛衫等共 16800 件实物，首批物资价值 500 万元，货车装载发往延边州。据悉，下一批价值 500 万元物资将发往黔西南。

（2）捐助一批希望小学、中学，帮扶一批贫困学子求学。

2011 年，雅戈尔出资 4000 万元设立"雅戈尔章水助学公益基金"。每年雅戈尔都拨出 200 万元，帮助贫困地区的学生解决学习和生活上的困难，

提高贫困地区教师福利待遇，修缮受损校舍，温暖寒门学子心。2014 年，雅戈尔出资 350 万元与嵊州市教育局、开发区共建嵊州市三塘小学；出资 140 万元帮助雅戈尔商学院的贫困学子。2014 年，雅戈尔首次融合线上线下，通过"龙马·汇"这一平台，携手平湖市慈善总会下属机构爱心包包开展了"N+1——爱心书包广西行"微公益活动。

（3）关注健康，救助病患。

2014 年，雅戈尔出资 50 万元"助医"资金；雅戈尔员工向市妇联"康乃馨"救助基金，帮助贫困妇女看病；雅戈尔员工踊跃参与"公益献血"活动，共 470 人报名，211 人献血，总献血量 55400 毫升。

（4）关注环保，捐助"五水共治"。

2014 年，雅戈尔出资 1000 万元响应浙江省政府提出的"五水共治"政策，为改善浙江省的水环境做贡献。

（5）关注文化体育事业。

2014 年，雅戈尔出资 60 万元用于宁波市体育中心的建设。

（6）致力慈善，造福桑梓。

雅戈尔生产的不仅是产品本身，更是人们对高品质生活的向往。从个体角度来说，雅戈尔以其高品质的产品与服务给予客户关爱和美的享受，为客户创造更加美好的生活，让人生更加精彩；从整体的角度来看，雅戈尔长远的价值取向是创造社会价值，这既是作为企业公民应尽的责任也是雅戈尔的终极追求。公司秉承反哺社会的公益理念，一直致力扶贫、救灾、教育、健康、文化、环保等多领域的社会公益事业，已累计捐赠 4.20 亿元。自公司成立以来，雅戈尔多次被中央文明委评为全国精神文明建设先进单位，并获得中华慈善总会颁发的"中华慈善事业突出贡献奖""宁波市十大最具爱心捐赠企业"和国家民政部颁发的"中华慈善奖"。

（7）无偿献血，奉献爱心。

雅戈尔于 2018 年 9 月 1 日、9 月 3 号召集团下属员工开展无偿献血公益活动，得到了广大员工的积极响应，400 多名员工报名献血。本次活动 200 人成功献血，无偿献血 50200 毫升。

（8）浓情中秋，慰问困难家庭。

2018 年 9 月，海曙区住房和城乡建设局派驻雅戈尔辂业党支部"第一书记"和公司党支部书记代表两个党支部前往南塘花园小区走访公租房困难家庭，深入基层，为他们带去自己亲手制作的月饼，把关爱送到困难群众家里，让困难群众真正感受到社会主义大家庭的温暖。

在造福桑梓的同时不断丰富、延伸"装点人生，服务社会"的内涵和价值追求，赋予雅戈尔品牌独特的精神品质。

（9）雅戈尔"会飞的盒子006号"公益探访行。

"会飞的盒子"是邓飞联合教育界、建筑界等志愿者和中国青少年发展基金会发起的，旨在为贫困地区上学路途异常遥远的中小学生提供可移动、智能的模块化宿舍，并联合其他公益团队营造美好体验、全面扶助留守儿童生活社区。截至2018年12月，共有7个盒子，雅戈尔集团认捐了其中的2个。2018年12月5日，志愿者们跨越3000公里来和"盒子"约会，约会的正是会飞的盒子6号盒子。6号盒子于2017年8月建成，位于云南红河哈尼族彝族自治州红河县架车乡扎垤小学内。扎垤村以哈尼族为主，村中只有一所小学，好多孩子需要走4个小时的山路才能上学，所以原本小学内唯一的一所两层楼的教学楼，白天作为教室，晚上是孩子们睡觉的地方。一个"盒子"的顺利诞生凝聚了太多人的努力付出。2016年9月雅戈尔捐赠60万元，并与邓飞一同到扎垤小学进行考察。对盒子建设地进行选址，建筑方与学校商讨决定将旧厨房拆除，作盒子的建设用地。这样一来，盒子与教学楼相对，温暖安心。2017年6月7日施工队入驻扎垤小学，破土动工。由于正值云南雨季，山路泥泞，滑坡频发，大大增加施工难度，运输材料的大车无法通行，施工队将材料换乘小车，一车一车地运到学校。经过2个月不间断的努力，盒子已经初具规模。2017年8月28日漂亮的盒子完工，虽然受天气原因影响延误了工期，但工人们一直努力赶工，在开学前顺利完工。2017年9月5日爱心人士王青夫妇联系到浙江华兴羽绒制品有限公司，为扎垤孩子捐赠的120套被褥（包括120床被子，120条床垫）顺利到达学校。2017年9月9日窗帘已安装完毕，床架也到达学校。建成后的盒子，有高高的两层建筑，灰、白、红的拼接，优雅、大气；整排明亮的落地大窗，干净、敞亮。校长说，"在9月初开学时，床架晚了几天送到学校，按道理讲还不能住进盒子，但是校长拗不过孩子们的要求，'我们想在盒子里打地铺！'我一想，反正都是打地铺，比起破旧的教室，盒子里更干净、暖和，就同意孩子提前住进盒子。"孩子们兴奋极了，即使是打地铺，也是满脸的幸福。没过几天，床架安上了，柔软暖和的床垫被子也给孩子们铺上了。校长说，孩子们当时兴奋地在床上跳来跳去，一直闹腾到很晚才渐渐睡去，怎么管都不听。睡一个舒服的觉，对这些孩子来说弥足珍贵，是家长、老师、孩子多少年的期待。如今，在社会各界的共同助力下，终于帮助孩子们摆脱冰冷的教室，单薄的床单。在盒子落成之后，国家投入资金建成了一座教学楼，目前有班级 8 个，16 名正式编制老师，保证了教育的稳定性。十年树木，百年树人，相信教育可以改变这里。

（10）携手中国扶贫基金会，共建人道救援企业战略圈。

2019 年 3 月，两辆满载救援物资的卡车又从雅戈尔集团缓缓驶出，分别开往贵州省雷山县和甘肃省渭源县，这是雅戈尔集团继 2018 年 11 月"甬黔延情"行动之后，再次响应大型公益捐赠行动，携手中国扶贫基金会，共建人道救援企业战略圈。此次共计认捐价值 1000 万元物资，包含衬衫、裤子、夹克、T 恤等品类实物近 2 万件，首批已于 3 月 25 日发出。

3. 关注环境：推进企业可持续发展

（1）发展绿色产业，倡导低碳生活。

雅戈尔与中央军事委员会后勤保障部军需装备研究所军用汉麻材料研究中心联手，进军汉麻，发展绿色低碳产业，实现公司的产业升级，并推动纺织服装行业实现绿色可持续发展。

雅戈尔经过多年努力，建成了一条绿色汉麻产业链，用于打造高科技与自然性能结合的环保产品，为消费者提供健康绿色的生活用品。自 2009 年投产以来，雅戈尔已经开发出如"绿色汉麻高档休闲花呢""新型环保汉麻针织面料""低碳环保汉麻衬衫"等多个环保新产品。同时，雅戈尔逐步扩大汉麻的种植面积，举目成林，筑起一道绿色的屏障，保护周边环境。汉麻纤维的规模化、产业化种植，不仅解决了云南省西双版纳州山区农民的就业、脱贫问题，还为纺织工业提供了丰富的纤维资源。汉麻纤维特有的化学成分具有较强的抑草抑虫害功能，减少了杀虫剂、除草剂造成的环境污染，并且由于采用了汉麻材料研究中心的最新科研成果，汉麻纤维生产线的生产设备性能明显优于传统的麻类纤维加工设备，节能减排效果良好，环保优势明显。

（2）加强体系建设，提升环保意识。

在以预防为主的前提下，雅戈尔严格贯彻和执行《中华人民共和国环境保护法》《中华人民共和国水污染防治法》等环保法律法规，积极开展环保知识的宣贯和培训，推行环境友好的工作方式，落实环境管理工作。雅戈尔根据 ISO14001 环境管理体系，制定了环境管理程序、制度、方案和应急措施，并使各项工作、各个环节和流程按照 ISO14001 环境管理体系运行，一方面减少公司经营对环境造成的影响（废水、废气、噪声、废弃物等），另一方面逐步减少原料、水、电、油、汽、纸张等能源、资源方面的消耗，同时，加强产品安全防护，严格控制服装中甲醛等有害物质的含量，对设备按时保养维修，以免泄漏造成能源损耗或环境污染。

雅戈尔每年组织股份公司本部、服饰公司、衬衫公司、西服公司、时装公司 5 家公司 30 余个部门进行交叉检查，并通过内审的方式让各企业各部门相互借鉴学习。报告期内，雅戈尔顺利通过了宁波评官中心环境体系建设的外审检查。

（3）推广绿色办公政策。

雅戈尔严格贯彻环保观念，推广绿色办公政策，力争从细节上做到企业的社会责任。绿色办公措施主要体现在：①办公区采用节能灯具照明，做到人走灯灭；②推广无纸化办公，实行废纸再利用；③减少会议次数，缩短会议时间，降低会议成本。

雅戈尔始终坚持"以环保法律法规为指导，努力倡导绿色环保理念，积极开发环保服饰，致力改善周边环境，大力推进企业可持续发展"的环境方针，充分合理地利用各种资源、能源，控制和消除污染，促进公司生产发展，创造良好工作生活环境，使公司经济活动能尽量减少对周围生态环境的污染。2014 年雅戈尔出资 1000 万元响应浙江省政府提出的"五水共治"政策，为改善浙江省的水环境做贡献。

为保证与重要环境因素有关的运行过程和活动得到有效控制，防止重大环境影响的发生，预防、减少或消除与生产活动相关的伤亡，从根本上确保环境目标、指标的实现以及环境的持续改进，雅戈尔编制了《噪音管理程序》《废水管理程序》《废弃物管理程序》《化学品管理程序》《相关方控制程序》，并由相关部门实施和监督。

每年管理评审前，各职能部门统计上一轮目标、指标执行情况，根据《质量/环境方针》的要求、重要环境因素、目标和指标、法律法规及其他要求、可行技术方案与经济可行性、运行和经营要求、相关方意见等提出下一轮的目标和指标并策划统计方案。

2018 年，雅戈尔企业生活废水中的 PH、SS、CODCr、BOD5、氨氮检测值达到 GB8978－1996《污水综合排放标准》二级标准；厂界噪声执行 GB12348－2008《工业企业厂界噪声标准》，厂界噪声（昼间）控制在 65 分贝内；各类固体废弃物 100% 分类收集管理，危险固废交由具有资质的单位处理。

 资料来源

［1］雅戈尔 2018 年度社会责任报告［EB/OL］. http：//quotos. money. 163. com/flo/ggmx_600177_5317940. html.

［2］雅戈尔官网，http：//www. youngor. com.

［3］赖泳杏 . 控股股东股权质押对现金股利政策的影响分析——以秉承社会责任理念的雅戈尔公司为例［J］. 商业会计，2019（2）.

案例思考题

1. 雅戈尔的企业文化对于它践行社会责任有什么影响？

2. 案例中，雅戈尔与外部的社会责任沟通机制有哪些，这些机制在企业践行社会责任的过程中起到什么作用？

3. 诚信纳税，除了为地方创造财政收入、做出应有贡献之外，对企业发展和社会发展还有哪些好处？

4. 雅戈尔在扶贫工作中有哪些突出贡献？

5. 雅戈尔是服装企业，请将企业产品与企业社会责任相结合，为其提出一些建议。

6. 雅戈尔践行企业社会责任对塑造企业形象、发展企业文化起到了哪些作用？

7. 雅戈尔推广绿色办公政策对企业内部发展和环境保护各有什么好处？

8. 雅戈尔践行企业社会责任带给我们怎样的启示？

第十四篇
宁波港：港口世界排排上

 案例导读

    本案例介绍了宁波港集团有限公司在履行企业社会责任方面的做法。宁波港是以集装箱及散杂货、液体化工码头经营、港口服务、综合物流为主业的综合性港口企业，是全国最大的码头运营商之一。其企业社会责任的成功经验在于：以追求企业长期价值最大化为目标，坚持把社会责任理念与公司发展战略相结合，坚持把社会责任实践与公司生产经营相结合，遵循自愿、公平、等价有偿、诚实信用的原则，遵守社会公德、商业道德，接受政府和社会公众的监督，在进一步追求经济效益、保护股东和债权人权益的同时，一如既往地保护好职工的合法权益，诚信对待客户和供应商，积极从事社会公益事业，保护好生态环境，更好地促进经济、社会和环境的和谐发展，进一步拓展可持续发展的空间。

（一）公司简介

    宁波舟山港股份有限公司（以下简称"宁波港"）是原宁波港股份有限公司定向增发购买舟山港股份有限公司后，2016 年 9 月 28 日更名成立的。原宁波港股份有限公司成立于 2008 年 3 月 31 日，由宁波港集团作为主发起人联合招商国际等 7 家单位发起创立，其中宁波港集团占 90% 股份。2010 年 9 月 28 日，经中国证监会批准，原宁波港股份有限公司在上海证券交易所正式上市（股票简称：宁波港，股票代码：601018）。

    宁波港是以集装箱及散杂货、液体化工码头经营、港口服务、综合物流为主业的综合性港口企业，是全国最大的码头运营商之一。2018 年，公司货物吞吐量完成7.76亿吨，同比增长7.8%；集装箱吞吐量完成2794万标准箱，同比增长7.6%。宁波舟山港集装箱吞吐量首次进入全球"前三甲"。

宁波港坚持依法经营、规范运作、科学管理，建立健全现代企业制度，完善法人治理结构，与公司控股股东宁波舟山港集团有限公司实现了人员、资产、财务、机构、业务"五独立"，公司治理水平不断提高。

作为一家大型港口上市公司，宁波港在创造良好经济效益打造以港口为核心的全球领先的综合物流服务商的同时，还肩负起了国家经济社会的发展、资源的统筹利用、自然生态环境的保护以及维护股东、债权人、员工、客户、供应商、社区等有关方利益的责任，得到了社会的肯定。

作为公众公司，宁波港以"强港报国、服务世界"为宗旨，秉承"服务创造价值 奋斗成就梦想"的核心价值观，坚持自愿、公平、等价有偿、诚实信用的原则，遵守社会公德、商业道德、国家法律法规，在追求经济效益、维护股东利益的同时，积极保护债权人和职工的合法权益，诚信对待客户、供应商、合作伙伴，乐于从事慈善、公益事业；牢固树立"低碳经济""绿色港口"等理念，积极推进和谐企业创建和绿色环保型港口建设，为和谐社会建设做出应有贡献。

宁波港着力构建和谐企业，内聚人心，外塑形象，营造了和谐向上、开拓创新、奋发进取的企业氛围，打造了一支"爱港敬业、顽强拼搏、追求卓越"的职工队伍。1989年起，宁波港连续13批次获浙江省文明单位称号；2005年，宁波港荣获全国文明单位称号；2006年，宁波港荣获全国"五一"劳动奖状；2008年，蝉联全国文明单位称号；2011年，实现全国文明单位"三连冠"；2014年，实现全国文明单位"四连冠"；2015年，获评"2015年最受投资者尊重的百家上市公司"；2017年，被评为"中国百强企业"，入选福布斯"世界最受信赖企业"榜。

（二）企业社会责任实践

1. 以人为本，促进社会可持续发展

（1）关爱职工，实现职工与企业共同发展。

依法保护职工权益。宁波港依照《中华人民共和国劳动法》《中华人民

共和国劳动合同法》《中华人民共和国公司法》及相关法律法规，实行全员劳动合同制，依法保障员工应享有的各种权利；落实相关社会保障制度，为员工足额缴纳各项法定社会保险与福利，包括基本养老保险、基本医疗保险、失业保险、工伤保险、生育保险、住房公积金、企业年金等，社会保险参保率达到100%。

宁波港依据《中华人民共和国公司法》和《公司章程》规定，建立了职工监事的选聘制度，公司监事会现有5名监事，其中2名为职工监事，由公司职工代表大会民主选举产生，代表职工监督公司的生产经营，并向董事会反馈公司职工的意见和建议。

完善薪酬体系和激励机制。宁波港建立了完善的薪酬管理和绩效考核体系。实行岗位绩效工资制，由岗位等级工资、年功工资、津（补）贴、贡献积累工资和绩效奖金等工资单元组成。遵循"效益导向与促进公平相结合，统筹调控与所属企业自主分配相结合，收入分配改革与其他改革相结合"的原则，合理确定年度工资增量，使职工共享企业的发展成果。同时，进一步推进精细化管理，注重向内部管理优良、经营业绩突出、对公司做出重大贡献的基层单位和骨干人员倾斜，发挥薪酬分配的正面激励作用，不断优化和完善公司薪酬分配体系。完成了企业年金的提取、建立和存储入账工作，协助法人受托机构做好具体给付工作。

积极开展员工培训。宁波港秉承"人才强港"理念，坚持以人为本的发展理念，逐步完善教育培训体系，创新培训理念和培训方式，拓展培训渠道，建立健全教育培训管理制度和教育培训考核办法。以公司发展战略为指导、以员工实际需求为基础，制定公司年度教育培训计划，持续开展多层次、广覆盖的全员教育培训工作，加强各类人才培养，鼓励员工岗位成才。培训层次包括中高层管理人员、一般管理人员、专业技术人员以及操作保障岗位人员，培训内容涵盖金融经济、党建工团、财务审计、人力资源、港口生产、安全管理、工程技术、商贸物流、企业文化等方面。同时，公司注重专业技术队伍建设，组织开展各类专业技术职称申报工作，关注职业技能鉴定政策调整，探索企业技能人才内部评价，培养适应港口发展的高层次、高技能人才队伍；密切关注政策变化，做好宁波市职业技能培训补贴政策宣传工作，跟进专业技术人员继续教育管理政策调整工作。截至2018年底，公司大专及以上学历人员占员工总数的53%，研究生学历、硕士学位人员达到376人。

切实关心职工生活。宁波港继续实施住房货币化补贴、休养货币化补贴和企业年金；协助职工做好家庭财产保险理赔工作；2013年为职工做好家庭财产保险理赔工作，"菲特"台风过后，共协助446户职工家庭做好了有关损失的报损和核查工作，理赔额达30余万元；2018年，公司组织现场高温慰问，为一线职工送上各类防暑降温用品。公司还组织专题健康讲座及咨询活动，开通面向全体职工的心理健康服务热线。慰问生病住院职工约500次，累计送上慰问金（慰问品）约30万元。公司进一步落实职工互助保障政策，投入近80万元为1.2万名职工做好职工住院互助保障、女职工安康保障、特种重病互助保障续保工作。公司广泛开展义工志愿服务、微心愿、篮球赛、足球赛、羽毛球赛、单身青年联谊等活动，组建港口英语俱乐部、爱读书社，丰富职工业余生活。按规定有序开展公司疗休养工作。通过上述多种方式，切实为职工办实事、办好事，企业凝聚力进一步增强。

（2）不断优化服务，努力为客户创造价值。

苦练内功，提高作业效率。码头作业效率和船舶待港时间直接关系到客户营运成本和经济效益，是客户选择港口的重要因素。公司积极应对航运市场船舶大型化、经营联盟化及中美贸易摩擦，重点做好集装箱码头作业效率提升工作，组织召开各类提效专题会议，不断完善《业务服务质量月度考评办法》，升级和完善码头设备设施，不断提高服务水平。进一步完善生产组织协调机制，严格落实考核制度，增强单位联动、部门协同的作战能力。发挥抗风浪作业机制作用，增强抗季风、抗大雾作业能力；上线浙江海洋港口防台管理系统，三季度应对6次台风，降低对港口生产的影响。全面上线浙江海洋港口统一调度平台系统，实现船舶调度船期统一申报、统一受理、统一发布、统一查询，提升业务信息化管理。2018年，1万标准箱以上及1.8万标准箱以上集装箱船舶到港艘次同比分别增加19.6%和44.9%，是我国挂靠大型集装箱船舶的首选港口之一。

严把质量关，切实提升货运质量。港口货运质量是港口综合服务能力的体现，是影响港口竞争力的重要因素。宁波港建立集装箱、散杂货、水上运输、外轮理货等质量管理控制体系，严格执行货运质量现场检查及考核考评制度，及时反馈处理和整改落实客户提出的意见和建议，不断优化服务方式和服务举措，货运质量进一步提高，客户满意度进一步提升。

加强现场管理，提升服务形象。宁波港以高度负责的态度，从客户利益角度出发，严格做好货运质量的管理、考核工作，深化现场精细化管理，层层落实，把好货运质量关，全面提升港口服务质量和服务水平。通过组织开展质量检查和质量月活动，增强职工质量意识，优化服务方式和服务举措，为客户提供优质、高效、便捷的服务，严格执行货运质量现场检查及考核考评制度，及时反馈处理和整改客户的意见和建议。

深化品牌建设，提升服务水平。宁波港深入实施品牌战略，开展品牌传播和营销推广等工作，建立了品牌维护、创新、提升、营销和品牌资产评估机制，全面推进整体品牌、项目品牌、个性品牌的建设。同时，坚持"客户至上"服务理念，加大走访客户力度，广泛征求客户建议，及时了解客户动态需求，为客户提供个性化服务，不断提高服务水平。2015年，"宁波港"品牌连续三年位居"2015年宁波品牌百强榜"前三甲，以160.9亿元的品牌价值排名第三。2016年，公司内部共有16家基层单位申报了18个个性品牌，涵盖公司集装箱、原油、矿石、煤炭、散杂货、引航、拖轮助泊、外轮理货等品牌。

（3）强化安全管理，促进公司持续健康发展。

宁波港认真贯彻落实《中华人民共和国安全生产法》等法律法规及上级有关安全生产的指示精神，进一步强化"红线"意识，坚守安全底线，完善落实"党政同责、一岗双责、齐抓共管"责任体系，明确"隐患'零容忍'、生产'零事故'、人员'零伤亡'"安全理念，保持港口安全生产形势基本平稳，实现安全事故处于低发、有效控制状态。

2015年宁波港全面开展安全隐患排查整治行动，特别是天津港"8.12"爆炸事故以来，先后接受国务院督查组、交通部运输督察组、省市督察组和政府相关职能部门的多次检查督导，整改完成督察组提出的整改意见。宁波港加强安全生产制度建设，研究出台《危险货物集装箱堆场作业安全规程及技术标准》《堆高机安全操作规程（补充）》和《码头离靠泊管理规定》等相关规定制度；突出重点，加大化工区、油品码头等可能引发恶性事故的重点区域的安全管理力度。坚持科技强安，提高本质安全度，积极创新安全管理方式方法，研究开发公司危险货物安全管控平台；继续开展企业标准化建设，共有18家单位完成标准化达标，其中7家单位为一级达标。

2016年按照国务院安委会、交通运输部关于危险货物港口作业安全隐患整治的要求，宁波港制定并实施《公司危险货物港口作业安全治理专项行动方案（2016—2018 年）》，持续深化涉危安全隐患专项整治行动，推进海港危险货物安全管控平台建设，切实提高安全管控水平。制定实施《平安护航 G20 安全生产综合整治大行动方案》，确保杭州 G20 峰会期间港口安全生产稳定。

宁波港深化推进"海洋港口安全生产无死角"主题活动，严格按照方案要求，在规定时限内扎实推进和完成每项工作任务，切实做到真落实、见成效；完成海港危险货物安全管控平台二期验收，并稳步推进项目三期进度；制定完善港区封闭式管理提升方案，提升港区安全管理水平。同时，组织安全生产大检查，对安全生产责任制落实、安全活动开展、安全隐患排查治理、职业病防治等情况进行检查，对发现隐患，抓紧落实整改。2018年共开展各类检查 6600 余次，发现隐患约 4200 条，绝大部分完成整改，剩余部分均制定整改计划措施。组织开展以"生命至上、安全发展"为主题的安全生产月活动，持续强化公司"三零"安全理念。加强安全教育培训，2018 年共开展各类安全培训约 2700 次，培训约 72000 人次。此外，还修订了《安全生产考核办法》《安全生产责任制》等制度。

2. 支持社会公益事业，为创建和谐社会贡献力量

饮水思源、回报社会是宁波港应尽的责任，也是公司推进和谐社会创建的具体体现。宁波港积极投身社会公益慈善事业，尽力做好扶贫济困帮扶工作，对有关地方教育、新农村建设、农村生活条件改善等方面给予必要的帮助和支持。落实浙江省"千企结千村、消灭薄弱村"专项行动，与龙游县社阳乡凤溪村"飞地"帮扶项目实质性推进，定向"输血"200 万元，形成村集体经济稳定的"造血"功能。开展义工志愿服务、微心愿、"小候鸟"等活动，大力支持社会公益事业；鼓励职工积极参与"慈善一日捐"等多种形式的公益慈善活动，为创建和谐社会做出了应有的贡献。

3. 规范运作，促进经济可持续发展

（1）加强公司治理，提升规范化运作水平。

宁波港致力于不断完善治理结构，提升规范化运作水平。建立权责分明、各司其职、有效制衡、协调运作的法人治理结构，严格执行股东大会、董事会、监事会等议事规则，确保会议表决规范、程序合法、决策科学。充分发挥独立董事在公司治理中的作用，专门形成公司独立董事工作计划，

开展有关活动，加强独立董事对公司生产经营的了解。2018年，公司共召开股东大会1次、董事会会议5次、董事会战略委员会会议1次、董事会审计委员会会议5次、董事会薪酬与考核委员会会议1次、监事会会议4次。会议的召开均符合相关法律法规和规范性文件的规定。

按照《企业内部控制基本规范》及配套指引等要求，宁波港制订内部审计工作计划，实施内部控制规范实施工作方案。组织做好公司内控自评工作，汇总自评缺陷，编写公司内部控制评价报告并报中国证监会备案。宁波港将36个核心制度绘制65张流程图，汇编成册印发给下属单位，促使各级管理人员对重要制度理解透彻，依规办事，照图操作，提高制度执行力度。

（2）合法诚信，有效保障债权人利益。

宁波港高度重视债权人合法权益的保护。通过建立健全资产、资金管理制度，加强资金预算管理和财务风险控制，确保公司财务稳健、资产资金安全。本着"合法、诚信、公平、互惠"的原则，与有关商业银行开展合作，做到及时向债权人通报与其债权权益相关的重大信息，并按合同约定按期还本付息，形成了银企双方相互信任、相互支持的良好合作关系。宁波港在重大经营决策过程中，均充分考虑了债权人的合法权益。宁波港具有良好的信用等级，2008～2018年连续11年获得"AAA"资信等级证书。

（3）及时合规做好信息披露工作。

宁波港制定《关于进一步加强信息披露工作的实施意见》《子、分公司重大信息管理考核办法（试行）》信息披露制度，及时、准确、完整地披露信息，同时做好信息保密工作和内幕信息知情人管理工作，确保所有投资者公平获取公司信息。积极开展自愿性信息披露，每月初主动向投资者披露上月集装箱、货物吞吐量等港口生产主要业绩，帮助投资者及时了解公司生产经营情况。注重加强与监管机构的经常性联系和主动沟通，积极向监管机构报告公司相关事项，确保公司信息披露更加规范。2018年，宁波港共披露了4份定期报告和35份临时公告，内容涉及年度报告、半年度报告、季度报告、生产数据提示性公告、日常关联交易、利润分配实施公告、发行超短期融资券、公司会计政策变更及修订后的《公司章程》《公司董事会议事规则》等，披露信息均真实、准确、完整、及时，没有发生一起"打补丁"现象。宁波港及时准确、诚信合规、优质高效的信息披露得到了监管部门以及广大投资者的认可，被上海证券交易所评为 2017 年度信息披露 A 类企业。

（4）积极维护良好的投资者关系。

宁波港长期致力于建立互动友好的投资者关系，持续推进与广大投资者的沟通交流，保持公司诚信、公正、透明的对外形象。宁波港不断加强日常投资者关系管理工作，通过"上证 e 互动"网络平台、邮箱、电话、现场调研等形式，多渠道与投资者进行互动交流。举办"凤凰计划——浙商股道行走进宁波舟山港"活动，展现宁波舟山港的良好形象。开展"理性投资、从我做起"投资者教育主题宣传活动，帮助投资者提升自我保护意识。注重网络舆情监测，重点加强对微信、微博等新兴网络平台的舆情监测，维护公司良好的社会形象。保持公司投资者热线 24 小时畅通，对投资者做好解释工作。2018 年 6 月 7 日，宁波港按照持股比例向全体股东进行现金分红，每 10 股派发现金红利 0.75 元（含税），共支付股利合计 9.88 亿元，占 2017 年度可分配利润 19.63 亿元的 50%，保持对投资者的稳定回报。

（5）严格遵守税法，及时足额纳税。

作为大型国有控股上市公司，宁波港按照税法规定，依法纳税，2018 年共缴纳税款 12.15 亿元，为国家和地方经济发展做出了应有贡献。

4. 注重环境保护，促进环境及生态可持续发展

一直以来，宁波港以建设"绿色港口"为己任，十分重视环境保护和污染防治工作。严格遵守国家有关环保法律法规，忠实履行企业环境保护职责，认真落实建设项目环评和"三同时"制度，有序推进港区重点污染源治理，实现港口生产建设发展与环境保护的协调统一。

（1）节能减排工作走在国内港口前列。

2018 年，宁波港发布节能减排中长期规划，扎实推进节能减排工作，全年实现装卸生产主营收入综合能源单耗 0.205 吨标准煤/万元产值。持续推进"绿色港口"创建工作，到 2018 年底累计完成投资 11.6 亿元。按计划推进岸电项目，完成梅山公司、北二集司 2 个高压岸电项目建设，目前共建成 6 套高压岸电设备，第四批穿山港区 2 个高压岸电项目开工建设，共获交通运输部岸电补贴资金 794 万元。新投运 LNG 集卡 91 台，目前已经形成 653 台 LNG 集卡运行模式。完成宁波市创建绿色交通城市项目中央节能减排资金申请，获三批补助资金共 1557 万元。

（2）强化污染源防治，积极推进清洁生产。

认真落实建设项目环评和"三同时"工作。宁波港严格落实建设项目的环保、安全、职业卫生"三同时"工作，加强施工过程的环境监理和跟踪监测，确保项目选址符合规划，建设程序规范，相关环保、安全配套设施齐全有效，减少和避免对周边环境的影响。完成穿山 1#泊位、北仑通用泊位的环评工作。积极推进梅山二期、中宅二期等在建项目的环境检测、监理和协调工作。

积极完善防控措施，认真落实港区污染防治工作。宁波港加强现场监督检查和指导，认真落实环保措施，开展问题整治和环保设施建设，全面提升港口清洁生产和环境保护水平。一是开展环保合规性专项检查，对照法规标准及环评文件，对经营资质、环保手续、规章制度、管理台账、设备设施、"三废"处置、应急预案等方面进行再检查、再梳理，详细排查目前薄弱的环节和存在的问题，归纳整理建立问题清单，主动应对环保问题。二是完成镇司煤污水处理能力提升工程。三是开展穿山港区污水整治工程。四是完成矿石公司 BC28 廊道封闭工程。五是持续开展镇海港区化工区VOCS 治理工作，落实减排措施。六是开展公司危险废物专项治理，完善危废仓库建设，强化危废全过程管理。七是积极开展海洋溢油联防体建设。

强化服务，进一步发挥港口公共环保设施保障作用。宁波港加强对公司环保船队、固体废物处理站、化工污水处理厂、油污水处理厂等港口公共环保设施的日常管理和维护工作，提升服务，充分发挥港口公共环保设施的保障作用，确保港口生产建设的顺利进行。2018 年，共接收到港船舶垃圾 7477 艘次，开展原油过驳作业监护 15 艘次，参加北仑、大榭、镇海等地海事处及各码头单位组织的环保演习 17 次。港口日常环境监测工作不断加强，对港区 185 个监测点 45 项污染因子持续开展日常监测，全年共完成826 项 6337 次的环境因子监测工作，为港口环保管理工作提供科学依据。积极巩固国际卫生港创建，继续推进甬舟公司创卫工作，提升港口卫生核心能力。

资料来源

[1] 宁波港 2018 年履行社会责任的报告 [EB/OL]. http：//quotes.

money. 163. com/f10/ggmx_601018_5133461. html.

　　[2] 宁波港官网，http：//www. nbport. com. cn.

　　[3] 郑长娟；邹德玲；顾悦军. 基于港口代际演进的临港服务业发展策略研究——以宁波港为例 [J]. 科技管理研究，2014，34 (2).

 案例思考题

　　1. 宁波港在企业社会责任方面给我们什么启示？

　　2. 宁波港履行企业社会责任的具体做法有哪些？

　　3. 作为物流企业，宁波港在履行企业社会责任方面有何特点？

　　4. 为何宁波港能入选 2017 福布斯"世界最受信赖企业"榜？

　　5. 宁波港在履行环境保护与可持续发展方面是如何做的？

　　6. 根据案例信息，宁波港在企业社会责任方面还有什么不足？

　　7. 宁波港在企业社会责任方面应如何进一步改进？

　　8. 宁波港在企业社会责任方面的经验适用于所有企业吗？

第十五篇
海亮集团：民办教育美名传

 案例导读

本案例介绍了海亮集团在企业社会责任方面的做法，诞生于 1989 年的海亮集团，近年来秉持"既讲企业效益，更求社会公德"的发展理念，优化高质量发展的产业结构，聚焦教育事业等，其在企业社会责任方面的经验有关注员工权益，坚持绿色理念，促进持续发展，热心公益，承担社会责任等。

（一）公司简介

海亮集团有限公司（以下简称"海亮集团"）创始于 1989 年。海亮集团秉承"以人为本，诚信共赢"的核心价值理念，以构建和谐生态文明社会为己任，形成了以有色金属、地产建设、农业食品、环境保护、基础教育、金融服务为主体的海亮产业体系，拥有 3 家上市公司，努力铸就受人尊敬、享誉全球的海亮品牌。

从单纯的加工型企业到复合型集团，海亮集团多元跨界，尊重人才，尊重创造，将对产品的关注提升到对社会及人的关怀，更以责任为心，诚信为本，携产业矩阵，领航前行。海亮集团先后荣获"全国五一劳动奖状""全国先进基层党组织""全国文明单位""全国模范劳动关系和谐企业"等殊荣。集团董事长、党委书记冯亚丽当选中共十八大代表，团委书记潘金生当选共青团第十七届中央委员会候补委员。

诞生于 1989 年的海亮集团，乘改革开放之天时，借浙汇先发之地利，聚勠力同心之人和，成就了一个中国民营企业从小到大、由大变强的典范。

海亮集团管理总部位于杭州市滨江区，现有境内外上市公司 3 家、员工 2 万余名，总资产超 550 亿元，产业布局 12 个国家和地区，营销网络辐射全球。2018 年，海亮集团营业收入 1736 亿元，综合实力位列世界企业 500 强第 473 位、中国企业 500 强第 115 位、中国民营企业 500 强第 25 位、浙江百强企业第 5 位。旗下的海亮教育集团是国内首家在美国上市的基础教育集团、中国民办基础教育的标杆，海亮股份在亚洲、美洲、欧洲设有 15 个生产基地，是全球铜管棒加工行业的标杆和领袖级企业。

近年来，海亮集团秉持"既讲企业效益，更求社会公德"的发展理念，优化高质量发展的产业结构，聚焦教育事业、有色材料智造、健康产业三大核心领域，致力于为人民美好生活提供"海亮方案"。根据规划，力争至 2025 年，在教育领域成为办学与科研实力超强、品牌超一流的民办教育集团，在有色材料智造领域实现产量超 200 万吨，成为全球铜加工国际巨匠，在健康领域成为国内具有较强影响力和竞争力的健康产业集团。

2010 年海亮集团获得第一批浙江省"循环经济示范企业"称号；2011 年海亮集团获得绍兴市"十一五"主要污染物减排先进企业、浙江省第二届绿色低碳经济标兵企业的荣誉称号，并在 2011 年浙江省上市和拟上市企业环境保护管理情况专项检查结果的通报中受到通报表扬。另外公司董事长冯亚丽荣获浙江省"十一五"排污减排工作先进个人；因公司董事长冯亚丽在慈善事业方面所做的突出贡献，2011 年获得诸暨市精神文明建设委员会颁发的"热心慈善楷模"、绍兴市关工委颁发的"绍兴市关心下一代工作荣誉奖"、浙江省委统战部颁发的"浙江省光彩之星"、浙江省人民政府颁发的"浙江慈善奖"等荣誉；2012 年 12 月被评为"绍兴市环境友好企业"。海亮集团始终把安全生产作为企业发展的永恒主题，连续多年开展了"安康杯"竞赛活动。2013 年，海亮集团连续第三次荣获全国"安康杯"竞赛优胜奖。

（二）企业社会责任实践

1. 以人才为第一资源

以人为本是海亮集团管理的基本点和出发点。企业的高速发展，离不开优秀人才的发展，这是海亮集团一直以来秉持的价值观核心。海亮集团视人才为第一资源，坚持以业绩为准绳，承认员工的成就，认可员工的能力，尊重员工的个性，着力构建人才引进、培养、任用、重用的畅通的发展通道，不断增强员工的归属感、获得感、凝聚力与向心力，让员工与海亮共事业、共命运、共发展。

海亮集团不断完善人才选用育留机制，吸引、凝聚、激励了优秀人才共建海亮事业、共谋海亮发展，企业活力进一步激发。

（1）保障员工权益。

海亮集团的员工关系构建以"职业化"和"人性化"，"成就感"和"归属感"为主要落地准则，将"人"放在最重要的位置，强调管理的起点是"员工"而非"制度""流程"，人才培养和团队建设的一切工作围绕"以人为本"开展，整体思路体现出浓厚的人性关怀。

海亮集团高度重视员工权益保障，严守国家相关法律法规开展人力资源管理工作，以平等、公正且激励的卓越工作成就的平台，为员工最大化地发挥才干提供有力支持。

（2）倡导公平就业。

海亮集团严格遵守《中华人民共和国公司法》《中华人民共和国劳动法》等法律法规，在人才招募中杜绝因种族、肤色、性别或年龄等因素产生的歧视行为，杜绝雇用童工及各种形式的强制劳动，为人才提供公平公正的就业机会，以活力、多元及可持续的员工队伍，为企业持续领跑提供有力支撑。

（3）提升薪酬体系。

海亮集团坚持"以人为本"的核心价值观，按照市场化原则，提供业内富有竞争力的薪酬，保有和吸纳优秀人才。根据员工工作岗位、能力、业绩和市场水平支付薪酬。为进一步激发员工工作热情与动力，在获得超越同行平均业绩的时候，员工也将获得超越同行平均水平的薪酬奖励。海亮集团同时按照国家法律规定和标准为员工提供福利保障，以及多种额外福利和援助，让员工享有体面工作和质量生活。

（4）完善考核体系。

公正而完善的绩效考核体系是保证企业管理和薪酬公正的基础，是员工职业发展和能力提升的必要前提。海亮集团历来将员工职业发展与能力提升作为企业最有价值的战略性投资，力争为员工创造机会，提供多元成长机制和平台。海亮集团根据不同领域制定标准，全面推进 KPI 量化考核。

2017 年，在集团各部门推行分级分层的 KPI 考核，对各部门的员工实行 KPI 量化。进一步建立完善与各产业板块绩效紧密挂钩、与各板块行业属性和地区薪酬水平相适应的，具有良好激励效益的收入分配制度体系。

（5）享有法定福利。

每个海亮集团员工都享有国家规定五险一金（养老、医疗、失业、工伤、生育保险、住房公积金）、法定节假日、婚丧假、产假、哺乳假、高温补贴、独生子女费、防暑降温费等；包括额外带薪年假、各类喜丧仪礼等，还为全体员工购买大病医疗、意外伤害等商业保险。

（6）员工关爱救助。

为了统一开展员工帮扶工作，切实帮助员工解决困难，海亮集团 2006 年起成立员工互助基金会，员工自愿认捐，企业兜底注资，每年集中开展 3 次以上困难员工救助和慰问，员工自愿认捐参与度高达 99.9%。截至 2017 年 12 月底，海亮员工互助基金会支出困难救助总额为 527 万元，救助了 410 多名困难员工（家庭），和他们共渡生活难关，重塑了生活的信心。

（7）鼓励民主沟通。

海亮集团为员工提供上下通畅的沟通渠道，在员工与管理层间架起透明、畅顺、高效的沟通桥梁，充分保障员工维护、主张和申述自己的合法权益。为帮助管理层更完整、更清晰地倾听员工的真实声音，海亮集团鼓励所有员工特别是一线员工可通过自愿及自由的方式，就公司和业务发展方面提交真实想法和心声的建议和意见。

（8）职业健康安全。

海亮集团重视员工的职业安全，以 OHSAS18000 安全及卫生管理体系要求为指导对所有工作场所的健康危害因素进行严格监控和管理，设置专人专岗，负责监控员工安全状态，通过不同渠道在员工中普及健康知识，定期开展安全培训和应急演练，全力保障员工健康和安全。

（9）增强员工竞争力。

海亮集团致力于创建学习型组织，把培训作为提升员工能力素质进而促进业务的主要途径，不断提高员工的职业素养，为企业培养专业性强、爱岗敬业的员工。海亮集团进一步完善员工培训和职业发展体系，形成市场化、专业化的职业发展路径，在实现员工个人成长的同时，增强企业人才竞争力。集团常规培训包含员工外派培训（专项）、员工外派培训（公开课）、内部研讨会、外聘讲师内训以及新员工入职培训。

2. 绿色理念促进持续发展

绿水青山就是金山银山。党的十九大报告提出，我们要坚持节约资源和保护环境的基本国策，像对待生命一样对待生态环境，建设美丽中国，为人民创造良好的生产生活环境。要形成节约资源和保护环境的空间格局、产业结构、生产方式、生活方式。

海亮集团一直注重发展循环经济和节能环保产业，致力于生产过程和产品技术的低碳化，始终秉承企业发展与环境保护并重的理念，致力以优质产品为社会创造美好的生活，也为子孙后代留下青山绿水。在生态农业上，海亮集团严格按照标准化管理缔造全产业链，全面推进生态农业，促进可持续农业发展；在实体制造业，海亮集团以绿色推动可持续发展，高度重视绿色技术的研发和创新，通过持续研发技术、提升工艺和改进设备，改变了铜加工行业以往重工艺和重污染的局面，保护环境实现绿色发展；在企业内部，坚持推行绿色办公理念，从上至下灌输从自我做起的环保思维。绿色发展思维让海亮集团能以高品质的产品与服务社会民生，为推动经济发展做出了应有的贡献。

2010年10月，海亮集团顺利通过了第二轮持续清洁生产审核，成为首家浙江省开展第二轮清洁生产并顺利通过的企业。2010年海亮集团制定并严格执行《环境信息披露工作制度》，建立健全环境信息披露机制，规范环保信息汇集流程，建立切实可行的环境信息披露责任追究机制。

（1）坚持绿色农业，缔造良好生态。

为减少原料种植过程的环境污染，海亮集团严格按照标准化种植管理系统开展农业生产，并通过相关认证；总结农业种植最佳实践经验，在各基地进行推广，全面推进生态农业，促进可持续农业发展；同时定期监测各子公司的能耗、水耗及污染物排放的情况，及时对沼液储存、废弃物处理等环境风险予以预警。在确保环境合规和高效运营的基础上，集团鼓励各子公司根据产业链特色探索适合的废物无害化、资源化路径，在生态系统保护、水源保护、农作物综合管理、土壤保护、废弃物综合管理、加工生产清洁化、农化品安全使用、应急预案及保护措施、长期发展规划等方面实现农业的生态化和可持续化。

（2）践行节能减排，推动现代制造。

高度重视节能减排工作，坚持走可持续发展之路。在发展过程中，以科技创新为动力，以短流程、连续铸造为技术依托，创造高产高效、安全环保的生产模式，从源头上持续推进节能减排工作，构建节能减排产业体系，持续探索具有循环经济产业特征的新型工业化道路。

（3）发展绿色技术，建设循环经济。

低碳经济是企业和社会在发展道路上的重大抉择，是企业转变经济增长方式、迈向可持续发展道路的重要途径。早在 2016 年，海亮集团通过转型升级，开发高效、低耗、短流程的铜管棒材连续制造新技术，实现了铜管棒材制造的重大技术进步。海亮集团把节能降耗与循环经济纳入工业企业发展的重要组成部分进行远期规划，并努力将循环经济的理念从方针、政策的层面提升到企业文化的层面。以建设循环型企业为目标，推进环境管理体系建设，运用清洁生产工艺，淘汰落后产能，加强资源循环利用，不断探索产业链延长路径，实现全生命周期低能耗、低排放和低污染。实现环境效益和经济效益的统一。

（4）推行绿色办公，提升环保意识。

在实际运营和办公过程中，海亮集团践行环保理念，实施资源回收利用，减少消耗和排放。通过长期持续的宣导，各职能部门及下属公司从细节入手推行绿色办公，员工在日常工作中也积极践行"绿色办公、低碳环保"，以实际行动践行绿色环保办公理念，提倡无纸化网络办公，加强资源分类回收利用，培养随手关灯和节约用水意识，鼓励公共交通方式出行，并通过环保知识培训、环保"地球一小时"等各项活动的开展，提升员工节能减排意识，营造绿色办公氛围。

3. 社会责任续力担当

随着三大产业板块的聚焦调整，海亮集团用矢志不渝的决心与信心来践行"事业即善业，善业即事业"的理念。海亮集团把积极履行企业社会责任作为实现世界级卓越企业目标的重要路径和依托，把对社会贡献的最大化作为企业永恒的追求。海亮集团一直致力于公益慈善事业，近年来更是以浙江海亮慈善基金会为平台，情怀桑梓，克己寸心，献己之力，把社会责任落实在日常经营活动和公益事业中。2017 年，海亮集团用于各类慈善公益事业的捐赠达 8000 余万元，在扶贫帮困、大病救助、节能减排、乡村振兴及"雏鹰高飞"孤儿培养工程等善业善行中累计捐赠总额已达 6 亿余元。海亮集团积极响应并主动参与国家精准扶贫工作，持续拓宽慈善辐射面，让公益慈善和社会责任工作大爱永存，彰显了企业的"功德之心"和责任担当。

2011年，海亮集团所在地浙江省诸暨市遭遇了自1997年以来最大的洪水袭击时，公司在第一时间出人出力，积极投身于当地抗洪抢险之中。

（1）公益慈善品牌项目。

为更好地发挥基金会的扶贫、扶智和济困、温暖等作用，不断探索企业精准扶贫的新路径，海亮集团坚持以品牌化项目开展公益慈善事业，注重发挥实效，传播奉献爱心，开展"精准脱贫"。

雏鹰高飞工程：由海亮集团和浙江海亮慈善基金会于2014年底共同启动的慈善公益长期项目。该项目每年上半年在全国范围内招募孤儿30～50名，并对他们进行持续、系统、广泛的援助，为他们提供"衣、食、住、行、医、保、教"全方位培养，最高援助至硕士研究生毕业。截至2017年底，海亮集团共援助孤儿190名，辐射到全国16个省份，每年用于孤儿培养的费用在700万元以上。

大病救助工程：浙江海亮慈善基金会十余年来坚持面向企业所在地周边因事因病致困群众开展救助活动。本着"救急、救难、救命"的宗旨，只要困难群众有所求，海亮集团必会有所应，已累计救助因事因病致困群众达530余户，发放救助款860余万元，帮助他们渡过生活难关，重塑生活信心。

励志助学工程：海亮集团每年资助诸暨全市考上大学的"双特"（特优、特困）学子上大学，截至2017年已累计资助600余名贫困学子完成大学学业，同时，海亮还在全国近10所高校设立奖学金和人才培养基金。

乡村振兴工程：授人以鱼，不如授人以渔，在开展物质、招工和资金帮扶等基础上，海亮集团更加注重精准扶贫的方式方法和发挥党群组织的引领作用，积极探索欠发达地区的自主发展之路，因地制宜开展项目合作等，帮助经济落后村改进村容村貌、发展集体经济、支持新农村建设、精神文明建设及环境保护等，激发结对村内生动力，实现共同富裕。

温暖关爱工程：对各类特发事件或自然灾害积极开展慈善捐助，带头履行社会责任；在"五水共治"、大气治理、文物古迹保护和福利事业等方面，有所作为，勇于担当；每年在企业所在地乡镇开展困难户新春慰问活动，近年来更是拓展到全市，2017年累计向全市400余户困难群众送上新春慰问金（慰问品）近百万元。

其他公益事业：2017 年，海亮集团向浙江大学教育基金会捐赠 2 亿元，共分三年捐赠，分别为 2017 年捐赠 7000 万元，2018 年捐赠 7000 万元，2019 年捐赠 6000 万元，海亮捐赠的资金主要用于支持浙江大学肿瘤学科建设和医学人才的培养等。

（2）企业公民。

传播商道。为商有道，商道酬信；欲流之远者，必浚其泉源。海亮集团以中国传统的商道精神为根基，以德养身、以诚养心、以义制利，积极创造和传播新时期商业文明，促进社会责任理念在全社会的传播。海亮集团创业 28 年来，带动和促进了当地经济的发展，同时在行业领先的优势上，慷慨运用自身资源帮助行业进行变革、引领行业发展；利用资产并购和整合的方式，挽救了许多经营困难的企业，在并购之时，海亮集团坚持以社会效益优先，强调既有社会效益，又体现企业的社会责任，同时实现企业可持续发展三方共融的理念。

参政议政。2017 年，海亮在参政议政上慎思谏言，为国计民生献计献策。学习贯彻党的十九大精神和习近平新时代中国特色社会主义思想，深入推进"两学一做"学习教育，党员干部在生产经营中的先进示范作用更加凸显，"五双工程"内涵更丰富；为企业推选的各级"两代表一委员"履职提供各种便利，注重发挥他们在参政议政上的积极作用，为经济社会建设建言献策、踊跃提案；积极参与浙商总会建设及活动组织，广泛参与到政治生活、经济建设及公平正气商业氛围的营造当中，为民企阶层发声，充分发挥了自身的角色使命。

4. 浙江海亮慈善基金会

（1）阳光透明平台。

浙江海亮慈善基金会严格按照阳光化原则运作基金。选择在浙江海亮慈善基金会官网公开慈善基金的运作机制、项目情况，同时也通过官方网站公布历年来捐款的明细，并出具详尽的年度、季度审计报告，以接受公众的监督。有意了解慈善资金来龙去脉的公众，可以随时浏览基金会网站了解情况。

（2）长效慈善机制。

浙江海亮慈善基金会认为，慈善要做不难，但难在坚持，不应该只是昙花一现。浙江海亮慈善基金会对项目的进展及现状进行回访，加强对贫困群体资金捐助使用情况的监督，以便达到资源的有效配置和杜绝贪污腐败的不法行为。同时浙江海亮慈善基金会对项目实行效果后续跟踪，确保慈善活动达到最大效果。

（3）合法合规经营。

浙江海亮慈善基金会通过多种方式和途径开展慈善公益活动，向社会传达了人道主义精神与责任感，对外捐赠坚持遵循依法合规，自愿无偿，量力而行，权责清晰，诚实守信的原则，以法律形式强化社会慈善公益意识。

 资料来源

［1］海亮集团官网，http：//www. hailiang. com/index. php/about/profile.

［2］中国机冶建材工会冶金工作部 . 坚持以人为本 构建和谐劳动关系——关于浙江海亮集团创建劳动关系和谐企业的调查报告 ［J］. 中国工运，2008（5）.

 案例思考题

1. 海亮集团在企业社会责任方面给了我们什么启示？

2. 海亮集团是怎样保障员工权益的？

3. 海亮集团在保护环境方面具体有哪些做法？

4. 2011 年，海亮集团荣获"浙江慈善奖"，为何能获得这一奖项？

5. 2011 年，海亮集团所在地浙江省诸暨市遭遇了自 1997 年以来最大的洪水袭击时，其在第一时间出人出力，积极投身于当地抗洪抢险之中。这样做的原因是什么？

6. 海亮集团在践行社会公益方面的做法具体有哪些？

7. 海亮集团为何要承担社会责任？

8. 如何评价海亮集团在承担社会责任方面的做法？

第十六篇
通策医疗：救死扶伤是我责

 案例导读

本案例介绍了通策医疗在履行企业社会责任方面的做法。其在企业社会责任的成功经验在提供服务、员工成长、公益活动、股东权益和合作伙伴五个方面有所体现。

（一）公司简介

通策医疗投资股份有限公司（以下简称"通策医疗"）是沪深两市第一家以医疗投资、医院管理为主营业务的主板上市公司（股票代码：600763 SH）。公司目前拥有多家口腔医疗、健康生殖医疗机构，致力于成为中国领先的综合医疗平台。

目前公司主要从事口腔医疗服务和辅助生殖医疗服务，其中口腔医疗服务主要包括种植、正畸、修复等口腔医疗服务，公司自 2006 年转型至医疗服务领域，目前拥有不同规模的口腔专科医院 31 家，是中国大型口腔医疗连锁机构。公司旗下杭州口腔医院创建于 1952 年，是世界上较大的口腔医院，并于 2016 年 5 月挂牌中国科学院大学杭州口腔医院。为加快全国布局，通策医疗参与设立了口腔医疗投资基金，投资建设北京、武汉、重庆、成都、广州和西安六家大型口腔医院。

由通策医疗与 2010 年诺贝尔生理学或医学奖获得者、"试管婴儿之父" Robert Edwards 创立的体外受精试管婴儿治疗中心剑桥波恩共同打造的昆明波恩生殖中心已投入运营，各项指标达到国际先进水平。通策医疗与中国科学院大学联合创办了中国科学院大学存济医学院，并设立中国科学院大学存济医学中心。通策医疗与杭州医学院达成战略合作，联合创办杭州医学院妇幼、口腔方面的二级学院，并开展产学研深度合作。

公司在努力夯实和增强口腔医疗行业服务能力的同时，积极拓展健康生殖医疗服务领域。辅助生殖服务主要包括不孕不育诊疗、辅助生殖（IVF）、二胎咨询等。

基于长远发展的战略性探索，公司于 2017 年开始涉足眼科医疗领域。公司受让浙江通策眼科医院投资管理有限公司 20% 的股权，通过控股股东与浙江大学、浙江大学附属第二医院及其眼科中心合作，充分发挥眼科医疗服务行业优质资源，作为公司对眼科医疗板块的首次探索。

通策医疗作为中国医药具有竞争力上市公司 50 强企业，连续五年入选"福布斯中国最具潜力中小企业 100 强"。

（二）企业社会责任实践

通策医疗企业社会责任履行以责任管理为手段，最终实现企业可持续发展。

通策医疗企业社会责任的构成主要包括：客户责任——为客户提供优质医疗服务；员工责任——让员工与企业共成长；股东责任——为股东创造更多价值；公益责任——积极回报社会。

2016 年 12 月，公司披露非公开发行股票预案，计划向公司实际控制人吕建明先生及陆兆禧先生、财通证券资管通策医疗 1 号定向资产管理计划、诸暨通策成长一号股权投资合伙企业（有限合伙）共四名特定对象非公开发行股票，募集资金总额不超过 120000 万元，全部用于投建"浙江存济妇女儿童医院"（总投资为 172029.49 万元），计划将其建设成为一家以妇科肿瘤、孕产及生殖相关医疗服务为特色的综合医院。该项目完成后，将有利于公司培育新医疗行业市场，有利于公司快速培育并形成优势医疗品牌，为公司切入妇幼诊疗业务奠定了扎实的基础。该项目成功后将会进一步提高公司的核心竞争力，增强公司持续盈利水平，培育新的利润增长点，为公司和股东争取更多的投资回报。

1. 客户责任：提供优质医疗服务

（1）加快布局，让更多患者享受优质医疗。

通策医疗加快全国"区域集团总院+分院"布局。一方面在浙江省内大力推广"蒲公英计划",联合各地有威望的医生将通策医疗的优质医疗服务下沉至浙江省的各个市、县、区、重点乡镇。同时公司积极与中国科学院大学、杭州医学院、北华大学、湖南医药学院等全国各大知名院校合作共建口腔医院,引进先进的技术、人才、管理、教育培训资源,提升医疗水平。

另一方面公司在浙江省外通过口腔基金的形式在武汉、重庆、西安、成都、北京等地投资新建六家大型口腔医院作为当地总院,拓展省外口腔业务布局,服务全国患者。通过全国交流与融合,最终实现技术、人才、资金、市场、服务网络等全国口腔资源的共享。

(2)高校合作,组建高水平医生集团。

一个城市没有很强的医学院,医疗资源必定捉襟见肘;一个医院没有教学和科研,不可能成为一流的医疗机构。通策医疗对标纽约长老会集团,坚持和高校合作。

(3)海外合作,引进先进医疗体系。

剑桥波恩是由 2010 年诺贝尔生理学或医学奖获得者、"试管婴儿之父"Robert Edwards 创立的全球首家体外受精试管婴儿治疗中心。公司与英国波恩有限公司合作,将国际先进的辅助生殖医疗技术和国际标准化管理体系引进中国。

(4)对外交流,共享技术资源。

2018 年,通策医疗参加国内外学术交流会议 107 次,于全国各类种植大赛、病例比赛获奖 60 次。通过不断对外交流了解行业新动态、新技术,增加与口腔同行们的联系与探讨。

(5)发展科研,贡献口腔技术成果。

2018 年,通策医疗在各类期刊共计发表论文 48 篇,取得实用新型专利7 项。

(6)坚守质控,提升医疗服务质量。

完善质量控制体系。通策医疗完善医疗管理体系,推进医院精细化管理,稳步提升医疗服务质量,全面推进以客户满意度为指标的考核体系;持续优化公司及下属医院医疗及行政规范管理,持续优化公司内审机制,细化工作目标和要求,提高管理效率;同时,公司不断健全医院管理的标准化流程,强化医疗质量标准的日常监督管控,编制了《医院院感标准手册》《医院服务标准手册》等,明确和细化各科室管理职责,规范管理行为。

专门委员会监督公司设立医务委员会。通过专门委员会监督设立医务委员会。全面规范下属口腔医院的医疗、护理、院感标准化标准、规范与流程，加强医疗质控管理，优化内审机制，对下属各医院进行标准化培训与指导，提升医疗质控管理水平与医疗质量。

医师规范化培养。通策医疗目前主业处于医疗服务产业链前端，直接面对终端消费者。为进一步完善医疗管理体系，不断健全医院管理的标准化流程，强化医疗质量标准的日常监督管控，通策医疗编制了一系列制度文件，明确和细化各科室管理职责，规范管理行为。2018 年，医务委员会、服务委员会严格贯彻国家最新法规要求，参照相关行业规范管理水平，制定了《2018 年度医疗质控管理标准与评审细则》《2018 年度服务管理标准与评审细则》并下发至各分院，并对通策医疗旗下各家口腔医院共计组织督查、指导、培训 105 次，覆盖 33 个院区，2000 余人次。

强化现场检查。2018 年质控检查采取抽调外省专家相互交叉、现场突击检查等形式，对通策所属的医疗法人机构的医疗、护理、院感与服务等质控工作进行了年度专项检查。通过几年的医疗质控现场综合检查、持续培训、带教、改进，各医院质控水平与服务水平整体上取得了持续提升。

（7）推己及人，一切以患者为中心。

构建服务体系。通策医疗致力于为客户提供优质医疗服务。通策医疗深入理解客户需求，以客户体验为出发点，不断完善服务体系，提升服务品质，携手合作伙伴不懈创新，努力为客户提供优质、便捷、丰富、高性价比的医疗服务。

提升就医体验。首先，全面实行 CM（Case Manager）团队接诊模式。CM 团队接诊模式对标美国梅奥诊所，全面围绕客户需求开展工作，使服务可以被客户感知，从而形成真正的营销。其次，通策医疗为患者提供适合患者需求的个性化、定制化服务，不仅针对患者病症提出有效的诊疗手段，也会根据患者需求、经济承受能力等提供多样化的治疗方案。再次，为给患者提供更加舒适的就诊环境，通策医疗不断更新设施设备，对老院进行改扩建，及时维护医院设施，并不断学习先进的设计理念，在新建医院设计中将诊疗环境提升到更高的水平。最后，长期以来医院往往存在等待时间过长的情况，为减少患者等待时间，提升患者就医体验，通策医疗通过转诊制度、加强地面引导、网上预约挂号、增加设备、合理布局等方式不断优化诊疗流程，提升患者对诊疗的满意度。

专门委员会管理。通策医疗设立服务委员会，规范医院服务体系、流程，提升医院整体服务水平，优化患者就医体验，全面推进以客户满意度为指标的考核体系。

服务委员会积极持续改进与提升各医疗机构的"服务即营销，让患者满意"的服务理念与品牌文化形象，建立健全国内一流的医院服务管理文化与标准化流程体系，积极对各下属医院的客服体系及业务流程进行培训、检查、评审与考核，对全国各新建大型口腔医院的客服体系进行培训指导与支持。

重视患者评价。通策医疗下属各医院通过提供优质的诊疗服务积累了良好的口碑，赢得了广大患者的认可和好评。

2. 员工责任

（1）保障员工权益。通策医疗始终坚持以人为本，依法维护员工权益，注重建立和谐劳动关系；积极开展员工培训，拓展员工职业发展通道，不断改善员工工作环境和创造好的工作条件，增强员工归属感，努力实现企业与员工共同发展。2018年通策医疗发起以通策体系内医生为主建立的医生联合执业团体通策医生集团，合伙医师共同出资、共同管理、共享收益、共担风险，让医师与公司共同成长。

（2）助力员工成长。为加强人才队伍建设，为公司后续发展积累骨干力量，通策医疗充分利用现有医疗资源和优势，提升内部培养力度。

打造成长平台。通策医疗通过与知名医学院校、医疗机构合作，利用医学院和医院组成医教研平台，形成医教研一体化人才培育体系，人才引进模式形成良性循环，为公司的可持续发展提供了有力保障。

医疗技能培养。通策医疗通过组织及聘请技术专家团队、管理团队到各下属医院进行技术交流和工作指导，组织医疗质量培训、院感培训、护理培训、仪器设备培训各类培训方式，进一步提高集团内各医疗机构的整体医疗水平。2018年医生团队及公司牙学院、各医院组织开展培训共计814次，培训受众达到26368人次。通过这些交流培训，不仅提高了公司的整体诊疗水平，还为公司储备了必要的后备人才，为公司的发展提供了人才保障。

学院制模式。通策牙学院是公司成立的一家非营利性教育培训组织，致力于提升医疗技术水平，培养临床方向的口腔领域人才。

（3）提升员工幸福感。

通策医疗注重企业文化建设、关注员工精神世界，通过举办多种活动，丰富员工生活，营造关爱员工、注重员工成长的和谐氛围，增进员工感情，加强部门交流。通策医疗总部及下属医院设有员工食堂，每日荤素搭配保证均衡营养膳食。公司设有健身设施，员工在工作后能够在健身中心舒缓压力，锻炼身体。

3. 公益行动

通策医疗希望能让所有人享受口腔健康的权利，了解口腔保健知识、提高口腔保健意识，享受美好生活，因此通策医疗鼓励员工发扬志愿精神，参与多种形式的志愿服务活动，让自己的专业知识服务更多的群众。

（1）义诊。

通策医疗以关爱口腔健康为目的，通过义诊向群众宣传口腔健康知识，提高广大人民群众的健康水平。让民众了解到通策医疗旗下口腔医院，提升通策医疗旗下口腔医院品牌形象。

（2）口腔科普讲座。

通策医疗旗下口腔医院通过长期坚持口腔宣教活动，希望为转变杭州民众的护齿观念，增强口腔健康保健意识做出微薄贡献，从而推动全民健康意识的转变。口腔医院医护人员一起为环卫工人们进行口腔检查，并现场告知他们检查结果，对有龋齿、牙齿缺失、牙周等口腔问题的环卫工人做出详细的健康指导及治疗建议。

2016 年，通策医疗下属医院共举办了两百余场口腔保健讲座和义诊，覆盖约 20000 人次。健康宣教活动的开展在为医院增加知名度和美誉度的同时也为医院发展提供了持续动力。其中：①走进了 10 余家中小学和大学，如清泰实验小学、杭州十四中、学军中学、浙江理工大学、浙江建设职业技术学院、浙江财经学院、浙江工商大学、杭州师范大学等。②走进了几十家大中型企业单位，如浙能电力公司、杭州电信、中信证券、腾讯公司、骏宝行、网易公司、偶尔科技、杭州美控、交通银行、武警中队、辉瑞制药等。③走进数百家社区，同时邀请医院周边市民到院参加"口腔保健大讲堂"。

（3）儿童零龋齿计划。

杭州口腔医院与浙江存济医疗教育基金会"儿童零龋齿计划"特别针对弱势儿童提供免费口腔治疗，同时也得到了存济医疗教育基金会的支持，让更多儿童受益。2016 年 3 月，通策医疗下属医院携手杭州市时代小学，打造全国首家"零龋齿学校"，以健康讲师进驻学校、家校护齿同步等方式，以预防大于治疗的理念，为孩子们的口腔健康保驾护航。此次活动策划开展了一系列项目，如"口腔保健大讲堂""零龋齿爱牙标兵""一年两次全面口腔健康体检"等。同时自愿加入"爱牙大本营"的学生在全口涂氟、窝沟封闭、龋齿治疗、洁牙及早期矫治享受相应折扣和减免以及"家庭保障卡"等相应服务。在为时代小学青少年推广、普及、预防、治疗的同时，间接提高了医院初诊人流量，巩固了医院公益形象。2018 年"儿童零龋齿计划"累计开展了 181 场口腔健康讲座、346 场义诊活动、428 场学校宣教、330 场小牙医活动及 348 场企事业单位及其他宣教，累计服务 155920 人/次。

（4）关爱孤独症儿童口腔健康项目活动。

2016 年通策医疗下属医院作为全国唯一一家民营单位参与中华口腔医学会发起的首届"关爱孤独症儿童口腔健康项目"，共为 5 名受益患儿完成治疗，让爱点亮了这些"星星的孩子"的笑容。

（5）开展护牙小卫士活动。

2011 年以来，通策医疗下属医院与杭州市上城区 20 余所小学联合开展"爱牙大本营"系列爱牙活动，征集形象健康阳光、工作认真负责、有公益心且对口腔保健兴趣浓厚的学生组成护牙小卫士，每校 5 名的"小卫士"按照学校编排为"护牙小分队"，由下属医院预防保健科医师和学校卫生老师做专业指导，制定出口腔健康知识大讲堂、爱牙宣传黑板报、口腔保健作品、向父母或亲朋好友开展口腔知识宣讲等 10 个护牙选项，年末根据完成内容评选优秀小分队。

4. 股东权益

作为上市公司，通策医疗积极维护股东利益，通过完善公司治理，开展市值管理等手段，基于客户责任、员工责任、公益责任的履行，实现经济效益与社会效益的同步提升，成为一个业绩佳、有担当、负责任的企业，从而实现并保障股东利益最大化，为股东创造更多的价值。

（1）完善公司治理。

公司治理是现代企业经营管理和规范运作的首要任务，是维护股东利益，为股东创造更多价值的重要保障。通策医疗严格依据《中华人民共和国公司法》《中华人民共和国证券法》《中华人民共和国上市公司治理准则》等法律法规的要求，通过多种方式及手段不断完善公司治理结构，建立健全公司内控机制，促进公司规范运作，提高公司治理水平。

（2）及时、公平、真实、准确、完整地进行信息披露。

通策医疗严格遵守《信息披露管理制度》和《内幕信息知情人登记管理制度》等相关规定，真实、全面、及时地履行信息披露义务，强化内幕信息知情人登记的制度化管理，由专人负责落实内幕信息知情人的信息登记存档，并根据工作实际情况及时与交易对方有针对性地签订《保密承诺书》等文件，从而确保广大投资者享有平等的知情权，将信息披露的公平、公开、及时、透明、完整落到实处。

2018 年，通策医疗高效高质完成信息披露工作。公司在信息披露过程中，严格按照相关法律法规及指引的披露程序执行，确保信息披露内容真实、准确、及时、完整，没有虚假、误导性陈述或者重大遗漏。2018 年，通策医疗共发布了 4 份定期报告及 58 份临时公告。

（3）保障股东大会、董事会、监事会的规范运作。

2018 年，通策医疗累计召开股东大会 3 次、董事会会议 9 次、监事会会议 6 次，对公司定期报告、2017 年决算报告及利润分配、董事会报告、监事会报告、内部控制及风险管理、高级管理人员业绩考核、日常关联交易等重要事项进行了审议。公司上述会议召集召开表决披露的程序均符合规范要求。

其中，公司股东大会采用现场结合网络投票的方式进行议案表决，并就与中小股东利益密切相关的议案采用中小股东单独计票方式，切实充分地维护了公司股东，特别是中小股东的合法权益。

（4）做好投资者调研接待、热线电话应答等投资者沟通工作。

通策医疗持续提升投资者关系管理水平，通过多种渠道与投资者开展沟通交流。公司通过召开分析师及投资者发布会，由公司管理层直接与分析师、基金经理、投资者沟通交流公司战略、经营情况及重大交易进展。2018 年通策医疗接受了近 150 家机构，450 余人调研。股东大会上，管理层积极接受投资者提问，准确、详尽地回答投资者关心的问题。公司还设有专人负责与投资者的日常沟通联系，包括接听热线电话、回复邮件、回复上证 E 互动平台的投资者提问、接待投资者来访等。

得益于公司优异的业绩和对股东的充分尊重，通策医疗进一步得到投资者的重点关注和认可，获得了许多机构和个人投资者的长期支持。

5. 合作伙伴

（1）发展优秀的合作伙伴。

2018 年通策医疗及控股股东继续积极与国内外知名院校和医学院合作，公司向世界最好的医院学管理，争创国际一流，让医疗回归医疗本质，以医生集团为中心，努力打造以价值观为导向的专业化、国际化、医教研一体化的生态系统。

（2）与供应商合作共赢。

通策医疗与世界知名牙科供应商皆建立了长期友好的合作战略伙伴关系，充分运用世界知名牙科供应商的业界资源，积极开展各类教育培训。与重要的医疗设备供应商在建立互信的基础上增加合作深度、扩大合作范围，设备使用的安全性、可靠性得到加强，临床医生也通过各种培训和学术交流，熟练掌握设备操作。此外，供应商通过和集团的合作，提高了设备区域的销售率，达到双赢的效果。

 资料来源

[1] 通策医疗官网，http：//tcmedical. com. cn/index. html.

[2] 王冰. 低现金股利分配政策的动因研究——基于通策医疗的案例分析 [D]. 北京交通大学，2018.

 案例思考题

1. 通策医疗在企业社会责任方面给我们什么启示？
2. 通策医疗履行企业社会责任的具体做法有哪些？
3. 作为医疗企业，通策医疗在履行企业社会责任方面有何特点？
4. 为何通策医疗能连续五年入选"福布斯中国最具潜力中小企业 100 强"？
5. 通策医疗在履行公益责任方面是怎么做的？
6. 根据案例信息，通策医疗在企业社会责任方面还有什么不足？
7. 通策医疗在企业社会责任方面应如何进一步改进？
8. 通策医疗在企业社会责任方面的经验适用于所有企业吗？

第十七篇
广厦集团：安得广厦千万间

 案例导读

　　本案例介绍了广厦集团在履行企业社会责任方面的做法。广厦集团抓住了新形势下对企业管理战略的变革要求，从更广泛的公众利益和社会发展的角度来考虑问题，自觉接受社会和公众对自己的监督、检验和认可。其在承担社会责任上主要体现在两个方面：在企业内部，用绿色的和谐理念树立战略发展规划的原则，着力打造各个利益主体之间的和谐氛围；在企业外部，主动承担与社会各利益相关者和自然环境之间的和谐义务。

（一）公司简介

　　广厦控股集团有限公司（以下简称"广厦集团"）于 2002 年 2 月 5 日成立，经营范围包括一般经营项目：从事高新技术企业及科技型企业的股权风险投资、实业型风险投资，信息咨询（不含证券、期货的咨询）及科技成果转让的相关技术性服务，企业资产重组、收购、兼并，实业投资，经营进出口业务等。

　　广厦集团现有 7 个区域直属集团，成员企业 100 多家，员工 10 万余人，企业总资产 183 亿元，是浙江省人民政府重点培育的 26 家大型企业之一。据国家统计局 2006 年公布的全国 1000 家大企业集团排名，广厦名列第 95 位。全国民营企业排名第 5 位，2003～2006 年连续四年浙江省民营企业（营业收入）排名第一。2009 年成功入选"中国建筑 500 强"，排名第七位。

　　广厦集团以建筑和房地产为主导产业。按照"大建设、大基地、大项目、大品牌"的经营理念,已形成以广厦建设集团、浙江东阳第三建筑公司、浙江广宏建筑公司、杭州建工集团、陕西路桥建设集团、湖北第六建筑工程公司、上海耿耿市政公司为骨干的优势建筑企业群体。其中,广厦建设集团和东阳第三建筑工程公司具有国家建筑业特级总承包资质。广厦建设集团年完成施工产值近 300 亿元,2006 年居中国总承包商第 11 位,民营建筑企业第 1 位。市场遍及全国 28 个省、市、自治区和特别行政区。在阿尔及利亚、约旦、科威特、纳米比亚、马达加斯加、新加坡、美国和俄罗斯等海外 10 多个国家和地区,建有分支机构和业务基地。1997 年来,创"钱江杯""白玉兰杯""长城杯""巴渝杯"等各类优质工程近 500 项,其中获国家建筑工程最高奖——鲁班奖 25 项。

广厦房产本着"以人为本、引导需求"的市场战略定位,目前已在浙江、北京、上海、重庆、南京、合肥、西安等地完成了房地产市场布局。房地产开发中融入"企业参与城镇化建设"的理念,在杭州"天都城"打造国际生活品质示范城,企业以市场手段积极参与城市基础设施建设和商品房开发,在当地政府确定的区域内,统一规划,整体设计,分步实施建设。广厦房产集团荣获 2005 年度浙江省房地产开发企业 50 强第 6 位。广厦控股公司荣获 2007 年中国房地产百强企业,排名第 28 位。

在做好建筑业和房产业的同时,广厦集团先后在四川阿坝等西部地区投入水电能源建设,发展能源产业。其在杭州、金华等地参与旅游事业建设,形成了由酒店、商场、主题公园、自然景区等组成的商业旅游业。广厦集团还积极参与文化事业建设,在浙江省的全国文化体制改革试点工作中,取得了一系列成果,如与浙江广电集团合作组建浙江影视集团。广厦集团还以回报社会为初衷,创办了万人大学——广厦建设学院,这是具有独立颁发国家承认大专文凭资格的高职院校,被评为全国优秀民办高校。为了提高浙中地区医疗水平,解决老百姓看病难问题,广厦集团在金华投资兴办了非营利性医院——广福医院。

近年来,广厦集团实施"跳出建筑做建筑""以资本换身份,以兼并拓市场"的战略,积极参与国有企业改制。1998 年以来,先后控股重组了杭州建工集团、湖北第六建筑工程公司、陕西路桥建设公司、上海耿耿市政公司、上海照明灯具有限公司以及杭州华侨饭店、金华广福医院等 10 多家大中型国有企业,并全部平稳过渡,达到了多赢效果。媒体称此举"发展了企业,回报了股东,满意了政府,富裕了职工,扩大了就业",是"公有制实现形式的范例"。

广厦集团以回报社会为天职，积极从事社会公益事业，造公园、办大学、建医院，设立慈善基金、投资希望小学、支持志愿者行动、参加春暖2007大型公益活动，捐助、投资社会公益事业累计已达10亿元以上。广厦集团2005年、2006年连续两届被授予"中国优秀企业公民"称号。原广厦集团董事局主席楼忠福2003年被评为"全国首届十大社会公益之星"、2004年被评为"首届中华慈善人物"、2005年被评为"中国公益事业十大功勋人物"、2006年获得"浙江慈善奖"。

广厦集团对社会的贡献，得到了国家和人民的高度肯定，一家企业产生了两位全国人大代表。楼忠福还获得"全国劳动模范""中国改革十大新闻人物"等荣誉，2003～2006年连续四年和国家领导人一起出席APEC会议，中央统战部、国家发改委、国家人事部及原国家工商局和全国工商联于2004年联合授予他"优秀中国特色社会主义事业建设者"称号。2006年被中国北京邓小平思想研究会、中国企业思想家论坛评为"中国企业思想家"。

2016年，广厦集团获得东阳市人民政府颁发的"2015年度超百万纳税单位"奖牌等荣誉；2017年，广厦集团房产子公司浙江天都实业有限公司主要房产项目——广厦天都城荣获"2016金砖论坛暨第五届金砖价值榜——2016年度最具人气品质楼盘"；下属子公司广厦传媒有限公司投资拍的电视剧《蜂鸟》获第13届南方盛典收视贡献奖，《最后的战士》获第12届东方电影、电视剧收视贡献奖。这些殊荣的获得，充分展现了公司转型的发展成果，也是社会各界对公司践行社会责任的充分肯定。

2019年8月22日，"2019年中国民营企业500强"发布，广厦控股集团位列第79位。

2019年9月1日，2019中国企业500强发布，广厦控股集团有限公司位列第240位。

2019年，上榜浙江省百强企业，排名第27位。

（二）企业社会责任实践

1. 内控制度建设情况

广厦集团根据《中华人民共和国公司法》《中华人民共和国证券法》

《中华人民共和国会计法》《企业内部控制基本规范》《上海证券交易所上市公司内部控制指引》等有关法律、法规和规范性文件的要求，通过建立、完善并贯彻执行规范有效的内部控制制度，保证了公司各项生产经营管理活动有章可循，规范运作，防范公司经营风险，保证了公司资产安全，确保了财务报告及信息披露的真实、准确、完整，并在所有重大方面保持了有效的财务报告内部控制。尚未发现公司在内部控制设计和执行方面存在重大缺陷。

2. 认真履行信息披露义务

广厦集团严格履行信息披露义务，及时、真实、准确、完整地披露公司各类信息，包括关联交易公告、出售资产公告、担保公告等重大事项。同时，公司指定董事会办公室及证券事务代表负责信息披露工作，接待股东和投资者来访、咨询工作。公司通过业绩发布会、接受投资者来现场调研、接听回复投资者来电、提供股东大会网络投票等多种形式，充分和股东及投资者进行沟通。公司在信息披露工作中，始终坚持公开、公平、公正的原则，充分地保证了全体投资者的知情权。

3. 注重股东收益回报

广厦集团根据中国证监会《上市公司监管指引第 3 号——上市公司现金分红》、上海证券交易所《上市公司定期报告工作备忘录第七号——关于年报工作中与现金分红相关的注意事项》的相关规定，为进一步细化《公司章程》中关于利润分配政策的条款，增加利润分配决策的透明度和可操作性，加强对股东合法权益的保护，对《公司章程》中关于利润分配政策的条款进行了修订。公司现行的利润分配政策能够充分保护中小投资者的合法权益，有明确的分红标准和分红比例；利润分配政策调整或变更的条件和程序合规、透明。

4. 债权人利益保护情况

广厦集团在经营决策中，充分考虑债权人的合法权益，严格按照与债权人签订的合同及以债权人认可的方式履行债务，保障债权人的合法权益。公司与发生业务的银行、信托公司保持着良好的关系，从未有过逾期贷款的现象，与众多机构建立了良性的互动，实现股东利益与债权人利益的双赢。

5. 投资者关系管理

广厦集团严格按照《上市公司规范运作指引》《投资者关系管理制度》《信息披露管理办法》等，通过及时披露定期报告和临时报告、接待投资者现场参观、回答投资者关系互动平台的提问、电话沟通等方式，回答投资者的咨询，及时向管理层反馈相关信息。认真接待投资者问询，介绍公司基本情况、发展战略、经营现状、行业地位和未来发展，听取投资者的建议和意见，与投资者进行较好的良性沟通互动。

2016 年广厦集团制定了《投资者关系管理制度》等相关规定，不断加强投资者关系管理工作。为增进投资者对公司的了解，解答投资者疑问，公司设专人负责投资者关系管理工作，同时通过接听电话、来函回复、公司外部网站、网上业绩说明会、接待投资者来访及"上证 E 互动"交流平台等多种形式加强与投资者的沟通，并认真听取投资者对公司经营方面提出的宝贵意见与建议，做好投资者与公司之间的互动和交流工作。

公司管理层也重视与投资者的沟通，广厦集团分别召开了 2017 年年度现金分红情况说明会暨网络业绩说明会、2018 年半年度网络业绩说明会、重大资产重组媒体说明会，公司管理层就投资者及社会各界关心的问题进行了充分说明与沟通，使广大投资者更加直接地了解公司转型期的基本情况。

6. 职工权益保障情况

（1）职工劳动及福利权益保障。

广厦集团根据国家现行法律法规修订了劳动合同，保护职工的合法权益；积极探索完善激励机制，加强部门和员工考核工作，加大绩效考核力度，将经营目标完成情况与部门绩效、员工薪酬紧密挂钩，修订完善了《薪酬管理制度》和《员工绩效考核制度》，并组织开展了薪酬调查，有效激发了职工工作积极性和创造性；公司也根据自身实际情况，完善好职工食堂、职工公寓等基础设施，解决关系职工切身利益的现实问题，尽最大努力为职工消除后顾之忧。除此之外，公司定期组织全体职工进行免费的全面健康体检，在妇女节、中秋节等重要节假日和职工生日当月均为员工准备精美礼品，提高员工的向心力和归属感。

（2）人才的培训与发展。

广厦集团注重职工的职业生涯的发展规划，积极开展职工培训，将职工培养作为公司发展的基础和重要目标之一。其主要采用的内部培训形式包括新职工入职培训、岗位技能培训、专业知识培训等，主要的培训方式是由企业内部高管组织专题培训或外聘专业人员以现场讲解的方式进行专业培训。2018 年，广厦集团组织开展了包括财税知识、资本运作、转型发展在内的各类专题培训。除了组织职工参加内部培训外，广厦集团还鼓励和支持职工及董监高参加税务部门、上海证券交易所、上市公司协会举办的各类专业培训，有效提高了职工业务水平和思考能力，实现人力资本的保值、增值，也为公司的发展打下了良好的人才基础。

在职工的激励机制方面，广厦集团每年都在总部及下属分子公司评选及表彰年度先进工作者，并根据相关制度对其优秀表现给予奖励。这些措施对调动职工的积极性、激发职工的劳动热情起到了推动作用，实现员工发展与企业效益的多赢局面。

（3）关注职工身心健康。

广厦集团积极组织开展文化娱乐活动，培养健康向上、团结协作的工作氛围，在创造经济价值的同时，也创造和谐快乐的文化价值。

2016 年，广厦集团及所属企业组织企业员工参加了"2016 年广厦人篮球交流赛"，运动员凭借不懈的努力，在比赛中展现了良好的精神风貌；开展了运河徒步走活动，加强了公司各部门间的交流和沟通。此外，在"妇女节"等节日期间公司还组织形式多样的交流活动，形成了"积极向上、快乐和谐"的文化氛围，增强了员工集体荣誉感、凝聚力和向心力，并且丰富了广大员工的业余文化生活。

2017 年，广厦集团及所属企业组织举办了广厦自行车大赛、金秋登山毅行活动、趣味运动会，职工们在比赛和活动中展现了良好的精神风貌，加强了公司各部门间的交流和沟通。此外，公司还组织职工参观各种形式多样的参观交流活动，比如参观全国体育科技成果转化展览会，形成了"积极向上、快乐和谐"的文化氛围，创造了良好的企业氛围，增强了职工的集体荣誉感、凝聚力和向心力。

2018 年，广厦集团及所属企业组织举办了广厦"不忘初心，砥砺奋进"主题演讲比赛、马拉松比赛、登山毅行，职工们在比赛和活动中展现了良好的精神风貌，加强了公司各部门间的交流和沟通。此外，公司还组织职工参加各种形式的参观交流活动，比如参观浙江革命烈士纪念馆，形成了"持之以恒、严谨有序"的文化氛围，创造了良好的企业氛围，增强了职工的集体荣誉感、凝聚力和向心力。

7. 助力社会发展

广厦集团在致力企业发展的同时，也积极履行相应的社会责任及义务，2016 年广厦集团及子公司共缴纳税款 7989 万元，为国家和地方的财政收入做出了应有的贡献；天都实业公司投资 1500 余万元兴办幼儿园、小学等基础教育设施，解决周边适龄儿童入学问题。此外，公司也积极参与天都城及周边公共配套设施的提升工作，如花费 150 余万元对周边道路及河道进行综合整治，投资 2860 余万元对欢乐四季公园及天都城中轴景观带进行改善性维护，为天都城及整个星桥镇宜居环境建设工作贡献了自己的一分力量。

8. 助力社会建设

1993 年始，广厦集团相继投资 4 亿元建设东阳儿童公园、西山公园、广厦白云文化城和天都城欢乐四季公园等社会公共设施，成为市民们游览的理想去处。

为改善浙江中部的医疗条件，2002 年广厦集团投资 2.8 亿元兴办金华广福医院，成为浙中地区同时覆盖浙、闽、赣、皖四省九市的一所现代化肿瘤专科医院；为了提升浙江建筑大省的文化内涵，发展教育事业，2002 年又投资 3 亿元创办了浙江广厦建设职业技术学院，并被中国教育联合会授予"中国一流民办大学"的荣誉称号，成为"中国十大优秀民办高校"。

2006 年投资 3.5 亿元摘走了江宁织造府这个"绣球"，为南京的文化旅游事业做出了应有的贡献。

2011 年底，广厦集团耗资 3000 万元启动了"广厦民工成长工程"，包括：出资 500 万元用于民工家庭的助学帮扶，建设百所标准化民工学校，建立百所文化活动室等。

9. 支持社会文化事业

为丰富人民群众的文娱生活，广厦集团还热心支持社会文化事业，主办、协办"杭州西湖博览会国际烟花大会""夏衍诞生一百周年纪念活动""第八届中国文化人口奖"，以及浙、黔、陕三省共庆建党 80 周年"党在我心中——南湖红船圣地行"等各种大型文化活动。

2004 年广厦集团捐赠 400 万元设立浙江传媒学院"传媒奖学金"；捐资

300万元独家赞助第七届中国艺术节开幕式文艺晚会，安排工人、军警、教师、民工四个专场让普通群众免费欣赏高水平、高层次的文艺演出；投资6000多万元与浙江广电集团组建浙江影视集团，并投资300万元组建钱江浪花艺术团。

2007年，广厦集团为配合浙江"民工在线"节目的开播，积极响应浙江省总工会开展向身边的农民工送收音机活动，在社会上引起极大反响。

10. 抗震救灾

广厦集团多年来，捐赠杭州、东阳、余杭等地的慈善机构1620万元设立各项慈善基金；连续多年积极参加"春风行动"，为贫困群众送去温暖；为"非典"、台风"云娜"和印度洋海啸受灾区捐献巨款。

2006年8月，超强台风"桑美"袭击浙江沿海，对当地人民的生命财产造成巨大损失。广厦集团一方面向台风受灾区捐款30万元，另一方面派出一支建筑队赴灾区建造了90间2000平方米的安置房，共投入90余万元，给了当地灾民一个温暖的家。

2008年汶川地震发生以后，广厦集团多次组织全国各地的员工进行捐款，支援各受灾地区人民，并组织建筑队伍赴灾区支援重建，合计共捐款、捐物等600多万元。

2009年，广厦集团各单位广泛开展扶贫结对、下乡送医药等活动，杭州海外旅游公司还援助了台湾地区因台风"莫拉克"影响造成损失的地区，全年捐赠共计120多万元。

2010年，广厦集团下属的广宏建设有限公司建立300万元慈善冠名救助基金，持续三年以上开展助冬、助残、助医、助困和救灾等活动。

2013年4月20日，四川雅安7.0级地震发生后，结合灾区需要和汶川地震公司入川援助经验，广厦集团立即开展相关救援工作：捐赠广厦集团明凯照明系列产品（价值500万元）支援雅安灾区；召集广厦集团所属建筑企业发扬汶川地震广厦救援队志愿者精神，积极参加灾区震后重建，帮助雅安人民早日重建家园；号召全体广厦人开展捐款、捐物行动，用实际行动与雅安人民守望相助、共度时艰。

11. 捐助社会公益事业

2002年，广厦集团捐助1500万元设立浙江省慈善总会"忠福慈善基金"，每年资助 300 名品学兼优的孤儿，直到高中；捐资 140 万元建造重庆奉节希望小学和浙江东阳三单希望小学。

2011 年，广厦集团捐助西藏林芝地区 3500 万元用于兴建"爱国知名人士活动中心"；同年，下属的"广厦建设"和"东阳三建"两家公司各向第八届残疾人运动会捐资 100 万元，获颁"爱心企业"奖牌。

2014 年 10 月 16 日，广厦集团在浙江省妇女儿童基金会设立"广厦·明基金"，投入 500 万元，主要用于"让爱回家"（母亲邮包、亲情家书）大型公益活动，致力于关爱贫困母亲、留守儿童等社会弱势群体。

2014 年 11 月 1 日，广厦集团回访金华市曹宅镇中心小学、万博民工子弟学校两所学校，深入挖掘"亲情家书"活动为这些留守儿童带来的变化。翌日，又回访了广厦出资捐建的东阳市锐明中小学。

2015 年，"广厦·明基金"投入 200 万元携手浙江省妇女儿童基金会共同发起"爱的收纳箱"全民公益活动，该项目以"童守世界——关注留守儿童心中的梦想"为主题，致力于搭建关爱留守儿童，与梦想同行的公益平台。活动共收集了 2000 名贫困留守儿童的心愿，并全部帮他们实现了心中的愿望。

2016 年 9 月 6 日，"广厦·明基金"助学帮困活动走进青藏高原，给青海省互助土族自治县松多乡中心学校的孩子们送去了书包、衣物和毛毯等学习、生活用品，为他们带去了新学期的温暖和祝福。同时，对接青海省浙江（东阳）商会，为该校更新了 200 套讲台和学生课桌椅。

截至 2016 年底，广厦集团已向各级慈善机构捐资总额近 4000 万元，捐助社会公益事业累计已达 17 亿元以上。同时广厦集团的蓬勃发展为社会提供了十几万个就业机会和几十亿元的财政收入。

2017 年 7 月 31 日，中国妇女发展基金会组织的"母亲邮包"项目五周年总结表彰大会在北京隆重召开。广厦集团获"企业贡献奖"奖项。

12. 支持环保事业

2004 年 3 月，由中国环境文化促进会主办，广厦集团参与协办的"绿色中国筑长城"行动在北京八达岭残长城举行启动仪式，中国环境文化促进会授予广厦集团"热心环保公益企业"称号。

资料来源

[1] 广厦集团以社会责任为己任 [J]. 瞭望, 2007 (11).

[2] 广厦集团官网, https://www.guangsha.com/.

 案例思考题

1. 广厦集团作为全国建筑业龙头企业, 积极投身社会公益、慈善事业, 这体现了其怎样的履行社会责任的态度?

2. 以人为本是广厦集团在市场竞争中制胜的法宝, 公司是如何保障人权, 履行社会责任的?

3. 广厦集团在追求公司经济效益的同时, 积极推动公共设施的建设, 它是怎样具体履行企业的双重责任的?

4. 广厦集团以社会责任为己任, 这种理念是怎样体现在企业发展过程中的?

5. 广厦集团在履行绿色环保的社会责任方面做了哪些努力? 获得了怎样的成效?

6. 广厦集团积极参与社会公益事业, 促进灾区重建和贫困地区的功能性设施建设, 是什么驱动企业去履行这样的社会责任?

7. 广厦集团在履行社会责任的过程中遇到过什么问题? 是如何应对的?

8. 广厦集团用科学发展观指导企业的经营行为, 承担相应的社会责任, 维护社会的整体利益, 这对其他企业履行社会责任有怎样的启示?

第十八篇
绿城中国：匠心善筑为安居

 案例导读

　　本案例介绍了绿城中国在履行企业社会责任方面的做法。其成功经验在于：承担政府代建业务，做好"政府与经济社会发展的责任分担者、区域经济发展的深度参与者、政府购买公共服务的优质提供者"，积极投身城市更新与城镇化建设，坚持不懈地探索如何让更多人住上好房子。

（一）公司简介

　　绿城中国控股有限公司（以下简称"绿城中国"），是中国领先的优质房产品开发及生活综合服务供应商，以优质的产品品质和服务品质引领行业，致力于打造"理想生活综合服务商"第一品牌。

　　1995年1月，绿城中国在杭州成立；2006年7月，绿城中国在香港联合交易所整体上市（股票代码：HK3900）；2012年6月，绿城中国引入九龙仓集团作为战略性股东。2014年12月，中国交通建设集团有限公司与绿城中国签订战略合作协议，目前已是绿城中国第一大股东。

　　2019年，绿城中国根据"品质为先，兼顾其他"的发展战略优化组织架构和管理体系。绿城中国总部形成七大职能中心、四大事业部（特色房产事业部、小镇事业部、金融事业部、商管事业部）。业务架构分为重资产板块：绿城理想小镇集团（小镇事业部）、浙江公司、北方公司（雄安公司）、华东公司（海外公司）、山东公司、西南公司、华南公司、杭州亚运村项目；轻资产板块：绿城管理集团、绿城理想生活集团、绿城建筑科技集团。

历经 25 年的发展,绿城中国拥有员工 1 万余人、成员企业 300 余家、年合同销售额超过 1500 亿元,总资产规模 2800 亿元,净资产 600 亿元,"绿城"品牌价值达 398.52 亿元,并连续 15 年荣获"中国房地产百强企业综合实力 TOP 10"、连续 15 年荣获"中国房地产公司品牌价值 TOP 10",连续 7 年荣获"中国房地产顾客满意度领先品牌",多年荣获"社会责任感企业"等殊荣。

绿城中国将始终以精诚之道、精深之术、精湛之为,不断满足人们对理想生活的追求,营造美丽建筑,创造美好生活。

(二) 企业社会责任实践

1. 社会公益活动

(1) 关爱自闭症儿童。

2018 年,绿城中国团委"温暖你我他·关爱自闭症儿童"系列活动受到杭州市残联、杭州市残疾人福利基金会、海洋天堂自闭症扶助基金会的表彰嘉奖,绿城中国荣膺"年度爱心企业"称号,绿城中国团委参会并领取"海洋之光"奖。

自闭症又称孤独症,是一种因神经系统失调影响到大脑功能而导致的终身发展障碍。目前,中国有 1000 多万的孤独症患者,其中被称为"星星的孩子"的自闭症儿童约 200 万,需要社会的关心、关怀、关爱。

绿城中国团委于 2018 年 11 月 9 日"绿城中国团委成立一周年"会议上确立了系列品牌活动建设目标,致力于打造"助绿你我他""牵手你我他""温暖你我他"系列品牌活动。其中,"温暖你我他"活动主要针对社会中需要帮助、需要关注的群体(重点是长者、儿童等),围绕"一次慰问、一个举动、一份真情"的主题展开,聚焦绿城青年能量、点亮绿城青年爱心,让更多人体会到城市、人情的美丽和温暖。

首届"温暖你我他·关爱自闭症儿童"活动于 2018 年 11 月 28 日正式举行,来自绿城中国的青年团员们来到浙江爱贝儿童康复中心(成立于 2003 年,是一家非营利的省属民办非企业单位,业务主管单位为浙江省民政厅),结合自身专业特长,与小朋友们进行游戏互动、绘画教学,为小朋友带来了精美的绿城手帖、书籍等物品,陪伴小朋友们度过了一段欢乐而难忘的时光，不仅促进了知识的传递，激发了小朋友们打开心灵的窗口，而且拉近了彼此之间的距离，为孩子创造了更多与外界交流的机会。

未来，绿城中国团委将秉持绿城中国核心价值理念，一如既往地投身社会公益活动，以感恩之心回报社会，从现在做起、从点滴做起，以终为始、不忘初心，聚焦绿城中国团委五"心"打造、三个"一"建设目标，用"真诚、善意"，助力更多人实现"精致、完美"的人生。

（2）为爱奔跑，点亮西湖，绿城中国助力盲少年实现心愿。

2018年3月，浙江广电集团钱江都市频道主办的"西湖公益夜跑"活动在西湖孤山公园温暖举行。这次活动是为了帮助14岁的浙江省残疾人运动员李辰尧完成心愿，共有500多个爱心人士参加活动。

绿城中国党委、绿城中国团委组织75名员工参加活动，是当晚阵容最大的团队，整齐划一的衣着和活力满满的精气神成为一道亮丽的风景。

在短暂的开场之后，绿城人身着荧光背心，围绕西湖进行11公里的爱心夜跑，体验在黑暗中奔跑的不便。夜跑并不比谁跑得快，它的魅力在于健康生活的运动理念。绿城人用实际行动关注盲人跑者，在西湖边挥洒着汗水和激情，用满满的爱心点亮这片夜色。

在大家的爱心助力下，主办方帮助有视力障碍的李辰尧完成他的新春愿望——找到他当年在省残疾人田径队的好朋友李欣禹。每位参与夜跑的绿城人都获得了完赛证书，为这次爱心之旅画下圆满的句号。

"西湖公益夜跑"活动是"跑遍全球"第二季的最后一场省内落地活动。除了帮助李辰尧小朋友实现新年愿望之外，更重要的是想通过荧光夜跑这种运动方式，呼吁社会上更多的朋友一起关注盲人跑者，一起用爱点亮希望。

短暂的西湖公益夜跑虽已结束，但流淌在绿城人血液中的社会责任和运动精神将一直延续下去。

（3）用爱心筑起温馨港湾："绿苗计划"丽水公益行。

2017年11月，绿城房地产集团员工志愿者一行作为代表见证了"绿苗计划"公益行动，并与40名丽水寒门学子进行结对助学。

黄村乡黄村小学位于丽水莲都区，全校学生74人，其中留守儿童51人，留守儿童比例近70%。亲情的缺失，往往成为这些孩子们童年成长中无法弥补的遗憾。在丽水市慈善总会的牵线搭桥下，绿城房地产集团通过"绿苗计划"公益行动筹得的善款，援建了丽水黄村"关爱儿童之家"。

丽水黄村"关爱儿童之家"设有悦读书吧、心灵沙盘、巧手作坊、亲情连线区等设施，通过硬件设施与情感沟通尽可能地消除孩子们的孤独感和不安全感。

从启动"绿苗计划"以来，绿城人的爱心善款已帮助 3 所学校改善教学环境，同时资助了淳安、丽水 6 所学校共计 61 名寒门学子。

（4）书香做伴童心筑梦——"绿苗计划"公益助学。

2017 年 9 月，经过历时一个多月的筹备，"绿苗计划"公益助学项目援建的"爱心书吧、爱心食堂、爱心寝室"在淳安鸠坑乡中心小学、完全小学两所山区学校落地开花。一支由绿城房地产集团员工组成的爱心队伍，代表公司与工会将绿城人满满的爱心与祝福送到了学校，也共同见证了这项爱心行动。鸠坑乡中心小学校长方芝华对绿城爱心志愿者们的到来表示衷心感谢，并带领他们参观了校舍。方校长表示，此次绿城房地产集团为学校捐赠的生活设施，可谓雪中送炭，解决了学校的燃眉之急，极大地改善了学校的教学生活环境。

作为鸠坑乡唯一一所以茶文化为特色的学校，学生们带来了精彩的茶艺表演，并以敬茶仪式向绿城的爱心使者们表达了诚挚的感谢。

截至 2017 年 9 月，已有 65 名绿城房地产集团员工意向参与一对一资助计划。此次，共有 21 名绿城员工与鸠坑乡中心小学、完全小学品学兼优的寒门学子形成一对一结对。后续，绿城还将通过慈善总会的推荐，与丽水等地的贫困学子结对，将爱心继续传递。

援助鸠坑乡的孩子们只是"绿苗计划"公益行动的第一步。水滴石穿，聚沙成塔，愿人人播撒一分爱心，将更多爱的种子，深植孩子心中。

作为一家具有强烈的社会和历史责任感的公司，绿城房地产集团一直坚持将积累的财富用于教育、医疗、足球、艺术等社会公益性事业，并通过"海豚计划""红叶行动""颐乐学堂"等园区服务活动，给更多人带来欢乐。

2. 代建的社会责任

在北京举行的第八届 CSR 年度盛典中，绿城管理集团获得 2018 年度卓越 CSR 贡献奖，实现蝉联。CSR 年度盛典活动由《经济观察报》主办，"年度 CSR 贡献奖"旨在表彰用新的思维、新的战略去引领责任实践且表现优异的企业。

多年来，绿城管理集团将积极履行社会责任蕴含在代建商业模式中。其业务模式分为三种：一是政府代建，二是商业代建，三是资本代建，其中政府代建是公司代建业务的重要组成部分。绿城管理也是通过政府代建业务承担起企业社会责任。绿城房地产集团创始人、绿城中国联席主席宋卫平曾经说过，"政府代建是绿城回报社会、回报广大民众的一次历史性机遇，是一项可以造福于农民、造福于原住居民、造福于广大百姓的公德事业，一个尽责任、尽义务的机会"。

作为绿城中国代建模式输出的主体，绿城管理集团始终通过高品质的政府代建服务，帮助原住民更好地融入城市文明，推动城市不断更新发展，成为备受政府和百姓信赖的"匠心企业"。

绿城管理集团是迄今为止参与城市更新、累计代建规模最大的品牌房企之一。2017年绿城管理集团的商业代建板块有430亿元的销售额，另有215万平方米的政府保障房交付，若以同区域房价来折算销售额，该部分物业货值大约有300亿元。两块加起来，其代建板块大约为700亿元的销售规模。

绿城管理集团真正想做的是"政府与经济社会发展的责任分担者、区域经济发展的深度参与者、政府购买公共服务的优质提供者"。同时，通过给原住民提供高品质的住宅，以及完善的医疗、教育、养老等配套设施与服务，帮助原住民再次融入城市文明，这也是绿城管理集团政府代建的初衷所在。

（1）因情怀而起。

2005年，绿城管理集团首次介入杭州江干区"城中村"改造和保障房代建，跨出了浙江品牌房企参与城市更新的第一步。发展至今，绿城管理集团旗下负责政府代建业务的绿城乐居集团，已成为国内最大的政府保障房建设公司，立足浙江、辐射全国。

"让专业的人干专业的事"，绿城管理坚持民心工程精心打造，为政府提供切实服务，为百姓构筑美好居所。

截至2018年底，绿城管理集团累计交付政府代建项目总建筑面积1900万平方米，已为13.4万户原住民改善居住环境。除代建保障房，绿城管理集团还受托代建近50所学校，努力让每一所学校的品质，都承载起百年育人的使命。此外，绿城管理对民生工程进行增值服务，比如根据功能分区，结合绿城产品序列，实现按需定制，完善医疗、教育、养老等配套设施，推动文化产业建设，力推建筑工业化，带动装配建筑上下游产业园建设，引入绿城4S服务体系，实现服务前置化、智能化、人性化。

（2）以品质为基。

2018年，杭州的潮上云临南苑、湖头陈花苑两个保障房小区先后蹿红网络，刷新了人们对保障房的认识。这些"网红"保障房均出自绿城管理集团之手。事实上，这已不是绿城管理集团代建的保障房第一次因"颜值"和"内涵"走红网络。有网友为此点评道："有一种保障房叫'绿城代建'。"

绿城管理集团代建的保障房有三个特点：一是尊重历史与习俗，让建筑更好地服务百姓安居；二是尊重自然与城市，以可持续发展的眼光审视与融合城市发展；三是尊重品质与责任，以高品质的房产营造，创造美丽人居。

近年来，绿城管理集团代建的保障房项目，接连荣获詹天佑奖、广厦奖、康居示范工程等多项国家级奖项，以及钱江杯、建筑安全文明标化工地、优秀园林工程金奖等多项省级奖项，不仅推动了整个行业的发展，也获得了政府的信任和百姓的认可。

"每建一处房子，不论设计、品质，还是营造管理，我们都力求成为当地标杆。能够引领行业共同发展才是真正对历史负责、对民众负责、对城市负责"，绿城管理集团副总经理、绿城乐居集团总经理裘黎明表示。

（3）以标准引领。

作为"代建独角兽"，绿城管理集团领先的不仅是规模优势，更体现在对行业发展的思考和引领，以一系列的体系和标准建设，推动中国房地产开发模式的变革。

目前，绿城管理集团已在政府代建中探索出五种模式，即"代建+设计""代建+设计+施工""代建+EPC""代建+PPP"以及"全过程代建开发"。

绿城管理集团首创按需定制、共创价值的代建4.0体系。其中，品质信用协定通过品质认证、品质服务与品质保障，让原住民住上绿城的好房子、过上好生活。而价值分享计划通过三增值与五承诺，形成上下游协同发展的产业生态圈，让政府放心，并且有利于推动城镇化建设。

2018年3月，绿城管理集团正式发布对标"米其林星级标准"的项目评定体系——"绿星标准"。这是对绿城多年"美好生活"理念以及背后的高品质产品营造与服务经验的核心价值提炼，以期解决好房子评定标准缺失的难题。

2018 年 10 月，绿城管理集团正式启动"绿星标准"在政府代建领域的应用研究。"绿星标准 1.0G"作为绿星标准的重要分支，以促进政府代建行业规范为目的，以协同打造产业圈和美好人居为宗旨，通过对项目评分、分级、认证体系，形成具有普遍共识的政府代建行业标准。

绿城管理集团认为，人类的进步源于知识分享。除了"让美好有标准可依"外，绿城管理集团还希望将基于民生实践总结而来的标准，与各方分享，达成共识，升华为行业规范，在新时代助力更多人追求美好生活。

此外，绿城管理集团致力于在代建项目中满足社会发展及公共事务需求，在学校、高铁站、城市广场、文化项目等方面为社会尽责。如历时六年，奉上匠心之作——孔子博物馆，为莘莘学子代建舟山绿城育华学校、嵊州越剧艺术学校等院校，营造嵊州绿城医院等，用匠心实践"社会关怀"。

（4）美好生活，用心打造。

绿城中国认为，美丽建筑，是安放生活的最好容器；美好生活，才是人们的极致理想之境。生活才是全部，这早已成为绿城人的共识。早在 2007 年，绿城中国就在全国率先推出园区生活服务体系，开始了从"造房子"到"造生活"的转变。

近年，绿城中国提出了"理想生活综合服务商"的企业愿景以及"轻重并举"的发展战略，如今，绿城中国正在越来越多的生活场景中深耕细作，将绿城中国生活服务内容进行升级，在品质人居、社会公益等方面的社会责任实践中，绿城脚踏实地、步伐坚定。

奇妙一夏、海豚计划、红叶行动、颐乐学院等，从孩子到老人，聚焦邻里、家人、社区生活功能的本真，每一步都是对业主家人生活的精心呵护。

（5）企业公民，步履不停。

自创立之日起，绿城中国便将"优秀企业公民"作为公司立身的基础，始终密切关注中国社会的发展与变化，视公益事业为最智慧的散财之道，致力于传承最荣耀的公益精神。

未来随着轻重资产板块的协同发展，绿城中国将以生活为核心、以客户需求为导向、以品质为根本、以服务为依托，拥抱变化，弘扬利他精神，在后房地产时代为社会创造更多价值。

公益之行，绿城房地产集团一直在路上。

资料来源

[1] 绿城中国官网，https：//www.chinagreentown.com/.

[2] 绿城中国：匠心筑善 [J].城市开发，2019 (8).

[3] 绿城管理：以代建模式践行社会责任 [EB/OL].http：//www.so-hu.com/a/216866393_165003.

案例思考题

1. 绿城中国在企业社会责任方面给我们什么启示？

2. 绿城中国履行企业社会责任的具体做法有哪些？

3. 作为地产企业，绿城中国在履行企业社会责任方面有何特点？

4. 为何绿城中国能蝉联 CSR 年度大奖？

5. 绿城中国的代建项目是如何发展的？

6. 根据案例信息，绿城中国在企业社会责任方面还有什么不足？

7. 绿城中国在企业社会责任方面应如何进一步改进？

8. 绿城中国在企业社会责任方面的经验适用于所有企业吗？

第十九篇
贝因美：只为妇幼保健康

 案例导读

　　本案例介绍了贝因美在履行企业社会责任方面的做法。贝因美作为一家从事婴童产品开发企业，一直主张"生命因爱而生，世界因爱而美"，贝因美严守产品质量，在设备造型、工艺流程设计等环节导入低碳环保理念，保障了公司产品生产的低能耗和绿色环保，环保理念始终贯穿公司的整个日常管理工作。贝因美发起中国首个婴童行业社团组织——杭州市婴童行业协会，承诺"以质量求生存，用良知做企业"，努力促进母婴产业的健康良心发展，积极开展"爱婴""育婴""亲母"三大社会公益工程，真正做到为母婴保健康。贝因美的这份坚持与认真，使得其多次获得产品质量与社会责任的奖项，成为行业内的表率。

（一）公司简介

　　贝因美婴童食品股份有限公司（以下简称"贝因美"）初创于1992年，成立于1999年。2011年贝因美在深圳证券交易所挂牌（股票代码：002570）。公司以"亲子顾问，育儿专家"为品牌定位，主要从事婴幼儿食品的研发、生产和销售等业务。公司始终坚持将提升产品品质作为保持企业可持续发展的核心优势。贝因美建立、实施和不断完善生产质量管理体系，应用生产工艺与专业设备。AC尼尔森数据显示，2014年在国内母婴店和商超渠道，贝因美的市场占有率位列第三，是前三甲中唯一一家本土奶粉品牌。

　　贝因美始终坚持"专为中国宝宝研制"的理念，致力于研发符合中国婴童特质的产品。公司自1992年创立以来，一直专注于婴童事业，孕育期母亲的幸福微笑、新生命的成功生养教是贝因美存在的最大理由；行业的良性发展与竞争是婴童产业与贝因美可持续发展的自然需求；而其稳定有序运营的最基本条件，就是一个充满爱心、弘扬善德、稳定和谐的公民社会。所以贝因美主张"生命因爱而生，世界因爱而美"，将"帮助宝宝健康成长、帮助妈妈成就母爱、帮助家庭幸福和谐、帮助员工成就梦想"作为贝因美的使命，而这就是贝因美的企业社会责任之大爱观。公司秉承"追求顾客价值、员工价值、股东价值、合作伙伴价值和社会价值"五大价值的和谐统一为核心经营理念，在追求经济效益、保护股东利益的同时，积极保护员工的合法权益，诚信对待供应商、经销商、客户消费者，通过常态化社会公益事业体系"爱婴工程""育婴工程"和"亲母工程"，从生育、养育、教育多个层面为中国宝宝的健康成长提供服务，奉献爱心——以"爱婴工程"提供社会人道援助；以"育婴工程"传播科学育儿知识；以"亲母工程"关爱母亲，成就母爱。从创业伊始，就一直脚踏实地地履行企业社会责任，从而促进公司本身与全社会的协调，达到和谐发展的目的。

贝因美先后获得"AAA级中国质量信用企业""国家儿童食品行业食品安全信用体系试点企业""最具社会责任感企业""食品安全示范单位"等诸多荣誉，还多次在新浪"爱孕婴童"年度盛典蝉联网友喜爱信赖奖、社会责任奖、公信力品牌奖。2014年贝因美在"中国妇女慈善奖"表彰大会被授予"中国妇女慈善奖"贡献奖，又被国家深海基地管理中心授予"中国蛟龙号科考合作伙伴、中国蛟龙号潜航员选用产品"荣誉称号。2016年，贝因美荣获第十届人民企业社会责任奖"年度企业奖"，为行业做出表率，用企业大爱持续传递社会正能量。2019年，由北京市妇联、北京市贸易促进委员会、国家会议中心三家共同主办的中国（北京）国际妇女儿童产业博览会在国家会议中心隆重举办，在此次博览会上，贝因美获得了"社会责任奖"、旗下贝因美爱加获得"优秀新产品奖"、贝因美绿爱获得"产品创新奖"。

（二）企业社会责任实践

1. 环境保护与可持续发展

贝因美践行环境友好及能源节约型的发展理念，切实推进环境的可持续、和谐发展，履行公司所应承担的环境社会责任。贝因美将环境保护、节能减排等工作纳入重要议事日程。在注重企业发展的同时，一直致力于生态环境的建设。通过建立完善的环境管理体系、降低资源消耗、减少污染排放、积极推行清洁生产等方式来确保环境与可持续发展。宣扬环保理念，建设节约型企业，通过栽种一定量的树木、花卉和草坪，来绿化厂区、美化厂区、净化空气、阻止噪声传播、调节温度，改善厂区小气候；积极开展节能降耗工作，合理、高效使用公司内各类电子设备，充分利用现代信息技术手段，大大降低了办公对纸张、墨盒等消耗品的依赖性；在日常工作中，贝因美始终宣传贯彻环境保护政策，增强所有员工的环境意识，并采取一系列措施有效实现环境保护与可持续发展。

（1）贝因美强化绿色生产，推进低碳环保工作。

基于婴幼儿食品的高标准生产要求，贝因美加大了硬件设施投入。目前已经在杭州、黑龙江等地建成了高标准的生产基地，厂房均严格按照婴幼儿配方奶粉企业 GMP 要求进行设计。贝因美在设备造型、工艺流程设计等环节就导入低碳环保理念，保障了公司产品生产的低能耗和绿色环保。贝因美制定《节能降耗管理制度》等环保制度，对废气、废水、厂界噪声等进行监测，不断强化绿色生产，推进低碳环保工作。

贝因美根据国家产业政策和有关法规，在办公和厂房设计、工艺布局、设备配置等环节导入低碳环保理念，从源头上保障了公司日常办公和生产作业的低能耗和绿色环保。

（2）积极推行清洁生产和环境管理体系的建设工作。

除在硬件、设施配置上采用高标准的环保要求、施工管理上严格管控外，环保理念始终贯穿公司的整个日常管理工作中。从 2008 年开始，贝因美逐步导入清洁生产方式并于当年通过了浙江省清洁生产的现场验证审核，取得了清洁生产审核证书。公司在各类资源的使用过程中，尽量减少不可再生资源、不可回收资源的使用率。公司注重加强日常作业管理，提高原物料的利用率。努力采用新技术、新工艺，降低生产过程中的消耗。尽量采用环保型的材料，减少对环境的污染。持续改进生产工艺，提高装备水平，降低资源消耗。采用国际先进的污水处理和烟尘处理工艺，采取各种管控措施降低噪声污染，控制"三废"排放，各项排放指标全部达到国家标准。公司成立至今，没有发生任何一起环境事故。环境管理体系化建设为公司在环境保护和可持续发展提供了强有力的保障。

贝因美总部大厦作为杭州国际妇幼婴童产业发展大厦已投入使用，装修采用多项国际先进的节能和环保技术。2011年始，贝因美组织开展五大工厂的花园化建设：强化绿色生产，采用环保型包装材料，持续推进环保工作。贝因美始终注重研发投入力度，支持新产品、新科技的开发，同时公司积极推进节能减排工作，投入专项资金对空调系统等能耗系统进行改造。公司严格按照环境管理体系建设要求，建立了完善的环境管理制度。对各种环境因素进行识别和控制，制定了相应的环境管理方案和环境应急响应程序。同时制定了详细的环境方面的培训计划，提升全体员工的环境知识和意识，使公司的员工在日常工作和行为中能自觉遵循环保规则，确保了环境保护和可持续发展。

2. 社会公益事业和公共关系

婴童产业是一个良心的行业，关乎着个人幸福、家庭和睦、社会和谐、民族兴旺、国家富强。贝因美创始人谢宏先生表示："我们积极参与社会公益慈善事业，向社会传播爱，我们也赢得社会的爱和尊重。"因爱而生的原动力，深深渗入了产品与品牌，推动着企业不断地向前发展。在鲁甸地震、汶川地震、雅安地震、余姚水灾等重大灾害中都活跃着贝因美人的身影，贝因美希望以行动传播"爱"的主题，肩负起一个企业公民的责任，并成为慈善公益事业、绿色环保事业的倡导者与践行者。对此，各级政府、主流媒体和社会各界都给予了积极评价和高度认可。

（1）积极开展"爱婴""育婴""亲母"三大社会公益工程。

自成立之初，贝因美以实际行动传播"爱"的精神，积极开展"爱婴""育婴""亲母"三大社会公益工程，关注特殊困难婴童的健康成长，把爱献给最需要帮助的群体，用实际行动践行企业社会责任，贝因美爱婴工程从1993年就开始启动，是国内最早开始资助特殊困难婴幼儿的企业之一，通过母婴关爱基金、幸福天使基金、博爱基金三大基金进行爱心传播。迄今为止，"爱婴工程"已累计资助多胞胎家庭千余户。2009年11月，贝因美携手中国红十字基金会设立"幸福天使基金"，为0~6岁孤、残、病、贫婴幼儿及其家庭提供必要的生活和医疗资助。同年发布《亲子文化蓝皮书》，斥资亿元力推"亲子游"及"小龙容"原创卡通形象，寓意"中华民族，龙的传人，有容乃大"。2010年2月，贝因美发起建立"博爱基金"，用于捐助贫病婴幼儿和青少年。2011年11月，贝因美联手中国微笑行动组织和媒体接力"微笑行动"，免费资助 100 个唇腭裂宝宝完成手术。2012 年 2 月，贝因美将公益事业延伸至香港特区，向香港特区油尖旺食物银行捐赠贝因美奶粉，为香港特区贫困家庭的宝宝们送去"爱心甘霖"。2013 年，贝因美再次进行"微笑行动"公益基金捐赠，资助 200 个困难家庭宝宝唇腭裂手术。同年，贝因美携手中国红基会在全国多个地区建设"幸福天使红十字救护站"并实施"以爱育爱金童计划"，为贫病新生婴幼儿架设起健康的屏障，贝因美携手中国红十字会博爱基金、中国红十字基金会幸福天使基金向雅安地震灾区捐赠价值 312 万元的物资。贝医美在众多突发灾难面前均第一时间实施现金及物资捐赠，履行企业社会责任，持续、长久地为中国公益事业奉献自己的力量，以实际行动体现企业"爱"的品牌精神。2014 年，贝因美关注平凡人的普通梦想，借助浙江卫视《中国梦想秀》，汇聚明星的公益力量一起去见证梦想，更在节目中为需要帮劬的追梦人捐赠了 120 余万元的物资。同年，贝因美斥资 3000 万元助力儿童健康大数据科研，与中国妇幼保健协会在第六届国际儿童健康发展论坛宣布联合设立"贝因美妇女儿童发展研究基金"，启动多项妇女儿童发展系列课题，科技引领行业发展数据助力儿童健康。

（2）注重亲子文化的传播。

贝因美在用爱心为中国宝宝奉献优质产品的同时，更注重在亲子家庭中进行亲子文化的传播。2014 年，贝因美支持的首届国际亲子文化论坛在新加坡举办，这个世界亲子文化领域的国际高端专业对话平台，引发更多全球社会力量对亲子文化的高度关注。

（3）发起中国首个婴童行业社团组织——杭州市婴童行业协会。

2004 年 9 月，贝因美联合同行发起建立了中国首个婴童行业社团法人组织——杭州市婴童行业协会，协会旗下知名婴童企业签订《自律书》，承诺"以质量求生存，用良知做企业"，促进婴童产业健康良性发展。

杭州市婴童行业协会创办数年来，一直致力于推动中国婴童产业健康有序发展。协会拥有自己的会员刊物《全球婴革业博览》和 B2B 网站"中国婴革行业资讯网"（http：//www.cncta.org）、B2C 网站"亲子杭州网"（http：//www.qinzi.com）、公众微信号等媒体平台，以此作为会员服务、行业资讯和消费引导的平台，此外，一年一届的中国国际妇幼婴童产业博览会暨高峰论坛已成为中国婴童产业发展的风向标。同时，婴童产业经理人俱乐部也成为婴童行业人员交流的有效平台。协会极力推动的杭州国际婴童产业园、杭州国际妇幼婴童产业发展大厦、产业特色商业街等平台也成为杭州作为中国婴童产业之都的重要支撑。

行业协会成立至今，对规范婴童市场做了很多努力，取得了不错的成果。2008 年 12 月 8 日，由协会牵头，组织政府、民间、社团、教育机构和孕婴童商店的专家负责起草了我国第一个孕婴童行业的服务标准《孕婴童商品专营店商品质量管理要求》（CAS155.1-2008），已由中国标准化协会正式发布；受中国标准化协会、中国广告主协会妇幼婴童工委、中国国际妇幼婴童产业博览会组委会等组织的委托，协会开展了"达标示范店"的全国试点工作；2009 年 3 月 28 日，由协会和浙江省标准化研究院共同合作开发的《婴幼儿童标准数据信息服务平台》正式开通，该平台为妇幼婴童行业提供了集成、专业、精细的标准和市场化方面的技术咨询服务，是妇幼婴童行业标准化质量技术工作的一个历史性的开端；2009 年 4 月，协会开始启动"全国婴童店达标多赢合作大行动"活动。此外协会还开展育婴师职业资格培训，组织贝因美主力母婴顾问参加育婴师培训和考试，以便更好地开展母婴服务。

杭州市婴童行业协会正立足浙江，集聚杭州，引领中国，面向全球，推进关联产业的整合发展、优势企业的竞合发展，真正把杭州作为中国婴童产业基地的品牌做大、做强。

婴童产业社会责任重大，贝因美认为，做好本分、更好地满足目标客户的需求是一个企业最重要的社会责任；婴童产品和婴童服务必须要保证科学性和安全性。从创业伊始，贝因美便深知企业经营的不只是成功生养教的产品和服务，更是在经营爱、付出爱、传播爱，也在收获爱、享受爱。

资料来源

［1］ 贝因美官网，http：//www.beingmate.com.

［2］ 贝因美，360 百科，https：//baike.so.com/doc/5337451－5572890.html.

案例思考题

1. 怎样理解贝因美所说的"付出爱、传播爱，也在收获爱、享受爱"？

2. 贝因美践行企业社会责任的过程中有哪些特点？

3. 贝因美为杭州市婴童行业做出了哪些贡献？

4. "爱婴""育婴""亲母"三大社会公益工程的发展过程是怎样的？

5. 近年来各大企业均开始强化绿色生产、推进低碳环保工作，对社会发展有何好处？

6. 贝因美让亲子文化论坛走出国门，这给其他企业带来什么启示？

7. 贝因美积极履行社会责任给企业自身发展带来哪些好处？

8. 贝因美在企业社会责任方面的做法给我们带来什么启示？

第二十篇
娃哈哈：让员工享受企业发展的成果

 案例导读

本案例介绍了娃哈哈在履行企业社会责任方面的做法。娃哈哈致力于为消费者提供安全、健康、美味的产品。娃哈哈始终坚信，作为民族企业，不仅要讲经济效益，还要讲社会责任。正是基于这样的认识，娃哈哈奉行"健康你我他，欢乐千万家""凝聚小家，发展大家，报效国家"的"家文化"，并把创造就业、上缴税收、保护环境、善待员工、支持社会公益事业等纳入企业的发展战略之中。

（一）公司简介

杭州娃哈哈集团有限公司（以下简称"娃哈哈"）成立于 1987 年，前身为杭州市上城区校办企业经销部，公司从 3 个人、14 万元借款起家，现已发展成为全国知名的饮料企业。目前在全国 29 省市建有 58 个基地 150 余家分公司，拥有总资产 300 亿元，员工 30000 人。公司以一流的技术、一流的设备、一流的服务，打造出一流的品质，先后投资 100 多亿元从美国、法国、德国、日本、意大利等国引进 360 余条世界一流的自动化生产线，主要生产含乳饮料、饮用水、碳酸饮料、果汁饮料、茶饮料、保健食品、罐头食品、休闲食品 8 大类 100 多个品种的产品。

娃哈哈始终坚持以创新为企业发展的不竭动力，不断提升企业技术实力，在瞬息万变的竞争中牢牢把握市场主动权，娃哈哈开发出的产品不仅引导了消费潮流，丰富了人民的生活，也推动了中国饮料工业健康快速发展。目前，娃哈哈已拥有通过中国合格认定国家认可委员会（CNAS）认可的实验室、国家级企业技术中心、博士后科研工作站，拥有强大的食品饮料自主研发能力，以及各类产业化实施技术和生产线配套设计、制造、安装、调试能力，能自己开模具及制造替代部分进口设备。娃哈哈还积极参与了40多项国家、行业标准、国家部门法规的制（修）订，推动中国饮料行业与国际饮料技术水平接轨。

自成立以来，娃哈哈获得人民社会责任奖、全国模范劳动关系和谐企业、全国企业文化建设工作先进单位、中华慈善奖、中国人力资源管理杰出企业、全国社会扶贫先进集体、全国社会扶贫先进集体、希望工程25年杰出贡献奖、中国100好雇主等诸多奖项及荣誉称号。这些荣誉表明，娃哈哈在承担社会责任、建设幸福企业方面都做出了巨大的贡献和成绩。

（二）企业社会责任实践

1. 社会公益活动

（1）"春风行动"。

2012年12月26日，在杭州市第十三次"春风行动"动员大会上，娃哈哈集团董事长兼总经理宗庆后代表娃哈哈集团向"春风行动"捐款1000万元，定向用于困难家庭的助学援助，公司因此获"第十二次春风行动爱心奖"。从2009年开展的第九次"春风行动"以来，娃哈哈已连续多次捐款，成为名副其实的杭州市"春风行动"第一捐款大户。自集团成立以来，娃哈哈一直致力于社会公益事业，截至2012年已累计为慈善事业捐赠3.7亿元。

宗庆后在大会发言中表示，娃哈哈发源于杭州这片沃土之上，在企业发展的过程中一直受到杭州市委、市政府以及社会各界的大力支持。娃哈哈也始终抱着一颗感恩的心，在自身发展壮大的同时，积极地回馈社会、服务社会。"春风行动"经过多年的发展，实现了从"冬送温暖"到"夏送清凉"，从一年一度"送温暖"到一年四季"送恒温"，从单一"输血"到综合"造血"的巨大跨越，为许多困难家庭送去了关爱和温暖。娃哈哈一直带头捐助，就是希望可以带动更多的企业及社会各界人士共同参与，在全社会形成关心、支持、参与"春风行动"的良好氛围。同时，宗庆后也期待那些受到帮助的困难家庭，自立自强、乐观向上，争取早日脱贫，积极地回馈社会，去帮助更多需要帮助的人，为社会贡献自己的力量。

从 2000 年杭州市首次开展"春风行动"起，娃哈哈便积极响应，这项公益，一做就是 20 年。在 2020 年的动员大会上，娃哈哈再捐 1000 万元，并且荣获"春风行动"20 周年美好奖优秀单位。

作为捐款大户，娃哈哈连续 14 年创下单笔捐赠最高纪录，目前累计捐款 10460 万元，是捐款金额最多的企业，为无数困难学子送去温暖和帮助。

2018 年起，"娃哈哈·春风助学"延伸到对口帮扶地区，组织开展了对恩施州、黔东南州的对口帮扶活动，两年来共拨付 1200 万元资金资助 4000 名恩黔困难学子上大学。

"培优基金"是杭州市总工会、杭州市教育局与娃哈哈在"春风行动"中的新项目，致力于改善品学兼优、家庭困难的在杭大学生的生活学习条件，让其不仅"有学上"，还要"上好学"。2019 年 12 月 10 日，杭州市总工会在杭州师范大学仓前校区举办了首次"娃哈哈·春风助学"培优助学金发放仪式，捐赠 200 万元培优助学金，鼓励受助学生努力学习回报社会，不断传递社会爱心，厚植"春风行动"精神。

授人以鱼，不如授人以渔，从"春风助学"到"春风助岗"。娃哈哈在为困难学生提供助学金的同时，还积极为其创造社会实践机会，使春风助学向助岗进一步延伸。2015 年 5 月，来自浙江工商大学、浙江工业大学等省内高校的数百名大学生，参加了"娃哈哈·春风助岗"专场培训、招聘会，通过在娃哈哈提供的生产、科研、管理等 280 余个岗位上的实践，他们将理论与实践相结合，提高了创新创业能力。

2019 年 8 月，杭州市"春风行动"办公室联合娃哈哈举办了"娃哈哈·春风助学"职业体验夏令营，21 名恩施、黔东南学子来到杭州参与了为期一周的讲座培训、参观考察、岗位实操等活动，逐步明晰了自身职业规划，增强就业创业能力。

自创业伊始，娃哈哈就秉承"健康你我他，欢乐千万家"的企业宗旨，热心社会公益事业，应对公共危机，帮扶社会弱势群体等，为维护社会和谐稳定贡献一企之力。在国家和社会遇到自然灾害和公共危机时，娃哈哈总是第一时间捐款捐物，共渡难关。2008 年"5·12"汶川大地震，震撼着娃哈哈全体员工的心，宗庆后发出"举全国企业之力，托起灾民之家，为国家分忧解难"的号召，向灾区捐款捐物共计 1500 余万元，同时为灾区群众提供 1500 个就业岗位，帮助灾区渡过难关。2010 年娃哈哈为西南旱灾捐款 850 余万元；2013 年雅安地震，娃哈哈紧急运送百万瓶水、饮料和八宝粥，并捐赠 1000 万元专款用于震区重建——溪桥工程项目，在受灾地区建造近 100 座爱心桥，帮助解决了 30000 多当地居民出行难、过河难的基本问题。

娃哈哈从校办企业起家，30 多年来一直对社会公益事业倾尽全力。在以宗庆后为核心的高层领导的带动下，娃哈哈始终弘扬"产业报国、泽被社会，让爱无所不在"的公益理念，积极投身各类社会公益事业。

（2）产业报国。

娃哈哈通过产品创新、技术创新、营销创新，一直保持健康快速的发展势头，各项经济指标连续 19 年位居中国饮料行业前列。

娃哈哈作为一家党和国家培育支持下成长起来的东部地区优势企业，作为在党的政策指引下先富起来的一部分，致富思源，有责任、有义务为东西部地区的共同繁荣、为中华民族的复兴而为国分忧，消除贫困，走上共同富裕之路。

（3）产业扶贫。

娃哈哈一直秉承"产业报国、泽被社会"的发展理念，在自身获得发展的同时，积极履行社会责任。秉持"造血为主、输血为辅"的产业扶贫方针，娃哈哈在贫困地区、革命老区、少数民族地区、东北老工业基地等 17 个省市投资 85 亿元建立了 71 家分公司，截至 2016 年底，累计实现销售收入 1485 亿元、利税 264 亿元、上缴税金 85 亿元，带动相关产业年新增产值 100 多亿元，极大地促进了各地方经济的发展。30 多年来，公司累计上缴税金逾 500 亿元。

（4）支持"三农"。

娃哈哈从创业开始生产第一支产品娃哈哈"儿童营养液"开始，就与农业、农村、农民结下了浓厚情缘，产品所用原料牛奶、枸杞、莲子、胡桃、红枣、米仁、龙眼、山楂、蜂蜜均为农副产品，娃哈哈大力发展农副产品深加工项目。目前其年采购各类农副产品 50 万吨，价值约 50 亿元，累计采购各类农副产品价值超过 400 亿元，对推动农业结构调整，促进农业增效、农民增收做出了积极的贡献。

（5）捐资助学。

作为一家从教育领域成长发展起来的企业，娃哈哈对回报教育情有独钟，长期以来一直不遗余力，历年支援教育的费用共计逾 3 亿元。2007 年起，娃哈哈先后捐赠 635 万元，在贫困地区援建 22 所希望小学、1 所对口帮扶小学，100 个阳光操场。2009 年娃哈哈投入 200 万元启动"爱心支教大行动"，面向全国从近 4000 名志愿者中招募 100 位志愿者赴川、黔贫困地区支教，用企业公益的星星之火引爆整个社会巨大的慈善能量，并一举多得地解决了毕业生的就业困境，为和谐社会的创建添砖加瓦。2012 年娃哈哈与中国扶贫基金会共同发起娃哈哈营养快线一瓶一分"筑巢行动"，帮助贫困地区儿童解决宿舍之困，让孩子们拥有一个自己的温暖床铺，凭借娃哈哈营养快线的庞大销量和忠实消费群，累计捐赠 2950 万元，援建 8 省、26 县、52 所学校。

2. 职工权益

娃哈哈奉行"家"文化，即通过照顾好员工这个"小家"，依靠全体员工的努力来发展企业这个"大家"，在凝聚"小家"和发展"大家"的基础上，竭尽全力履行社会责任，报效国家。

（1）共享成果。

娃哈哈坚持"员工为公司创效益，公司为员工谋福利"的人本理念，通过建立"一个尊重、两个维护、三个同等、四个提高"（即充分尊重员工，维护员工的合法权益和合理需求；倡导所有员工享有同等福利待遇、同等参与权和同等发展权；不断提高员工薪资待遇、综合素养、生活品质和快乐指数）的和谐机制，为员工搭建舞台实现其个人价值；通过全员持股，让员工共享企业发展成果，促进企业和谐健康发展。

2018 年娃哈哈部门外来青工和外地员工人均年收入同比增幅超过了两位数。而考虑到物价上涨的因素，宗庆后还给老员工在原有年终奖的基础上又进行了补贴。不光是在岗在职的员工娃哈哈照顾到位，那些有困难的、外派的以及离退休干部更是娃哈哈关注的重中之重。从 2010 年开始开展的新春慰问，截至 2020 年已经慰问员工超过 5000 人，慰问金额近 300 万元。

1999 年 11 月，娃哈哈正式改制成立持股会，并制定明确章程：新员工入职一年以上，就有资格申请购买股份持股；晋升职位后就按职位所对应的持股量确定额度，同股同酬；等到员工退休或者辞职，将当初交的钱都归还给员工。

股份制改革对于员工来说是一件他们不熟悉的新事物，但很多员工都选择相信宗庆后，积极入股。有些员工拿不出钱，宗庆后为了解决这部分员工想入股但缺乏资金难入股的问题，做了很多暖心的举措，如预发季度奖和年终奖给员工，帮助员工可以顺利买到企业的股份。

2000 年之后，娃哈哈实现了全员持股。2005 年，娃哈哈更是打破身份界限，让外来务工人员与娃哈哈正式员工一样拥有公司的股份，实现同工同酬，按贡献分配，建立起一个面向全体员工的利益分享机制。

在宗庆后看来，只有把个人利益和企业利益联系在一起，才会真正调动员工的积极性和责任心。按照员工的技能、贡献分不同等级分别来制定持股额，这也激发了员工不断努力和进步，对企业经营和管理都有好处。

（2）成长计划。

娃哈哈重视每一位员工的成长，将员工在工作中获得的经验、专业能力的提升作为企业管理提升的一项重要指标，通过制度建设和人文关怀，刚柔并济地设计每位员工的职业生涯规划，并助以实现。娃哈哈建立多通道的员工任职资格管理体系、干部晋升淘汰机制、内部人才市场等机制，确保员工可以在自己感兴趣并擅长的专业领域做出业绩贡献，获得认可的同时进行公平竞争，实现凭能力晋升，按贡献取酬；系统实施各项专题培训和"长青计划""星火计划"等各层次人才梯队建设，每年投入数千万元，打造"精准""无缝""多方位""有用"的工作学习生态圈，激发员工内驱动力；通过配备职业生涯导师、领导教练，将员工发展成为业务伙伴和变革推手。

娃哈哈为每个员工提供广阔的发展平台，只要员工想努力成长，公司都会给予肯定和积极配合。若员工发现自己更擅长在其他部门工作，都可以申请调到其他部门任职；在一个岗位做到"瓶颈"期，员工可以停职去进修或者读在职博士；娃哈哈还会为去国外学习的员工保留奖金和股份。

一是大胆起用新人。宗庆后喜欢用新人，经常召开新职工座谈会，在平时的会议、活动中不断关注员工的思维逻辑和能力素养，只要员工有能力就能很快被提上去任用，所以，年轻人在娃哈哈升职很快。李新泽在娃哈哈的成长路线极具代表性，从专业技术人才快速成长为管理者。

在娃哈哈快速扩张期间，每年要同时建多个生产基地，上多个项目，宗庆后大胆起用大学毕业没几年的年轻人独当一面，担任生产基地建设的负责人，拥有调动几亿元的建设资金权力。

事实证明，年轻人受到高度激励，会拼命工作，圆满完成各项建设任务，同时，娃哈哈也培养和锻炼了一支优秀的管理队伍。

二是内部岗位轮岗。娃哈哈内部岗位实施轮动制，集团会对内部员工进行公开招聘，只要部门部长、办公室成员对员工认可，员工通过考核就可以晋升。在娃哈哈，具有市场部工作经历的员工做人力资源管理工作，在技术创新部门工作的员工调到企业管理部门工作，都是十分常见的事情。内部岗位轮岗，让员工们更多地接触和了解公司各方面的工作内容，有助于培养员工的综合能力，更有助于树立全局观，促进跨部门、跨业务领域的协同合作。

（3）安居乐业。

娃哈哈实行阶梯式的员工住房政策，共为员工解决住房2000多套，并按照工龄、级别给予购房补贴。为了解决已婚外来青工的安居问题，娃哈哈在浙江海宁、四川成都、山东潍坊、新疆阿克苏、天津等地建起了千余套70~100平方米的廉租房，统一装修后，廉价租给已婚的外来青工居住；率先实行住房货币补贴，让广大员工安居乐业、无后顾之忧。

宗庆后认为，企业就应该急员工之所急，想员工之所想，企业让员工无生活之忧，员工就会安心工作，企业就会平稳发展。

为了让员工安心为企业工作，多年来，宗庆后一直致力于解决员工的住房问题，从早期的房改房，到后来的经济适用房，再到后来的廉租房和集体宿舍，娃哈哈员工一直享有一种在其他企业少见的住房待遇。

为什么要给员工分房福利，宗庆后充分体现出其单纯的大家长作风："让员工有一个家，是我一直在努力做的事，尤其房价这么高，员工生活压力大，企业就更不能不管。"

对30多年前杭州的普通人来说，能在这座城市拥有一套属于自己的房子，是多少人梦寐以求的事。那时能买得起房的"万元户"，可以算是绝对的财力象征了。

而刚起步的娃哈哈的普通员工，却很快就有了属于自己的一套房。大家住进去后，宗庆后还到每家每户"视察"，看看这家的采光，看看那家的格局，就如同家人般操心着员工的住房问题。

分房只是让员工分享企业发展成果的一种方式，尽管简单朴实，但成效很好，因为它切中了广大员工生活的难点、焦点。

所以，从员工激励的角度看，匹配需求的激励措施才是最有效的，企业不必挖空心思去找不符合员工需求的激励方式，否则，再花哨、再先进的激励也会使员工无感。

3. 党建工作

经过 30 多年的实践，娃哈哈将党建工作作为企业文化建设的核心，融入社会主义核心价值观，融入"励精图治、艰苦奋斗、勇于开拓、自强不息"的企业精神，融入"凝聚小家、发展大家、报效国家"的经营理念，将娃哈哈的党、政、工、团、纪融为一体，形成了一套具有娃哈哈特色的"五位一体"大党建文化体系。

一是文化效益，有力推进员工队伍的信仰体系建设。"五位一体"大党建，致力于构建员工的信仰体系，培养员工爱家、爱企、爱国的情怀。娃哈哈坚持用红色文化教育员工，要心怀感恩，坚定听党话、跟党走；坚持用"家"文化凝聚员工，用亲情与关爱去感召员工积极为企业发展做贡献；坚持用奋斗文化激励员工，让他们通过自己的勤奋努力去创造财富，将自己的梦想融入企业的发展，融入实现中华民族伟大复兴的中国梦。

二是经济效益，有力推进公司管理创新和稳定发展。"五位一体"大党建，形成了党群工作以服务企业发展为核心的工作理念，娃哈哈通过"我是党员、从我做起，看我行动"，"我为销售做贡献"等载体活动，持续提高党员干部带头作表率的责任意识和担当意识。在"以赛带训、比学赶超"的氛围中，娃哈哈有一大批优秀员工涌现出来，其中有 30 多人次荣获省、市、区级优秀共产党员、劳动模范及技能竞赛大奖，20 多人次入选全国、省、市、区级职业技能带头人，有 10 多人次获得省、市、区级工匠称号，他们成为推动公司管理创新、技术攻坚、持续健康发展的中坚力量。

三是社会效益，有力促进企业和谐劳动关系建设。在"大党建"的企业文化建设中，员工的凝聚力和向心力有了长足的提升。娃哈哈把每个员工都当作自己的家庭成员一样看待。面对高房价，娃哈哈想方设法为员工解决住房问题。通过福利分房、发放补贴、自建廉租房等形式，解决了杭州 2000 余名员工的住房，在外地分公司娃哈哈也普遍建了廉租房和员工宿舍。公司每年给员工加工资，员工平均年收入 7 万多元，其中管理技术人员平均年收入约 23 万元。为了员工成长成才，娃哈哈不仅设立顺畅的成长通道，每年还拿出数百万元作为培训经费，让他们通过学习不断地提升自己的素质与能力，在企业发展中实现自己的价值。

正因为员工的生活、工作等各个方面都得到了关心，共享了企业发展成果，所以娃哈哈的员工队伍稳定，流动率低，精神风貌好，对企业忠诚度高，成为娃哈哈事业腾飞的重要保证和依靠。娃哈哈也连续获得了"全国文明单位""全国和谐劳动关系先进单位""全国模范职工之家"等荣誉称号。

四是生态效益，有力推进企业社会责任的建设。娃哈哈在自身获得快速发展的同时，牢记"先富带后富"的社会责任，先后在中西部"老少边穷"地区的 17 个省市投资 85 亿元建立了 71 家分公司，累计实现销售收入 1642 亿元、利税 282 亿元，上缴税金 95 亿元，有力拉动了当地经济和社会的发展，成为扶贫开发成功的实践者和引领者。在专注于精准扶贫的同时，娃哈哈也积极投身公益慈善事业，捐资助学、扶危济困，累计慈善捐赠 5.65 亿元。

 资料来源

[1] 郇爱其：宗庆后：笃行者 [M]. 北京：机械工业出版社，2019.

[2] 迟宇宙：宗庆后：万有引力原理 [M]. 北京：红旗出版社，2015.

[3] 徐怀玉. 员工持股退出机制的设计——从娃哈哈内部清退股份谈起 [J]. 企业管理，2019（9）.

[4] 冯嘉雪. 娃哈哈 让员工享受企业发展的成果 [J]. 中国新时代. 2011（4）.

案例思考题

1. 娃哈哈如何坚持把员工的幸福放在第一位？
2. 如何看待娃哈哈的"家"文化？
3. 娃哈哈福利分房能否推广到其他企业？
4. 娃哈哈如何把对社会的责任与对员工的责任有效地结合？
5. 娃哈哈履行企业社会责任的启示有哪些？
6. 娃哈哈的"五位一体"大党建文化体系的特色是什么？

第二十一篇
海宁皮革城：皮草服里有乾坤

 案例导读

本案例介绍了海宁皮革城在承担企业社会责任方面的做法。海宁皮革城经过 20 多年砥砺奋进，成为中国皮革业龙头企业，其在发展的同时不忘积极承担企业社会责任，其在承担企业社会责任方面的成功经验推动了皮革特色产业的壮大和提升，推动了第三产业的快速发展、增加了就业、富裕了群众等。

（一）公司简介

1994 年，海宁皮革城建成开业，经过 20 多年的砥砺奋进造就了皮革时尚之都，中国皮革业龙头市场，是中国皮革服装、裘皮服装、毛皮服装、皮具箱包、皮毛、皮革、鞋类的集散地，也是皮革价格信息、市场行情、流行趋势的发布地，成为了誉满全球的皮革专业市场。

目前总部市场设有 A 座（综合购物广场）、B 座（皮装·鞋业广场）、C 座（皮草广场）、D 座（裘皮广场）、E 座（女装馆）、F 座（品牌馆）、G 座（四季时装馆）、H 座（批发中心电商配送中心）、AD 天桥（皮毛一体区）、CF 天桥（羊绒时装区）、海宁会展中心以及原辅料市场、品牌风尚中心等区块。辽宁佟二堡、江苏沭阳、河南新乡、四川成都、湖北武汉、黑龙江哈尔滨、山东济南、新疆乌鲁木齐、重庆、河南郑州、四川南充、山西怀仁 12 大连锁（含品牌授权）市场均已建成开业。目前市场经营户上万家，年客流量超千万，年成交额数百亿元，领衔全国。

1999 年，海宁中国皮革城股份有限公司（以下简称"海宁皮革城"）

成立，2010年在深圳证券交易所上市（股票代码：002344），旗下拥有26家全资和控股子公司，员工超1500人。牢记使命、不忘初心，在"红船精神"的指引下，公司始终致力于中国皮革业的服务工作，带领广大皮革终端产品制造商、原辅料供应商、皮革设计师、产品运营商，打造从设计研发到生产销售的全产业链服务平台和价值共享平台。塑造了海宁皮革这一产业集群典范，成为世界皮革风尚高地，创造了独具特色的专业市场发展模式——"海皮模式"。

近年来，海宁皮革城面向时装产业扩容升级并开展了一系列行动，向晋级中国高端秋冬时装基地进发，建设"时装之都"，开启下一个黄金20年。

同时，海宁皮革城实施多维度布局，稳步启动健康产业第二主业。开业运营海宁皮城康复医院，探索云康复基地，互联网+医疗的新型一体化康复模式。

海宁皮革城主营皮革专业市场的开发、租赁和服务，海宁皮革城是目前全球最具规模、中国最具影响力的皮革专业市场。公司通过搭建皮革制品线下B2C销售网络以及线上线下联动的智慧型市场，提高皮革产品流通效率；通过为上游生产企业提供原材料采购、产品开发设计、融资担保等服务，提高上游生产企业盈利能力；通过营造良好的购物环境以及有效的营销推广，促进皮革产品的消费；通过设立海宁皮革博物馆、会展中心、国际馆，促进市场多元化；通过搭建P2P平台、设计师品牌集成店、市场采购贸易平台，打开公司业务创新局面，提升公司品牌传播能力。

海宁皮革城快速发展为股东创造价值的同时，积极承担对国家和社会的全面发展、自然环境和资源，以及各利益相关方的社会责任，遵守社会公德、商业道德，接受政府和社会公众的监督，重视并努力维护股东、债权人、员工、客户、消费者等利益相关方的良好关系，同时注重在社区公益事业、环保行动等方面提升企业的综合形象，在实践发展中追求企业与员工、社会、自然的和谐发展，以实际行动回报社会，创建和谐的企业发展环境。

海宁皮革城先后荣获"全国文明市场""浙江省重点市场""浙江省百城万店无假货示范市场""中国十强文明市场"等荣誉称号。

（二）企业社会责任实践

1. 员工权益的保护

海宁皮革城牢固树立以人为本的理念，重视员工人文关怀，根据《中华人民共和国劳动法》《中华人民共和国劳动合同法》等法律法规，建立了完善的人力资源管理制度。将员工及其家人的幸福作为公司努力的立足点，建立了工会组织，切实关注员工健康、安全和满意度，共同维护和保障员工的合法权益，为员工的职业发展创造良好的环境。

（1）不断完善劳动用工制度。

海宁皮革城通过不断完善包括社保、医保等在内的薪酬福利体系，依法参加社会保险，关注员工身心健康，定期组织员工进行健康体检活动，维护员工权益，稳步提升员工待遇。

（2）开展职业素质培训，提升员工素质。

海宁皮革城每年举办政策法规、管理理念、专业技能、历史文化、道德文明、廉政建设等专题讲座；组织员工学习会、座谈会，周一夜学、新员工培训、后备干部培训、内部讲师培训等系列活动；开展员工素质拓展训练、消防演习等活动。

（3）坚持开展各种丰富多彩的文艺活动。

海宁皮革城通过开展各种丰富多彩的文艺活动来增强企业与员工的良性互动，增强员工凝聚力。2015年海宁皮革城举办了妇女节"健康·魅力"登山行、"趣味运动会"、"羽毛球比赛"、"我与文明同行"主题微辩论赛、"星火团队户外素质拓展"和"迁禧10周年，皮城好声音"等多种形式的文体活动，展示了员工才艺，丰富了员工文化生活。

（4）关爱职工，做好困难员工的慰问和扶助工作。

海宁皮革城设有员工关爱基金，对家庭困难职工伸出援手，积极开展结对助学、爱心捐赠活动。

（5）创新人才任用机制，提高员工积极性。

海宁皮革城为员工提供了良好的培训和晋升渠道，建立全方位多样化的培训发展体系。2015年在公司内公开选拔部门中层干部，进一步拓宽公司选人用人渠道，促使优秀管理人才脱颖而出，为员工提供展现自身价值的平台。

（6）健全员工激励机制，激励优秀人才。

海宁皮革城通过员工激励机制将公司利益和员工个人利益结合在一起。海宁皮革城在充分保障股东利益的前提下，按照收益与贡献对等原则，结合公司目前执行的薪酬体系和绩效考核体系等管理制度，向公司董事、高级管理人员、中层管理人员及其他关键岗位人员 168 位激励对象实施股票期权激励计划。

海宁皮革城一直坚持"在共建中共享，在共享中共建"的思想，与员工共同发展，共享经营成果，员工凝聚力不断增强。企业发展速度加快了，员工的收入、企业的效益和社会效益得到了同步提高，同时也为员工搭建了广阔的发展平台。公司还高度关注员工的民主权利，发挥员工民主管理、民主监督的作用，积极营造公平、民主、务实、和谐的氛围。

海宁皮革城将始终把实现和保障职工的合法权益作为重要工作目标，高度关注并切实提高劳动关系和谐指数，努力将职工的切身利益建设朝着标准化方向迈进。同时不断推进人力资源管理科学化，继续坚持招纳贤才，培养人才，服务人才，为员工搭建广阔的发展平台，在企业发展中关注员工成长，关心员工生活，提高员工福利，共享公司发展成果，提高员工的幸福指数。并将继续积极承担社会责任，履行社会义务，为广大社会人才提供优良的就业环境，创造更多的社会价值。

2. 商户权益的保护

海宁皮革城一直坚持把构建市场和谐关系以及履行社会责任作为企业发展的重要内容，遵循"自愿、平等、互利"的原则，与商户建立了信任和谐的合作伙伴关系。同时海宁皮革城十分注重与商户及各相关方的沟通与协调，公司经营的皮革城建有妇委会、联合工会，经营商户中建有箱包商会、原辅料商会、皮装商会，这些机构通过形式多样的活动，凝聚商户力量，调处商户纠纷，解决商户困难，丰富商户文化生活。

海宁皮革城全资子公司皮革城担保公司，为商户提供便捷的融资担保服务，降低企业融资成本。2015 年皮革城担保公司共为 537 家皮革企业提供了担保服务。

2015 年海宁皮革城 P2P 项目"皮城金融"正式上线，为小微商户提供便捷、低成本的融资服务。

建立小秘书网络并投入使用，座谈交流、调研走访等联谊联心活动形成制度化和常态化；利用协会和广播、宣传海报、电子大屏、游动文字、广播、微信群等形式，对经营户、营业员进行培训教育；组织商户到各大展会参展观展订货，举办各类赛事活动，创新开展营销活动。带领商户拓展市场销路，提振消费者对企业品牌的认可度。

建设了"中国皮草在线"项目，项目下原辅料交易竞拍中心是国内首个"从农户到终端制造商"的毛皮行业拍卖交易平台，减少了皮草产品前段的中间环节及流通成本，为终端产品制造商和消费者提供较大的成本下降空间。平台还将为合作社、生产企业提供"皮皮仓""皮皮贷"两大物流仓储和金融服务项目，在变革传统运营模式的同时，与当下最活跃的互联网运营模式相结合，扩展对产业链上游的服务能力。

2015 年海宁皮革城还举办了皮革城趣味运动会、"迁禧 10 周年，皮城好声音"等系列活动。通过市场内各项活动开展和文化推广，进一步丰富皮革城文化内涵，提高市场经营户的凝聚力和职业素质，调动全城加快发展的激情。

3. 消费者权益的保护

海宁皮革城诚信经营，严格市场管理，把控商品质量，努力为客户提供合格的产品和优质的服务。通过设立消费者服务台、售后服务中心、消费者投诉中心等多种方式，实施"明折明扣制度"、推广"统一收银制度"等各种方式，保障消费者利益，创造顾客满意舒心的消费市场。

海宁皮革城消费者售后服务中心配备了先进的进口设备和专业技术人员，为消费者提供清洗保养、维修维护、配件供应等相关专业服务，形成咨询导购、投诉受理、便民服务、充值缴费、设备报修一条龙服务机制，有效提升了海宁裘皮企业的售后服务质量。

设立消费者投诉中心作为专门机构，配备了熟知业务、尽心尽职的专职管理人员，负责皮革城维护消费者权益工作以及处理消费者投诉等相关工作。实施消费者接待登记制度，保证了在处理消费者投诉时做到认真、及时、公正。2015 年总部市场消费者投诉站共接待纠纷 89 起，为消费者挽回损失 11.70 万元。

健全市场管理员队伍，加强市场日常巡查管理，发现问题及时处理。实施一线人员工作日志制度，控烟劝导、品牌标识、越门经营、特价张贴等管理得到加强。同时积极做好知识产权维护工作，开展品牌维权，保障消费者的购物安全。

消费者可通过搜索微信号或直接扫描海宁皮革城官方网站二维码进行关注，第一时间了解皮城新闻、市场动态、潮流资讯、优惠信息等。"海宁皮城"移动端 APP2.0 版本上线，新增和优化移动支付体系、实体导购、LBS 导购、会员积分促销管理等服务功能，为消费者提供了更好的购物体验。

加强市场经营户培训和教育，提高市场从业人员素质，对经营户开展知识产权保护、消费者权益保护以及店铺营销、服务礼仪等方面的培训活动，不断提高服务质量，提升服务水平。

进一步改造市场硬件设施，不断改善购物环境。对市场的大厅、通道进行亮化和节能化改造，市场内外监控设施提升改造，进一步增设市场各处导购牌，加强市场卫生保洁和无障碍设施维保等，提升消费者购物体验。

4. 环境保护

节能环保、可持续发展是一个企业的社会责任，也是企业发展的自身要求。海宁皮革城践行环境友好及能源节约型发展，认真落实各项节能环保措施，优化运行方式，减少经营活动对环境的破坏和影响，切实推进环境的可持续、和谐发展。

海宁皮革城围绕节能降耗总体目标，积极开展市场改造、节能减排活动。2015 年公司共投入 230.96 万元进行绿化工程、日常维护等环保项目建设。

2013 年，海宁皮革城投资 2500 万元收购天通股份在海宁皮革城屋顶建设的分布式光伏发电项目，该项目是全国首个依照国网公司新政策并网的分布式太阳能光伏发电项目，所发电量全部由皮革城市场消化使用。

海宁皮革城建立一整套电子化、网络化办公模式，充分利用现代信息技术手段，实行无纸化办公。公司全面运用先进的 OA 系统对公司业务流进行管理，实现投资发展、工程管理、财务管理、人力资源、日常办公等多种信息、多种资源整合及共享，提高了工作效率，也降低了日常经营过程中不必要的浪费。

海宁皮革城积极倡导绿色办公，总部与下属公司之间通过视频电话会议进行交流，提高沟通效率，减少不必要的差旅资源的浪费。通过宣传、贯彻公司环境保护政策，倡导绿色办公、绿色出行理念，提高员工的环境意识。

5. 积极参与社会公益事业

海宁皮革城注重社会价值的创造，为构建和谐社会的良好环境，自觉履行社会责任，努力创造和谐的公共关系。20多年来，公司在不断发展壮大的同时，不忘反哺社会，努力践行公益事业目标。公司以扶贫济困、科教文卫支持等多种形式开展各项公益活动，积极投身社会公益慈善事业。公司在自身实现良好经济效益的同时，始终坚持合法经营、依法纳税，促进当地基本建设，在力所能及的范围内，对地方教育、文化、科学、卫生、扶贫济困等方面给予重要支持，促进当地经济建设和社会发展，实现了公司发展与社会责任的双丰收。

海宁皮革城参与路长制志愿服务工作，对责任路段的道路、越门占道经营、车辆乱停放、门前三包不落实、破坏公共环境和扰乱公共秩序等不文明现象进行文明劝导、卫生清洁等志愿服务。

海宁皮革城贯彻落实市"两富同行"温暖工程精神，成立结对帮扶小组，通过走访慰问、主动出谋划策，建立长期有效的常态机制，为帮扶对象早日脱贫致富提供积极的支持和帮助。

海宁皮革博物馆是国内首家以"皮革历史和文化"为主题的博物馆。博物馆建成后，公司不断丰富深化展览素材，提升和传播皮革文化，丰富行业文化内涵，提高大众对皮革历史的认知，成为传递皮革行业的"文化火炬"。

海宁皮革城青年志愿者服务队积极投身社会公益服务活动，开展了义务献血、社区保洁行动、景区清洁等多项志愿服务活动，展现了公司员工关心社会、奉献社会的先锋精神。

资料来源

［1］海宁皮革城官网，http：//www.chinaleather.com.

［2］2015年度企业社会责任报告［DB/OL］.https：//www.docin.com/p-2080814894.html.

案例思考题

1. 海宁皮革城在企业社会责任方面给我们什么启示?

2. 海宁皮革城履行社会责任的具体做法有哪些?

3. 海宁皮革城为何能有今天的成就?

4. 承担企业社会责任在海宁皮革城发展中发挥着什么样的作用?

5. 海宁皮革城践行企业社会责任的做法适用于所有公司吗?

6. 海宁皮革城为何能在众多企业中脱颖而出,荣获许多荣誉称号?

7. 海宁皮革城是如何保护消费者权益的,具体说一说。

8. 结合案例,说说海宁皮革城为什么要承担社会责任。

第二十二篇
吉利集团：幸福的"吉时雨"

 案例导读

  本案例介绍了吉利集团在承担企业社会责任方面的做法。吉利集团通过吉时雨行动，对外反哺社会。吉利集团一直重视人力资源管理，致力于打造快乐企业文化、幸福企业文化，营造平等、公平、和谐的工作环境，关注文化融合，拒绝种族、国籍、宗教、残疾、性别、学历等方面的歧视；坚决反对童工，拒绝强迫劳动。吉利集团将人力资源 N 支柱进行转型升级，建设企业大学，打造人才森林，培育企业文化，为了共同的商业追求，实现员工和企业的共同发展。吉利集团逐步形成了"奋斗者文化、问题文化、对标文化、合规文化"四大文化体系，提升了员工幸福指数。

（一）公司简介

  吉利控股集团（以下简称"吉利集团"）是一家全球化企业，总部位于中国杭州。集团始建于 1986 年，于 1997 年进入汽车行业。吉利集团一直专注实业，专注技术创新和人才培养，不断打基础练内功，坚定不移地推动企业健康可持续发展。

  2019 年，吉利集团旗下各品牌在全球累计销售汽车超 217.8 万辆，同比增长 1.23%。

  目前，吉利集团已发展成为一家集汽车整车、动力总成、关键零部件设计、研发、生产、销售及服务于一体，并涵盖出行服务、线上科技创新、金融服务、教育、赛车运动等业务的全球型集团。此外，吉利还稳健推进全球创新型科技企业的建设，逐步实现汽车制造商向移动出行服务商转变。

吉利集团旗下拥有吉利汽车、领克汽车、沃尔沃汽车、Polestar、宝腾汽车、路特斯汽车、伦敦电动汽车、远程新能源商用车、太力飞行汽车、曹操专车、荷马、盛宝银行、铭泰等众多国际知名品牌。各品牌均拥有各自独有的特征与市场定位，相对独立又协同发展。

吉利集团还是沃尔沃集团第一大持股股东，戴姆勒股份公司第一大股东。

吉利集团一直以"创造安全、环保和节能的汽车"为使命，积极承担为中国汽车行业树立标杆、推广重视创业精神的企业文化、呈现科研发展价值的责任。

同时，吉利集团还致力于大力推动世界知名汽车品牌的发展，为多个细分市场提供优质产品，产品覆盖范围从小型车到中大型车、从跑车到豪华车、从乘用车到商用车、从摩托车到飞行汽车，以满足不同层次的消费者需求。

目前，吉利集团拥有超过 120000 名员工，其中包括超 20000 名研发和设计人员。公司总资产超过 3300 亿元，连续八年成为"财富"全球 500 强企业。

（二）企业社会责任实践

1. 绿色出行及环境友好

如今，世界各国都必须减少排放、节约能源以确保可持续性发展。对此，吉利集团也采取行动，积极为发展能源节约型、环境友好型社会做出贡献。吉利集团的社会责任计划的核心是：坚决致力于对可持续发展汽车的技术开发进行投资、建设绿色工厂和生产线并提高在环保必要性方面的意识。

根据吉利集团有关生产最安全、最环保且最节能车辆的公司愿景，不断增加技术创新和产品改进的投资，尤其是在动力系技术、车内空气质量、车辆安全及新能源战略等方面的投资，逐步加快开发小排量发动机和轻型车身的步伐，并逐步提高燃料效率以满足欧洲排放标准。同时，吉利集团全资子公司伦敦出租车公司已公布在英国建设一家新工厂的计划，以开发并生产下一代"绿色型"伦敦黑色出租车。这些车辆将严格执行伦敦市市长提出的新规。此类规定旨在从 2018 年 1 月起降低伦敦街头新增出租车的排放。

此外，吉利集团还致力于开发多平台、多元化新能源车辆技术，进一步实现零排放的纯电动汽车的长期目标。在纯电动车辆时代到来之前，吉利集团重点开发油电混合动力及插电式混合动力技术。吉利集团正在积极地进行替代性燃料的开发和应用方面的探索，如甲醇、天然气和乙醇等。

吉利集团始终坚持"建设对环境无害的绿色工厂、制造有益于人类的环保车辆"这一原则。在建设新工厂以及改造老工厂的整个过程中，采用最先进的环保、节能技术和设施。吉利集团的每个冲压和喷涂车间都配有先进的去噪声和废水处理设施，以减少噪声污染和废气排放，同时所有生产线均为节能、环保型生产线。吉利集团已为其环境控制和应急响应计划执行了最严格的规定。

吉利集团认为，员工对推动及实施节能减排活动至关重要。因此，吉利集团非常重视发展绿化办公室文化，以提高员工的环保意识、减少工作场所的能源消耗。

吉利集团在环保及社区发展领域的企业社会责任项目投资，为中国的可持续发展做出了积极贡献。吉利集团将继续挑战并致力于通过在全球范围内实现更大的节能和减排来实现可持续发展。

2. 社会公益，"吉时雨"在行动

2016 年 3 月，董事长李书福亲自部署，启动"吉时雨"扶贫项目。经过几年的实践，建立了"集团牵头、基地主办、伙伴协同、全员参与"的内部扶贫工作机制，构筑"政府搭台、企业出资源、合作社+农户执行、社会组织监管"的多方参与、农户受益的扶贫工作格局，执行实地调研、制定规划、项目实施、考核评价的科学扶贫流程管控，坚持"输血"更"造血"。秉承"吉利把生产基地建设到哪里，就要把扶贫工作开展到哪里"的指导思想，"吉时雨"扶贫项目进一步扩大扶贫区域。从 2017 年的 7 省 11 个区域扩展至 2018 年的 9 省 17 个区域，持续开展产业扶贫、教育扶贫、就业扶贫、农业扶贫和消费扶贫；增加扶贫资金的投入以及扶贫对象的数量，计划投入超过 6 亿元，帮助 20000 多个贫困户家庭脱贫。截至 2019 年，"吉时雨"扶贫项目已累计投入资金超过 3.5 亿元，全国启动农业帮扶项目 25个，帮扶 9 省 17 地的 13000 余个建档立卡家庭 25213 人次。仅 2018 年，吉利集团投入资金 2.75 亿元，帮扶建档立卡户 8933 户 15881 人，解决就业 1579 人；在 20 县 39 村开展农业项目 25 个，责任采购农副产品 2242.37 万元。

"吉时雨"扶贫项目得到了中央及地方各级党委、政府的肯定，吉利集团先后获得民政部第十届"中华慈善奖"、团中央"CSR 中国教育奖——精准扶贫特别奖"，人社部、总工会、全国工商联"全国就业与社会保障先进民营企业"等荣誉。2018 年，中央政治局常委、全国政协主席汪洋对吉利精准扶贫的经验作了批示并给予充分肯定。"吉时雨"扶贫项目将按照党中央、国务院扶贫开发工作部署，积极探索企业参与扶贫的新思路、新模式，立足贫困村，以建档立卡户为对象，为推动乡村振兴和民生改善贡献力量。

（1）教育扶贫。

教育扶贫（扶贫先扶智，以教育扶贫为重）：投入近 1.1 亿元，在贵阳和湘潭两地建设"吉时雨"扶贫技能培训中心；吉利旗下五所院校新招建档立卡户学生 887 人，资助学杂费 1337.946 万元；与当地 45 所职业技术学院合作，开设 98 个"吉利成才班"，面向就业招收建档立卡户学生 814 人，并投入 1168.05 万元用于合作院校的教学设备采购、师资培养及教学方案的提升。

（2）就业扶贫。

就业扶贫（扶志谋发展，以就业扶贫为先）：解决 1193 位建档立卡户实现就业，确保"一人就业，脱贫一户"。扶贫更扶志，根据建档立卡户生活实际提供就业资源是解开贫困症结的金钥匙。吉利已累计帮扶建档立卡户近 4000 人实现就业。吉利集团要求整车厂及配套厂商在招聘蓝领工人时，同等条件下优先招录建档立卡贫困户人员，在招录绿化、保洁、食堂等后勤保障人员时，优先招聘贫困家庭人员，力争建档立卡户占当年新入职员工比例达到 10%。同时，积极动员配套厂商共同参与就业扶贫。2018 年，共帮助建档立卡户近 1200 人实现就业。在各地的农业扶贫项目中，吉利集团也优先招聘当地建档立卡户。2018 年帮扶 298 人建档立卡户实现家门口就业，发放工资 172.99 万元。

（3）农业扶贫。

农业扶贫（因地巧制宜，以农业扶贫为本）：投入资金 3211.5 万元，在全国 20 县 39 村开展 25 个农业项目，帮扶建档立卡户 3024 户 9972 人，惠及村民 10653 户 37024 人。

吉利集团在开展扶贫的地区稳步推进新基地建设，同时引入汽车零部件、物流等配套企业，直接带动当地经济的发展并提供大量的就业机会。2018年，吉利集团在贵阳试点建设"吉时雨"扶贫示范工厂。向贵阳市慈善总会捐赠6335万元在贵阳市观山湖区新建扶贫零部件制造工厂，为吉利贵阳基地提供小冲压件等零部件。除必要的技术人员外，拟招收100名左右的建档立卡户就业，确保实现"一人就业，全家脱贫"。此外，工厂盈利的40%也将捐赠给贵阳市慈善总会，持续用于扶贫、乡村振兴。

（4）消费扶贫。

消费扶贫：2019年吉利集团全年责任采购金额达2242.2万元。

吉利集团及下属企业优先考虑和常态采购贫困村合作社的农产品，作为食堂原料、职工福利，"让扶贫更有深度，让消费更有温度"。2018年起，吉利集团要求全年员工福利总额的50%用以采购贫困村农产品，累计采购金额已超过4000万元。

3. 尊重人、成就人、幸福人

吉利集团一直重视人力资源管理，致力于打造快乐企业文化、幸福企业文化。

人才是企业最重要的资本之一，也是企业得以可持续发展的根本，吉利集团认为，员工为公司贡献了自己的青春和智慧，公司也致力于为员工营造公平公正、有发展前景和潜力的工作环境。公平公正的招聘政策是会聚人才的基础，吉利集团针对集团公司各直属部门和各子公司制定了统一的招聘制度，集团人力资源部、一级子公司人力资源部和用人部门合力完成人员的招聘和录用管理。在招聘过程中，吉利集团不因种族、国籍、宗教、残疾、性别、学历等对应聘者产生任何歧视，采取公开、公平、公正的竞争上岗原则，不使用童工、拒绝强迫劳动。

2016年，吉利集团设立员工忠诚奖，以勋章的形式给员工授予奖励，鼓励员工跟吉利集团一起成长，一起奋斗。吉利集团从细微处体现对员工的关怀，不断实践"快乐人生，吉利相伴"的理念。

建立信息共享平台。绩效考核、薪酬管理等人力资源日常管理工作的有效开展，很大程度上依赖于大数据支撑系统的准确性和及时性。2016年，吉利集团持续推进HR Portal信息共享平台的建设，已全面整合员工基础信息、绩效考核、在线学习、资讯中心和福利商城等内容，并根据员工使用习惯开发适配的移动端版本。

吉利集团希望通过信息共享平台，增进各业务部门和员工之间的交流，形成统一标准，提高工作效率，借助信息化手段，营造快乐工作氛围。

贴心生活关怀。工作不是生活的全部，除为员工营造和谐的工作环境外，吉利集团也主动帮助员工解决生活中的问题。过渡公寓租用、母婴小屋、健康爬楼运动、便民理发周、家属开放日、爱心暑托班……吉利集团急员工所急，想员工所想，从衣食住行的方方面面为员工提供便利，使员工享受快乐工作的同时能够快乐生活。

吉利集团在人力资源 N 支柱的基础上，跳出人力资源范畴本身，打造更符合全球人才发展和管理的 See 模型。See（看见）主要有两层寓意：从外向内看，通过企业的发展战略及优秀的企业文化，实现全球人才集聚，让外部"大樟树"看见吉利集团的平台和空间；从内向外看，通过"内生型人才培养"机制及有竞争力的激励体系，激发员工活力与创造力，让内部"小树苗"看得见自己的成长、成才。

吉利集团以"开放、尊重、包容"的态度，为每位员工营造和谐的工作环境；针对一线和海外员工等搭建相匹配的薪酬福利体系，充分保障每位员工的基本权益。

（1）多元化的招聘渠道。

吉利集团针对研发、生产、供应链及营销等业务单元的用人需求，进行全行业范围内的人才盘点和分析，构建行业"外部精英人才库"。2018年，吉利集团开展"专场招聘会"80 多场，足迹覆盖全国各主要省市，以及美国（硅谷）、德国、印度、日本、韩国等国家。在校园招聘及校园雇主品牌建设方面，公司与国内近 40 所院校建立了"吉先锋"俱乐部，在海内外多个城市举办校园招聘会，不断为吉利集团注入新鲜血液。

（2）员工权益保障。

吉利集团与员工签订《中华人民共和国劳动合同》《工资专项集体合同》《女职工权益保护协议》等七项集体约定，保障员工基本权利。此外，公司持续开展员工互助和关爱工作，2018 年，员工互助金帮扶 82 人，资助金额 33.9 万元；关爱吉利金帮扶 209 人，资助金额 16.11 万元；职工子女教育帮扶 91 人，资助金额 41.7 万元。

（3）完善的薪酬福利体系。

为了让员工找到合适的发展方向，发扬工匠精神，吉利集团针对不同职业类型员工设置相应的发展通道，建立个性化和有竞争力的薪酬福利体系与成长空间。在公司内部，一名基层蓝领通过个人努力和提升，内部待遇最高可相当于研究院的副总工程师。公司建立了完善的福利体系，并兼顾和尊重外籍员工的文化习惯。公司每年为员工提供季度福利、节假日福利、生日福利并安排一次免费体检。按照相关规定，公司严格执行年假、病假、产假/陪产假、婚假、丧假等各项休假制度。此外，公司推行奋斗者激励机制，设置书福奖、忠诚奖等，塑造和培养业务标杆。2018年，吉利集团为司龄满5年、10年、15年、20年的121名员工颁发忠诚奖勋章。

吉利集团于2015年修订了员工的薪酬管理制度。在综合考虑地域、层级和职能差异的基础上，构建了包含年度工资、效益奖金、期权和其他福利补贴等元素，适合吉利集团发展的薪酬福利体系。从基本保障、短期激励、长期激励等角度，保障人才供应能够支持吉利未来的快速发展。

（4）构建职业诚信联盟系统。

结合多年累积的实践成果，吉利集团于2018年开发职业诚信系统——指真网职业信用平台。该系统不仅能够帮助企业挖掘职业诚信人才，个人也可以围绕预设的诚信标准，建立自己的职业诚信档案，共同促进诚信社会生态。

在功能模块上，指真网不仅有职业诚信背调系统，还开发了诚信联盟系统，该部分内容将免费开放给整个汽车领域（包含主机厂上下游产业链），目前已有超百个企业单位加盟，助推行业共商、共建、共享的诚信联盟生态圈。

（5）员工健康安全的保护伞。

吉利集团以安全生产信息化平台为载体，通过举办"安全生产月"等系列活动，全面推行安全生产标准化建设。同时，积极开展职业危害因素识别和风险管控，不断加强员工安全教育和培训，至今未发生重大安全和职业病事件。2018年，吉利集团完成贵阳、春晓、宝鸡、晋中、张家口5个基地一级安全标准化自评，围绕基础管理、机械、电气、热工燃爆、作业环境与职业健康5个专业全面开展自查。安全生产信息化Ⅰ期工程覆盖10个整车在产基地，涉及工作计划、隐患整改、危险作业、教育培训、应急管理、事故事件等16个管理模块，现场安全管理效率和信息化水平有效提升。此外，吉利集团全方位关爱员工及家属的健康，耗资近亿元为全体员工及其家属（配偶、子女及父母）购买意外/疾病身故、重疾及门/急诊等商业保险，解决员工后顾之忧，增强企业凝聚力。

（6）吉利企业大学"一二三四"可持续的人才培养机制。

在培训资源及学习平台建设方面，吉利集团依托任职资格标准体系，搭建486个基准岗位的岗位图谱并编制课程地图。目前已产出4050门面授与线上课程，2100多位内训师。此外，吉利自主开发具备在线学习、知识管理、培训数据统计的综合培训管理平台，实现员工移动化学习。

（7）提升员工幸福指数。

企业文化是所有员工经过长期磨合所创造出的价值观，吉利集团逐步形成"奋斗者文化、问题文化、对标文化、合规文化"四大文化体系。其具体含义是：①奋斗者文化。即以用户为中心，以结果为导向，追求卓越，持续创造价值，成为受尊敬的人。吉利集团"奋斗者"行为就是用户至上，充满激情，自我挑战，绩效导向。②问题文化。吉利集团让问题文化真正落地到生产经营实践中，认为发现问题是好事，解决问题是大事，回避问题是蠢事，没有问题是坏事。③对标文化。对标文化的关键词是动态对标和勇于立标。对标文化要求动态瞄准高绩效、高成长的卓越组织，超级对标，勇于立标，成为行业的引领者。④合规文化。吉利集团对员工的基本行为要求是廉洁自律、诚实守信、勤勉尽责、高效透明、合规人人有责、合规创造价值。

为丰富员工生活，吉利集团不定期组织健康讲座、专家义诊以及各类专题培训，以及迎春晚会、歌手大赛、羽毛球赛、篮球赛、乒乓球赛、"生日趴"等各项文娱活动。公司的关爱延伸至员工家庭，使每位吉利人能够安心开展工作，不断提高能力和水平。2018年，员工满意度为85.4%，较2017年提升4.8%。

吉利集团以科技助推管理，坚持走科技创新道路，自主研发的C3手机系统，以便捷的操作、强大的资讯以及友好的界面，为吉利集团所有员工提供了专业的人力资源服务。员工只需打开手机，轻松点击，便可随时随地了解公司资讯，进行个人信息查询等自助服务，还可以进入兴趣论坛和员工社群进行社交，极大地提升了员工体验。

吉利集团提倡快乐工作，快乐生活。2018年，吉利集团通过集体婚礼、家庭开放日、接力跑、文化之旅等一系列活动，为员工家属以及社会各界提供了深入了解吉利的机会，营造"快乐"的氛围。公司不断加强对吉利奋斗者的关爱，为奋斗者准备丰富的加班晚餐和周末自助餐，他们的家人也同样会收到来自吉利的感谢短信和关怀。吉利集团在杭州湾、宝鸡等基地与当地公办幼儿园合作，开办了多所吉利幼儿园。吉利幼儿园作息时间与相应制造基地同步，保障吉利集团员工子女接受优质教育的同时，确保员工能够安心工作。未来，吉利集团着手规划养老院，以解决员工父母的养老问题。针对退休员工，所在部门都会安排简朴的退休仪式，并赠予退休铜牌及车模纪念品等。在每年的特殊时节，如重阳节、司庆日、春节等，吉利都会邀请退休的老同事们重回公司参观访问。

资料来源

［1］吉利集团官网，https：//www.geely.com/.

［2］孟怀虎.民营制造：吉利之路与中国民营企业生存状态［M］.广州：广东旅游出版社，2003.

［3］吴迎秋.李书福的汽车密码：吉利并购宝腾路特斯始末［M］.北京：人民出版社，2018.

案例思考题

1. 根据赫茨伯格的理论，解释一下吉利集团的做法。
2. 吉利集团打造企业的四大文化体系有什么含义？
3. 企业如何平衡经济效益与社会效益？
4. 企业管理制度建设方面如何体现企业履行社会责任？
5. 谈谈吉利大学在培养员工方面的做法。

经验与启示

一、企业主/董事长注重所在企业
承担企业社会责任

　　本书所列 22 家企业之所以在履行企业社会责任方面成效显著，特色鲜明，一个重要的原因就是这些企业的企业主/董事长注重所在企业承担企业社会责任。阿里巴巴集团的马云曾表示，互联网企业，不要去争当"首富"，而是要争当"首负"，必须对用户、对社会负责。负责任的企业首先要积极纳税和创造就业，把社会资源用好，为社会谋福利。其次企业的商业模式和社会责任必须融合在一起，提供良好的产品或服务。吉利集团的李书福表示："未来的吉利将继续怀着谦卑的心态，在企业社会责任领域进行有益探索，凝聚更多力量推动社会创新，让世界充满快乐。"娃哈哈集团的宗庆后表示，"（娃哈哈）作为率先发展起来的企业，富裕以后首先要反哺社会。再穷不能穷孩子，再苦不能苦教育，宁愿企业省吃俭用也要献上这份爱心。"海亮集团董事长冯海良的座右铭是"人生的价值只能与他对社会的贡献划等号，而不能以他所拥有的财富来衡量"。

　　可以这么说，履行企业社会责任好的企业，一定是企业主/董事长非常重视所在企业承担企业社会责任。

二、浙江省大部分企业已经到了自觉自为阶段

一般认为，我国企业履行企业社会责任经历三个阶段：第一个阶段是开始关注、被动接受阶段。20世纪90年代中期到21世纪初，在国际销售商、品牌商推动下，社会责任问题逐渐被建立在国际采购中实施社会责任方面的准则、标准或体系中。中国企业开始接受跨国公司实施的社会责任方面的工厂审核。第二个阶段是企业社会责任制度建设阶段。从21世纪初到2006年，企业社会责任开始得到广泛关注。中国的学术机构、非政府组织以及在华国际组织开始对社会责任进行系统的介绍和广泛的研究、讨论。政府部门也开始关注企业社会责任建设工作。中国政府开始调查中国企业社会责任建设情况。一些企业，特别是上市公司开始了履行企业社会责任的制度化建设。从制度层面规范企业承担企业社会责任。第三个阶段是自觉自为阶段。企业落实社会责任，实现企业经济责任、社会责任和环境责任的动态平衡，反而会提升企业的竞争力与社会责任，为企业树立良好的声誉和形象，从而提升公司的品牌形象获得所有利益相关者对企业的良好印象，增强投资者信心，更加容易地吸引到企业所需要的优秀人才，并且留住人才等。

浙江省大部分企业已经到了自觉自为阶段，具体表现在以下几个方面：

（1）形成建立了一套企业社会责任制度。

本书所涉及的22家企业都形成建立了一套企业社会责任制度。一是企业社会责任部的建立。阿里巴巴集团、海亮集团都成立了专门的社会责任部，专人专职负责企业社会责任工作。二是定期发布企业社会责任报告。这里既有监管部门的要求，更有企业自觉的行为。广厦集团早在2006年就发布了《企业公民报告》，是当时国内唯一的由企业公民专业委员会作为第三方组织专家指导、审核、认定，并被列入"中国优秀企业公民社会责任报告系列"重点发布的中国首家上市民营建筑企业的第一份企业公民报告。另外，2002年，广厦集团将承担企业社会责任写进了《广厦企业文化白皮书》和《广厦纲领》。近年来，广厦集团又将企业公民建设融入企业发展战略。

（2）履行企业社会责任内容全覆盖。

一是企业对政府的责任。在现代社会，政府越来越演变为社会的服务机构，扮演着为公民和各类社会组织服务和实施社会公正的角色。在这种制度框架下，要求企业扮演好社会公民的角色，自觉按照政府有关法律、法规的规定，合法经营、照章纳税，承担政府规定的其他责任和义务，并接受政府的监督和依法干预。

二是企业对股东的责任。现代社会，股东队伍越来越庞大，遍及社会生活的各个领域，企业与股东的关系逐渐具有了企业与社会的关系的性质，企业对股东的责任也具有了社会性。首先，企业应严格遵守有关法律规定，对股东的资金安全和收益负责，力争给股东以丰厚的投资回报。其次，企业有责任向股东提供真实、可靠的经营和投资方面的信息，不得欺骗投资者。

三是企业对消费者的责任。企业与消费者是一对矛盾统一体。企业利润的最大化最终要借助于消费者的购买行为来实现。作为通过为消费者提供产品和服务来获取利润的组织，提供物美价廉、安全、舒适、耐用的商品和服务，满足消费者的物质和精神需求，是企业的天职，也是企业对消费者的社会责任。对消费者的社会责任要求企业对提供的产品质量和服务质量承担责任，履行对消费者在产品质量和服务质量方面的承诺，不得欺诈消费者和谋取暴利，在产品质量和服务质量方面自觉接受政府和公众的监督。

四是企业对员工的责任。企业对员工的责任属于内部利益相关者问题。企业必须以相当大的注意力来考虑雇员的地位、待遇和满足感。在全球化背景下，劳动者的权利问题得到了世界各国政府及各社会团体的普遍重视。

五是企业对资源环境和可持续发展的责任。实践证明，工业文明在给人类社会带来前所未有的繁荣的同时，也给我们赖以生存的自然环境造成了灾害性的影响。企业对自然环境的污染和消耗起了主要的作用。近半个世纪以来的环境革命改变了企业对待环境的态度——从矢口否认对环境的破坏转为承担起不再危害环境的责任，进而希望对环境施加积极的影响。然而，环境日渐好转的情况仅仅发生在发达国家，整个人类并未走上可持续发展的道路。造成这种局面的根源，在于新兴国家人口和经济的飞速增长。虽然这些政治和社会问题超出了任何一个企业的管辖和能力范围，但是集资源、技术、全球影响以及可持续发展动机于一身的组织又只有企业，所以企业应当承担起建立可持续发展的全球经济这个重任，进而利用这个历史性转型实现自身的发展。

六是企业对社区的责任。企业是社会的组成部分，更是所在社区的组成部分，与所在社区建立和谐融洽的相互关系是企业的一项重要社会责任。企业对社区的责任就是回馈社区，比如为社区提供就业机会，为社区的公益事业提供慈善捐助，向社区公开企业经营的有关信息等。有社会责任的企业意识到通过适当的方式把利润中的一部分回报给所在社区是其应尽的义务。

三、从只注重外部社会责任到内外部社会责任并重

说到企业履行社会责任，很多人认为企业应该在创造利润、照章纳税、吸纳就业、清洁生产、减少污染、保护环境等方面承担相应的社会责任，较少关注企业内部的员工，一些企业为了公司的形象，在捐赠、慈善等公众关注度高的方面行为高调，实际上是"血汗工厂"。但是利害相关者理论告诉我们，企业的利害相关者是指所有可以影响，或会被企业的决策和行动所影响的个体或群体，包括员工、顾客、供应商、社区团体、母公司或附属公司、合作伙伴、投资者和股东。正是基于这样的理论考虑，企业应该关注企业自己的员工，关注员工的福祉与发展，是企业履行社会责任的应有之义。

本书所涉及的 22 家企业都注重内外部社会责任并重。阿里巴巴集团明确表明排在公司第一位的是员工。娃哈哈奉行的"健康你我他，欢乐千万家""凝聚小家，发展大家，报效国家"的"家文化"，正是体现了对公司员工的关怀。娃哈哈持续 32 年的年夜饭用员工的话说就是"丰盛的年夜饭，还有大红包，感受到了大家庭的温暖"。吉利集团的企业大学为员工成长构建了"一二三四"可持续的人才培养机制。海亮集团自 2006 年起成立员工互助基金会，员工自愿认捐，企业兜底注资，每年集中开展 3 次以上困难员工救助和慰问，员工自愿认捐参与度高达 99.9%。

四、注重履行企业社会责任与企业发展战略统一

企业社会责任对于企业的重要性看法不一。但是，本书所列的企业在履行企业社会责任时，不是一时心血来潮，可有可无，而是把履行企业社会责任与企业发展战略统一起来，把企业社会责任建设纳入企业发展战略中，成为企业的重要组成部分。

吉利集团的李书福致力于"正业之道"，他把企业的社会责任置于企业大发展战略核心，在创造商业价值的同时，履行企业公民义务。吉利集团的企业使命是造最安全、最环保、最节能的好车，这本身就是履行社会责任的体现。吉利集团将企业社会责任进行系统化管理，并将其纳入公司整体战略规划，将履行社会责任作为吉利实现永续发展的工作重点，为此吉利专门建立了一整套完善的企业社会责任管理体系。

五、形成了具有自己企业特色的企业社会责任

本书所列浙江省企业在履行企业社会责任方面，经过多年的建设，形成了具有自己企业特色的企业社会责任（见表1）。打造了特色鲜明的企业社会责任活动品牌，如阿里巴巴集团的"人人公益3小时"、吉利集团的"吉时雨"活动，娃哈哈集团的年夜饭活动，贝因美的"爱婴""育婴""亲母"工程，等等。

表1　企业社会责任观

序号	企业名称	企业社会责任观
1	阿里巴巴	企业社会责任应内生于商业模式。人人都能快乐地履行社会责任
2	海康威视	提倡就业自由、力行人道待遇、禁止不当歧视、建立沟通机制、健全薪资福利、强调诚信经营，不断推广社会责任，最终实现社会责任绩效最佳实践
3	万向钱潮	为顾客创造价值、为股东创造利益、为员工创造前途、为社会创造繁荣

序号	企业名称	企业社会责任观
4	浙大网新	秉承"创新、健康、睿智"的企业理念，以国家、社会的需求为企业发展的战略纵深，以健康的商业生态、强壮的产业价值链为企业生存的宜居环境，致力于实现企业、社会、环境间的和谐共生与可持续性发展，践行"绿色智慧城市"的建设责任
5	横店集团	只有具有高度社会责任心的企业，才会让员工满意、社会赞赏、党委政府强力支持；只有具有高度社会责任心的企业，才更有可能实现企业价值、社会价值的最高回报。社会责任，不仅是企业发展的压舱石、稳定锚，更是企业发展的动力源
6	古越龙山	和于仁义、成于精酿、行于至诚
7	小商品城	秉承"勤耕好学、刚正勇为、诚信包容"的义乌精神，服务市场、关爱员工、保护环境、回馈社会
8	大华集团	始终践行企业公民的责任，与员工、社区、合作伙伴分享自身的发展，积极投身公益事业，努力回馈社会，做一个负责任的企业公民，助力中国梦的实现
9	物产集团	"共创共享，向善向美""关爱员工、真诚奉献"
10	正泰电器	坚持以客户为中心，创新、协作、正直、谦学、担当的核心价值观，致力于让电力能源更安全、绿色、便捷、高效
11	华数传媒	企业公民责任：依法经营，承担公民责任，履行公民义务 社会责任理念：经济效益与社会效益协同发展，为我国文化大发展大繁荣贡献力量 企业经营理念：诚信经营，求同存异，协作发展 服务用户理念：用心服务，为亿万华数用户创造高品质的服务 环境保护理念：绿色经营，爱护环境，身体力行，呵护蓝天碧水家园
12	巨化股份	社会责任观是"敬天爱人"。在为股东创造价值、守法合规的同时，悉心听取各界对公司开展权益保护、环境友好、生产安全、公平竞争、透明运营、质量安全、和谐共享的要求和期望，以实际行动践行责任
13	雅戈尔	为社会提供优质的服务、为企业增加核心竞争力、为股东创造更大的价值、为员工创造卓越幸福感
14	宁波港	公司以"强港报国、服务世界"为宗旨，秉承"服务创造价值　奋斗成就梦想"的核心价值观，坚持自愿、公平、等价有偿、诚实信用的原则，遵守社会公德、商业道德、国家法律法规，在追求经济效益、维护股东利益的同时，积极保护债权人和职工的合法权益，诚信对待客户、供应商、合作伙伴，乐于从事慈善、公益事业；牢固树立"低碳经济""绿色港口"等理念，积极推进和谐企业创建和绿色环保型港口建设，为和谐社会建设做出应有贡献
15	海亮集团	海亮集团秉持"事业即善业，善业即事业"的发展理念，一直以实际行动履行企业社会责任与义务，把对社会贡献的最大化作为企业永恒的追求，为建设和谐社会和促进经济发展做出应有的贡献

续表

序号	企业名称	企业社会责任观
16	通策医疗	以责任管理为手段，最终实现企业可持续发展 客户责任：为客户提供优质医疗服务 员工责任：让员工与企业共成长 股东责任：为股东创造更多价值 公益责任：积极回报社会
17	广厦集团	秉承"以人为本、服务社会"的经营理念，更加积极地保障股东利益、维护职工合法权益，认真履行社会责任
18	绿城集团	秉承"真诚、善意、精致、完美"的核心价值观，以"为员工创造平台、为客户创造价值、为城市创造美丽、为社会创造财富"为企业使命
19	贝因美	企业社会责任观："帮助宝宝健康成长、帮助妈妈成就母爱、帮助家庭幸福和谐、帮助员工成就梦想" 公司秉承"追求顾客价值、员工价值、股东价值、合作伙伴价值和社会价值"五大价值的和谐统一为核心经营理念，在追求经济效益、保护股东利益的同时，积极保护员工的合法权益，诚信对待供应商、经销商、客户消费者
20	娃哈哈	奉行"凝聚小家，发展大家，报效国家"的"家文化"理念。产业报国、泽被社会，让爱无所不在
21	海宁皮革城	建设一个市场、振兴一门产业、繁荣一片经济、富裕一方群众
22	吉利集团	以"让世界感受爱"为公益价值主张，将教育和环保作为公益聚焦领域，同时辐射文化传播、扶贫赈灾和弱势帮扶三个公益议题。与员工、经销商、客户及其他社会资源一起，探索可持续的公益模式

六、形成了浙江省乃至全国部分区域跨区域联合

2005 年、2006 年广厦集团连续两年被评为"中国优秀企业公民"，并与 190 多家企业共同签署了《中国企业公民宣言》。广厦集团在企业公民建设方面做出的努力受到了各界的好评，尤其是在农民工的权益保障、教育培训、"四好"管理等方面，发挥了建筑企业的表率作用，得到了国家领导人的肯定和赞扬。

七、注重发挥舆论媒介、消费者协会、工会等的监督社会作用

实践证明，舆论监督以其发表的公开性、传播的快速性、影响的广泛性、揭露的深刻性、导向的明显性、处置的及时性等特点和优势，可以迅速将人们的注意力聚焦，形成强势舆论，通过对社会舆论的引导，形成对企业社会责任问题的广泛关注。

强大的社会舆论、鲜明的民心民意可让责任型企业名声远扬，也可让无责任心的企业一败涂地，当然这在很大程度上需要大众传播媒介组成的监督子系统积极参与。就因为舆论监督具有极强的监督和控制功能，所以新闻媒体以舆论、宣传、教育影响和引导内外资企业的公众价值观和行为方式，可以预防和制止企业的越轨行为，实现对企业社会责任的有效监督，从而引导企业转变观念，朝着积极履行社会责任的方向发展。

构建企业社会责任要充分发挥舆论媒体的作用，提高相关利益者的维权意识与行动能力，加强企业社会责任建设的宣传，加大对企业责任履行状态的信息传递，营造企业社会责任的氛围，逐步形成企业自觉承担社会责任的社会环境。

八、成立了自己企业特色的慈善/公益基金会

吉利集团的"李书福基金会"、阿里巴巴集团的"阿里巴巴公益基金会"、娃哈哈集团的"浙江省娃哈哈慈善基金会"、海亮集团的"浙江海亮慈善基金会"。这些企业自己的慈善/公益基金会不同于社会或官方组织的慈善/公益基金会，其运营是企业自身所为，规范、透明、高效为企业履行企业社会责任发挥了重要作用。

参考文献

[1] Aguinis H. , Glavas A. What we know and don't know about corporate social responsibility: A review and research agenda [J]. Journal of Management, 2012 (38): 932-968.

[2] Arendt S. , Brettel M. Understanding the influence of corporate social responsibility on corporate identity, image, and firm performance [J]. Management Decision, 2010, 48 (10): 1469-1492.

[3] Albinger H. S. , Freeman S. J. Corporate social performance and attractiveness as an employer to different job seeking populations [J]. Journal of Business Ethics, 2000 (28): 243-253.

[4] Ashforth B. E. , Mael F. Social identity theory and the organization [J]. The Academy of Management Review, 1989, 14 (1): 20-39.

[5] Aupperle K. E. , Carroll A. B. , Hatfield J. D. An empirical examination of the relationship between corporate social responsibility and profitability [J]. Academy of Management Journal, 1985, 28 (2): 446-463.

[6] Allen N. J. , Meyer J. P. Affective continuance, and normative commitment to the organization: An examination of construct validity [J]. Journal of Vocational Behavior, 1996, 49 (3): 252-276.

[7] Aguilera R. V. , Rupp D. E. , Williams C. A. , Ganapathi J. Putting the S back in corporate social responsibility: A multi-level theory of social change in organizations [J]. Academy of Management Review, 2007, 32 (3): 836-863.

[8] Bauman C. W. , Skitka L. J. Corporate social responsibility as a source of employee satisfaction [J]. Research in Organizational Behavior, 2012 (32): 63-86.

[9] Blau P. M. Exchange and power in social life [M]. New York: Wiley, 1964: 2-11.

[10] Bowen H. R. , Johnson F. E. Social responsibility of the businessman

[M]. Harper, 1953.

[11] Bowlby J. Attachment and loss: Retrospect and prospect [J]. American Journal of Orthopsychiatry, 1982, 52 (4): 664-678.

[12] Brown M. E., Trevino L. K., Harrison D. A. Ethical leadership: A social learning perspective for construct development and testing [J]. Organizational Behavior and Human Decision Processes, 2005 (97): 117-134.

[13] 赖泳杏. 控股股东股权质押对现金股利政策的影响分析——以秉承社会责任理念的雅戈尔公司为例 [J]. 商业会计, 2019 (2).

[14] 李伟阳, 肖红军. 企业社会责任概念探究 [J]. 经济管理, 2008 (21-22): 177-185.

[15] 华艺, 陶建宏, 杨君岐. 企业社会责任 (CSR) 对员工忠诚度的影响 [J]. 企业经济, 2014 (5): 51-55.

[16] 刘云. 企业社会责任 (CSR) 对员工角色外行为的影响机制 [J]. 商业经济与管理, 2014 (8): 37-47.

[17] 陈志昂, 陆伟. 企业社会责任 (CSR) 三角模型 [J]. 经济与管理, 2004 (11): 60-61.

[18] 李双龙. 试析企业社会责任 (CSR) 的影响因素 [J]. 经济体制改革, 2005 (4): 67-70.

[19] 罗殿军, 李季. 发达国家对企业履行社会责任的影响因素分析——以美国和欧洲为例 [J]. 上海经济研究, 2007 (8): 100-104.

[20] 田虹, 姜雨峰. 企业社会责任 (CSR) 履行的动力机制研究 [J]. 审计与经济研究, 2014 (6): 65-74.

[21] 温素彬, 方苑. 企业社会责任 (CSR) 与财务绩效关系的实证研究——利益相关者视角的面板数据分析 [J]. 中国工业经济, 2008 (10): 150-160.

[22] 卫武. 基于"Meta 分析"视角的企业社会绩效与企业财务绩效之间的关系研究 [J]. 管理评论, 2012, 24 (4): 141-149.

[23] 徐二明, 衣凤鹏. 中国上市公司企业社会责任 (CSR) 与财务绩效关系——行业竞争的调节作用 [J]. 辽宁大学学报 (哲学社会科学版), 2014, 42 (1): 91-98.

[24] 苗莉, 赵婉莹. 企业社会责任 (CSR) 与员工组织承诺的关系研究 [J]. 财经问题研究, 2012 (5): 94-99.

后　记

　　本人教坛耕耘 30 余年，教书育人之责未敢片刻忘却，唯所谓的学术研究之园荒芜，实属资质愚钝，加之懒散，一无是处，一无所成。看同侪大作迭出，著作等身，功名齐获，没有嫉妒恨，唯有称美。忆昔做学生时，业师述而不作，一直谆谆不写一句空。战战兢兢，如履薄冰。

　　本书的创意得之于本人任教的浙江财经大学工商管理学院。感谢学院在成立 20 周年之际，高瞻远瞩地提出重新认知和梳理新商科理念，对新时代浙商企业的实践管理经验进行分析、梳理、总结，以启发后来者。浙江省企业在承担企业社会责任方面做得较好。本书所选的 22 个研究案例均为浙江省上市公司中不同行业的具有代表性的企业，限于篇幅，难免有遗珠之憾。要说明的是，所选的企业在承担企业社会责任方面做的事情非常多，但限于篇幅只能择取一二进行梳理。

　　照例要进行一番感谢！感谢学院对此书的出版资助。学院领导在本书写作过程中，一直给予关注、督促和帮助。感谢同事们本着"小康路上不能有一人掉队"理念的大力援手。感谢我的学生胡慕轲、吴玮、周健武、朱庭萱、周颖、黄燕斌、那蕴凯、宋梦琳、袁媛、张华、朱梦婷在资料收集方面的工作。感谢我的家人一如既往的支持。

　　我爱你们！